AI 小科学家系列丛书

你好中小学人工智能

龚超　王冀　袁中果　著

电子工业出版社
Publishing House of Electronics Industry
北京·BEIJING

内 容 简 介

本书是一本体系完整、综合、全面介绍中小学人工智能相关内容的书籍。其内容涉及人工智能的历史与发展，中小学人工智能的战略定位、课程体系建设、计算思维、编程、机器人、知识工程、搜索算法、机器学习、深度学习、人工智能+X、人工智能对教育赋能、人工智能道德伦理与法律以及人工智能未来发展的展望等相关内容。

本书可以作为中小学教师教授人工智能课程的辅助书籍，也适合对中小学人工智能教育感兴趣的广大读者阅读，还可以作为广大读者系统了解人工智能相关知识的参考用书。

未经许可，不得以任何方式复制或抄袭本书之部分或全部内容。
版权所有，侵权必究。

图书在版编目（CIP）数据

你好中小学人工智能 / 龚超，王冀，袁中果著. —北京：电子工业出版社，2022.3
（AI 小科学家系列丛书）
ISBN 978-7-121-42207-2

Ⅰ. ①你… Ⅱ. ①龚… ②王… ③袁… Ⅲ. ①人工智能－中小学－教学参考资料 Ⅳ. ①G634.673

中国版本图书馆 CIP 数据核字（2021）第 207233 号

责任编辑：李　冰　　特约编辑：武瑞敏
印　　刷：天津嘉恒印务有限公司
装　　订：天津嘉恒印务有限公司
出版发行：电子工业出版社
　　　　　北京市海淀区万寿路 173 信箱　邮编：100036
开　　本：787×980　1/16　印张：21　字数：464 千字
版　　次：2022 年 3 月第 1 版
印　　次：2022 年 3 月第 1 次印刷
定　　价：95.00 元

凡所购买电子工业出版社图书有缺损问题，请向购买书店调换。若书店售缺，请与本社发行部联系，联系及邮购电话：（010）88254888，88258888。
质量投诉请发邮件至 zlts@phei.com.cn，盗版侵权举报请发邮件至 dbqq@phei.com.cn。
本书咨询联系方式：libing@phei.com.cn。

丛书编委会

顾　问：

刘　伟（中国人民大学）　　　　　　戴琼海（清华大学）
朱信凯（中国人民大学）　　　　　　王国胤（重庆邮电大学）
肖　俊（中国科学院大学）　　　　　李有毅（北京市第十二中学）

主　编：

刘小惠（中国人民大学附属中学）

执行主编：

袁中果（中国人民大学附属中学）　　龚　超（清华大学）

编　委（按姓氏拼音排序）：

曾　琦（国家信息中心）　　　　　　常　青（中国人民大学附属中学）
高　跃（清华大学）　　　　　　　　高永梅（北京市十一学校）
谷多玉（中国人民大学附属中学）　　韩思瑶（北京市十一学校）
黄秉刚（深圳市龙华区未来教育研究院）　李志新（北京市第十二中学）
梁　霄（中国人民大学附属中学）　　刘峡壁（北京理工大学）
卢婧华（中国人民大学附属中学）　　罗定生（北京大学）
任思国（北京未来基因教育科技有限公司）　任　赟（北京市第十二中学）
孙　越（上海外国语大学附属龙岗学校）　王　冀（西北工业大学）
温婷婷（中国人民大学附属中学）　　武　迪（中国人民大学附属中学）
奚　骏（上海市复兴高级中学）　　　严立超（香港中文大学深圳研究院）
燕　斐（UWEE 欧美亚教育联盟）　　 杨　华（北京未来基因教育科技有限公司）
袁继平（中国人民大学附属中学）　　张　思（中国人民大学附属中学）
郑子杰（北京市十一学校）

前 言

自 AlphaGo 分别战胜世界围棋冠军李世石及柯洁后，人工智能引发了新一轮的热潮。2017 年 3 月，国务院总理李克强在《政府工作报告》中提到，"加快培育壮大新兴产业。全面实施战略性新兴产业发展规划。"其中包括人工智能产业，这是人工智能首次被列入《政府工作报告》。2017 年 7 月，国务院发布的《新一代人工智能发展规划》明确指出：支持开展形式多样的人工智能科普活动，鼓励广大科技工作者投身人工智能的科普与推广，全面提高全社会对人工智能的整体认知和应用水平。实施全民智能教育项目，在中小学阶段设置人工智能相关课程，逐步推广编程教育，鼓励社会力量参与寓教于乐的编程教学软件、游戏的开发和推广。自 2017 年下半年开始，国内不少大学纷纷成立人工智能学院，开设了系统的人工智能专业课程。

随着《新一代人工智能发展规划》《普通高中信息技术课程标准（2017 年版）》《教育信息化 2.0 行动计划》等人工智能相关政策文件的颁布，人工智能逐渐走进中小学教育领域。近几年来，市面上以编程、机器人为主题的人工智能培训异常火爆，中小学教师也在相关课程中利用人工智能技术赋能教育。与此同时，针对中小学生所编写的人工智能教材也层出不穷，甚至在很多以人工智能为主题的大会中也出现了专门针对中小学人工智能教育的研讨会，国内正在掀起一轮中小学人工智能教育热潮。

一方面，中小学人工智能发展得如火如荼；另一方面，发展过程中也暴露出一些深层次的问题，主要体现在以下几个方面。

（1）相关部门并未颁布关于人工智能的课程标准，因此在教材及教学内容上不同专家、教师各执一词，并未达成共识。

（2）目前市面上不少教材是由大学教师组织编写的，由于一些大学教师并不熟悉中小学的课程标准及教学实际，因此导致教材进入中小学后较难落地。

（3）人工智能是一门综合性的学科，对数学、计算机等课程的要求较为严格，目前国内大部分中小学相关教师的知识储备还未达到教授人工智能课程的要求。

（4）一些重点中小学的人工智能课程体系完备，如中国人民大学附属中学，师资力量雄厚，学生素质高，这些重点中小学的优质课程及教学经验如何能够通过适当的调整，普惠更多的教师及学生。

（5）一些教授编程、机器人的机构打着人工智能的旗号，实际仍在走原来教学的老路，让人们误解单纯的编程或机器人就是人工智能。

上述这些问题的出现，归根结底是因为人工智能课程相对中小学来说，还是一个新生事物，无论是从政策保障层面，还是从授课内容和方式层面、师资水平层面都具有一定的挑战。鉴于此，对中小学人工智能教育现状、课程体系设计及授课内容进行相应的梳理，就显得尤为必要和重要。

本书的主要写作目的之一就是让更多读者能够了解中小学人工智能教学的相关内容。例如以下内容。

- 为什么人工智能课程要在中小学阶段进行普及？
- 在中小学开设人工智能课程是否现实？
- 中小学人工智能课程应该教什么？
- 中小学人工智能课程是否就是编程课或机器人课程？
- 为了更好地学习人工智能相关知识与技能，中小学生应该具备哪些基础？
- 人工智能如何与中小学其他课程相结合，形成具有中小学特色的"人工智能+X"课程？
- 中小学人工智能教育是否会扩大地区间的数字鸿沟，应该如何应对？
- 为什么说教师应该毫不动摇、坚定决心地做好中小学人工智能教学工作？

相信读者看完本书，对以上内容会有一个大致的了解。

本书分为"势""法""器""术""道"五部分。"势"的部分包括第1~3章。在第1章中，以时代背景为主线，引入对开展中小学人工智能教育的可行性和重要性的探讨。第2章从战略的角度思考中国中小学人工智能教育问题，系统地论述了中小学人工智能的发展目标、教学现状及保障举措等重要议题。战略不清则方向不明，中国中小学人工智能教育需要从战略高度进行重新审视。在第3章中，首先，引入人工智能、智能等概念并进行探讨。尽管人工智能已经发展了数十年，但是学界对人工智能、智能等概念依然没有权威的统一定义。其次，对人工智能的主要流派进行介绍。例如，现在仍有一些中小学教师简单地将人工智能与深度学习画上等号，原因之一可能是不了解人工智能的流派所致。最后，对人工智能发展的历史做简要回顾。不了解人工智能的发展历史，如人工智能的三起两落，就很难对人工智能有一个正确的认识，容易产生过高的期待，又或者低估了人工智能的能力。

第4章和第5章为"法"的内容范畴。第4章对中小学人工智能课程体系建设展开相应的梳理与讨论，通过一些政策指导文件及相关学者和教师的探索经验，对中小学人工智能课程体系建设提出了重体系、分学段、划模块等一些见解。第5章着重介绍计算思维，它是一种分析和解决问题的思考模式。本章还讨论了计算思维与编程之间的关系，避免中小学生陷入计算思维就是编程的误区，中小学人工智能教学绝不是也不能培养码农，应该充分利用人工智能教学，培养中小学生的计算思维。另外，针对家长产生的长期面对计算机对视力不好的普遍担忧，也简要介绍了如何使用不插电教学进行计算思维培养的有关内容。培养计算思维，并不一定非要借助计算机，通过一些不插电的游戏或活动，一样可以达到目的。

第6章和第7章为"器"，"器"是使用的工具，而编程和机器人正是实现人工智能的两大工具。第6章着重针对当前国内中小学编程教育中两类火热的编程课程展开叙述。一类是以可视化为代表的 Scratch 程序设计；另一类则是以代码式为代表的 Python 程序设计。在一些高中里，有教师在教授人工智能课程时，要求学生利用 TensorFlow 和 PyTorch 这样的人工智能平台完成练习，因此第 6 章也会对这些平台进行简单介绍。第 7 章主要讲述与智能机器相关的内容。在高中课程标准中，机器人课程与人工智能课程不同，前者是通用技术课的范畴，后者则是信息技术课的内容。智能硬件是学习机器人的基础，这些课程不但要求学生要具备一定的编程基础、计算思维等，还对学生的手脑结合、团队协作等能力提出了一定的要求。机器人与人工智能虽然并不完全相同，但它们密不可分，人工智能有时需要以机器人为载体，而机器人也离不开人工智能技术，因此，有必要在人工智能的学习过程中，包含一些机器人相关的内容。

现在不少中小学相关的人工智能教材，几乎全是机器学习、深度学习的内容，如分类、聚类、图像识别等，让不少刚接触人工智能的中小学生以为人工智能就是机器学习和深度学习。其实，人工智能不只有机器学习和深度学习，还有规则和知识。不能因为连接主义大行其道就忽略了人工智能的其他内容。这与十几年前在一些中小学人工智能教材中完全找不到神经网络相关内容的情况如出一辙。这种情况的发生有其历史渊源的因素，但是在人工智能的教学中，尤其是在教材中出现的内容不能偏向任何一方。

第 8~12 章是人工智能"术"的部分，主要涉及知识工程、搜索算法、机器学习和深度学习及"人工智能+X"等内容。尽管受到人工智能教学内容及难易程度的限制，无法追求大而全，但是在"术"中也尽量给读者呈现一个尽可能全面的中小学人工智能教学体系。第 8~11 章为人工智能教学内容核心部分，内容来源参考了过去及现在的一些中小学人工智能相关书籍，即这些内容均是中小学人工智能教学中值得关注的。第 12 章的"人工智能+X"为人工智能课程的进阶部分。"人工智能+X"是《新一代人工智能发展规划》中提到的重要内容，它是培养复合型人才的重要保障。一些师资雄厚的高中，已经开始探索将人工智能课程与其他高中课程结合，打造"人工智能+X"的课程体系，强化学生综合运用知识解决问题的能力。笔者梳理了中学"人工智能+X"的一些结合点，为感兴趣的读者提供一些借鉴。

第13~15章的内容属于"道"的部分。在第13章中，主要探讨了教育重塑、职业转变及人机协作等内容。人工智能时代的到来，对传统教育方式带来了较大的挑战，不仅体现在教的层面，还体现在学的层面，因此无论是教师还是学生都应该积极利用人工智能为自身赋能。人工智能对未来职业的替代已经引起了中小学家长的普遍关注和担忧，第13章还针对这一焦点展开了论述，告诉人们不要担心人工智能的负面影响，而应该看到人类自身的优势，从而与人工智能强强联合、取长补短。第14章是关于对中小学人工智能教学的一些思考。首先，提出中小学人工智能教学的"135"教学理念，即"一观、三意、五心"；其次，发挥公益活动在开展中小学人工智能教育中的作用，让偏远地区的中小学生也能有条件学习人工智能的相关知识与技能，避免数字鸿沟进一步扩大；最后，一些大学和有条件的公司，也可利用其在人工智能方面的科研及应用优势，为中小学人工智能教育提供体验式学习的机会。第15章是对中小学人工智能教育的一个展望。该章内容主要聚焦在3个方面，一是要为中小学生营造一个良好的人工智能学习氛围。中小学人工智能教育当下是一个非常热门的话题，政策关怀、家长关心、老师关切、机构关注。但是纵观历史，往往正是这种新概念的事物，却很难做到健康长久，原因之一就是社会各方均或多或少表现出非理性的一面。因此，中小学人工智能教育需要吸取前车之鉴，理性对待。二是中小学人工智能学习，不能忘"本"（基础）。人工智能是一门交叉性很强的学科，学好人工智能需要非常扎实的基础，而这些基础恰恰是要在中小学阶段奠定的。因此，要引导中小学生，借学人工智能之机，激探索求知之欲，行打好基础之实。三是人工智能并不像一些人所担忧的那么智能，强人工智能的时代很快到来的可能性太小，而人工智能再次遭遇寒冬的概率却不低，这注定了今后人工智能发展及教育还会面临不少问题。因此，人们一方面要摒弃担忧的情绪，另一方面也不能过分夸大人工智能的作用，要客观地看待人工智能的发展和教育。

希望本书可以为关注中小学人工智能教育的读者提供一个更为全面的视角，能帮助他们重新审视人工智能的发展及中小学人工智能教育等相关问题，通过对人工智能的"势""法""器""术""道"的了解，更加理性、客观地认识到中小学人工智能教育的发展趋势，在此也呼吁更多的社会力量参与到中小学人工智能教育中来，共同推进中国中小学人工智能教育的发展。

本书在写作的过程中，得到来自清华大学、北京大学、中国科学院大学、中国人民大学、北京理工大学、中国人民大学附属中学、清华大学附属中学、北京市第十二中学、北京市十一学校、北京大学附属小学、微软亚洲研究院等大学、中小学以及科研机构的多位老师及研究人员的鼎力相助，对此表示诚挚的谢意。感谢电子工业出版社参与策划、审校的各位老师，她们为本书付出了宝贵的心血。最后，还要特别鸣谢一位远在加拿大温哥华正在上中学的小朋友 Lord Byng（笔名），她为本书贡献了精致的插图。

由于才疏学浅及能力有限，加之人工智能的发展迅猛不断迭代，书中难免有所不足之处，还望各位读者多多海涵与批评指正。

目录 / Contents

势

第 1 章　时代已至 002

1.1　新一代人工智能崛起 002
  1.1.1　一盘围棋引发的关注 002
  1.1.2　人工智能助力工业革命 004
  1.1.3　人工智能促进社会发展 009

1.2　人工智能急需人才培养 013

1.3　中小学人工智能教育的可行性与重要性 017
  1.3.1　重要性 017
  1.3.2　可行性 019

第 2 章　战略定位 023

2.1　发展目标 025
  2.1.1　人工智能发展成为国家的重要战略部署 025
  2.1.2　培养聚集人工智能人才是国家重点任务 025
  2.1.3　中小学人工智能教育政策频出，重要性凸显 026

2.2　教学现状 027
  2.2.1　顶层设计相对缺失，标准指引仍然空白 027

2.2.2 课程体系还未健全，教材水平参差不齐 028
　　　2.2.3 校内学习课时不足，校外培训"新瓶装旧酒" 030
　　　2.2.4 知识技能迭代较快，师资水平需要提升 031
　2.3 保障举措 032
　　　2.3.1 加强顶层设计，明确课程标准 032
　　　2.3.2 评比优秀教材，遴选典型案例 033
　　　2.3.3 共建交叉学科，创新培养模式 033
　　　2.3.4 提倡终身学习，强化师资培训 033
　　　2.3.5 资源合理布局，谨防数字鸿沟 034
　　　2.3.6 鼓励多方力量，共建生态体系 034

第 3 章　顾往识今 036
　3.1 人工智能的定义 036
　　　3.1.1 重新审视定义 036
　　　3.1.2 典型的定义 037
　3.2 何谓"智能" 040
　　　3.2.1 人工智能的脑视角 041
　　　3.2.2 图灵测试与"人工蠢能" 043
　　　3.2.3 智能的测量 046
　　　3.2.4 强 / 弱人工智能 049
　　　3.2.5 奇点 051
　3.3 三派鼎力，分释智能 051
　　　3.3.1 符号主义 051
　　　3.3.2 连接主义 053
　　　3.3.3 行为主义 055

3.4 正视起落，宠辱不惊 058
　3.4.1 "人工智能"初问世 058
　3.4.2 三起两落 060
　3.4.3 寒冬下的反思 062

法

第 4 章 课程体系 066

4.1 中小学人工智能课程体系探索 066
4.2 中小学人工智能课程体系建设思路 069
4.3 小学人工智能课程体系建设 072
4.4 初中人工智能课程体系建设 073
4.5 高中人工智能课程体系建设 074

第 5 章 计算思维 079

5.1 计算思维概述 079
　5.1.1 计算思维的内涵 079
　5.1.2 计算思维与编程 081
5.2 计算思维的重视与培养 082
　5.2.1 计算思维培养的重要性与必要性 082
　5.2.2 计算思维的培养思路 084
5.3 不插电的计算思维训练 085
　5.3.1 不插电的含义 085
　5.3.2 生活中的计算思维 087
　5.3.3 不插电教学实例 088

第6章 编程教育 092

6.1 以 SCRATCH 为代表的可视化编程语言 093
6.1.1 可视化编程语言的低门槛、薄壁垒 095
6.1.2 可视化编程对于青少年教育的促进 095
6.1.3 可视化编程的局限性 096

6.2 以 PYTHON 为代表的代码式编程语言 097
6.2.1 Python 的教育定位 097
6.2.2 Python 的优点 098

6.3 以 TENSORFLOW 和 PYTORCH 为代表的人工智能框架 103
6.3.1 种类繁多的人工智能框架语言 103
6.3.2 广受热捧的 TensorFlow 的 PyTorch 104

6.4 编程语言的更迭 106

6.5 中小学编程热下的反思 107

第7章 智能机器 109

7.1 机器人 110
7.1.1 作品中的智能机器 110
7.1.2 生活中的智能机器 112

7.2 中小学机器人教育 114
7.2.1 机器人教育的独特性 114
7.2.2 中小学机器人教育现状 115
7.2.3 中小学机器人课程资源 116

7.3 智能硬件 117

7.4 教学用智能机器人 119
7.4.1 人形机器人 119
7.4.2 模块化机器人 121

第 8 章 知识工程 126

8.1 专家系统 126
8.1.1 专家系统的含义 126
8.1.2 专家系统的简单实例 127

8.2 知识表示 130
8.2.1 一阶谓词逻辑 132
8.2.2 产生式规则 133
8.2.3 框架表示法 134
8.2.4 状态空间表示法 135

8.3 知识图谱 136
8.3.1 知识图谱的历程 136
8.3.2 知识图谱的构成 138

第 9 章 搜索算法 142

9.1 图搜索策略 142
9.1.1 盲目搜索 144
9.1.2 启发式搜索 145

9.2 博弈搜索 148
9.2.1 极小极大算法 148
9.2.2 Alpha-Beta 剪枝法 149

9.3 蒙特卡罗树搜索 151

第 10 章　机器学习 154

10.1 机器学习概述 154
    10.1.1 机器学习的含义 154
    10.1.2 机器学习的分类 155

10.2 数据初探 156
    10.2.1 数据的结构 156
    10.2.2 大数据特征 158

10.3 监督学习 159
    10.3.1 线性回归 160
    10.3.2 支持向量机 164
    10.3.3 朴素贝叶斯 166

10.4 无监督学习 169
    10.4.1 K-均值聚类 170
    10.4.2 主成分分析 172

10.5 半监督学习 175

10.6 强化学习 177
    10.6.1 初识强化学习 177
    10.6.2 策略优化与评估 179
    10.6.3 强化学习的算法 181

第 11 章　深度学习 184

11.1 基本概念 184
    11.1.1 神经元 184
    11.1.2 激活函数 185

11.1.3　感知机 188
11.2　多层前馈神经网络 190
　　11.2.1　损失函数 191
　　11.2.2　网络结构 191
　　11.2.3　梯度与随机梯度 195
　　11.2.4　反向传播 197
11.3　卷积神经网络 198
　　11.3.1　卷积核 199
　　11.3.2　卷积核的应用 201
　　11.3.3　感受野 206
　　11.3.4　卷积神经网络结构 210
11.4　RNN神经网络与LSTM网络 213
　　11.4.1　RNN神经网络 213
　　11.4.2　LSTM网络 215
11.5　胶囊神经网络 218
11.6　生成对抗网络 220

第12章　人工智能+X

12.1　人工智能+语文 224
　　12.1.1　自然语言处理助力语文 225
　　12.1.2　自然语言处理的应用领域 226
　　12.1.3　自然语言处理的基础术语 230
　　12.1.4　自然交叉的学科 231
12.2　人工智能+情感分析 232
　　12.2.1　情为何物 232
　　12.2.2　触景生情 237

- 12.2.3 知情达理 ... 242
- 12.2.4 情意绵绵 ... 244
- 12.3 人工智能+自动驾驶 ... 245
  - 12.3.1 了解自动驾驶的历史 ... 245
  - 12.3.2 知晓自动驾驶的现状 ... 246
  - 12.3.3 熟悉自动驾驶的技术 ... 247
  - 12.3.4 自动驾驶下的思考 ... 249
- 12.4 人工智能+艺术 ... 251
- 12.5 人工智能+生物 ... 254
  - 12.5.1 "搅局"之眼 ... 255
  - 12.5.2 遗传算法 ... 257
- 12.6 人工智能+视觉分析 ... 261
  - 12.6.1 人脸识别 ... 261
  - 12.6.2 垃圾分类 ... 265
- 12.7 人工智能+法律与伦理道德 ... 266
  - 12.7.1 责任划分 ... 266
  - 12.7.2 隐私保护 ... 267
  - 12.7.3 知识产权 ... 268
  - 12.7.4 道德伦理 ... 269
  - 12.7.5 算法偏差 ... 273

道

第 13 章 赋能教育 ... 278
- 13.1 教育重塑 ... 278
  - 13.1.1 传统教育方式的挑战 ... 278

13.1.2 人工智能时代下教育的改变 279
13.1.3 赋能教师 281
13.1.4 赋能学生 283
13.1.5 赋能课堂 285
13.2 职业转变 288
13.2.1 职业的消失 288
13.2.2 卢德主义的教训 289
13.3 人机协作 290
13.3.1 各有千秋 290
13.3.2 取长补短 291

第 14 章 教学思考 295
14.1 "135" 教学理念 295
14.1.1 一"观" 296
14.1.2 三"意" 298
14.1.3 五"心" 302
14.2 公益万里 306
14.2.1 公益授课传温情 306
14.2.2 义教万里暖人心 307
14.3 体验式学习 309

第 15 章 未来展望 311
15.1 前车之鉴 311
15.1.1 STEAM 教育之热 311
15.1.2 "STEAM 热"下的反思 312
15.2 基础为本 314
15.3 长路漫漫 315

势

第 1 章
时代已至

1.1 新一代人工智能崛起

1.1.1 一盘围棋引发的关注

"人工智能"（Artificial Intelligence）早在 1956 年达特茅斯会议（Dartmouth Conference）上就被公开提出，几十年间经历了数次沉浮，近几年来，才再次成为世界关注的焦点。2016 年 3 月，DeepMind 公司的 AlphaGo 利用深度学习（Deep Learning）技术，以 4∶1 的成绩战胜了韩国围棋职业九段棋手李世石。2017 年 5 月，AlphaGo 又以 3∶0 的总分战胜了中国围棋职业九段棋手柯洁。2017 年 10 月，DeepMind 公司推出的利用强化学习（Reinforcement Learning）技术的 AlphaGo Zero，能够无师自通，从零开始，在 3 天内通过自我博弈 490 万盘棋局的强化学习后，以 100∶0 的成绩打败了 AlphaGo。

人工智能自从诞生的那一刻起，仿佛就爱与下棋较劲，当跳棋、国际象棋等被一一征服后，人工智能又将目标投向了围棋。围棋似乎是一个不可能完成的任务，因为十九路围棋的全部合法路数约为 $2×10^{170}$ 种，这是一个号称比宇宙中质子总数 $1.57×10^{79}$ 还多的数字。人工智能竟然在围棋上战胜了人类，这在全世界引起轰动也就不足为奇。

对人工智能有一定认识的人们可能知道，这次围棋对战的关注度之高，还有一个重要原因,那就是 AlphaGo 是一个跨界综合。人工智能被认为是分而治之,主要有 3 个学派,即符号主义(Symbolism)学派、连接主义(Connectionism)学派和行为主义(Actionism)学派,它们各自独立研究问题。然而,AlphaGo 背后整合了这三家不同学派的算法,是一个集大成之作。

这些事情让人们重新认识到了人工智能的强大,一些媒体甚至将 2016 年称为人工智能的发展元年。图 1-1 是全球人工智能热度折线图,折线的数字代表指定时间范围内全球对人工智能的搜索热度。根据图 1-1 中的数据可知,从 2016 年开始,全球对人工智能的关注出现了显著的增长。

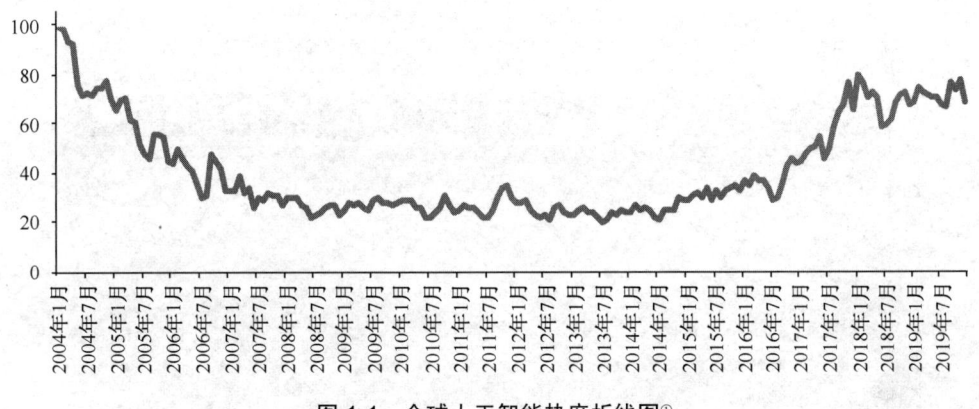

图 1-1　全球人工智能热度折线图①

那么,AlphaGo 真的那么厉害吗?如果离开围棋,它还能做什么?以 AlphaGo 为代表的此轮人工智能技术的本质是什么?是否真的如马云所说,机器会把人们最快乐的东西剥夺掉,并侮辱了我们一把?当 AlphaGo 下出了那步大师公认的臭棋之后,它的反应是什么?AlphaGo 是否真的"智能"?只有认清这些背后的实质,才能正确地利用好人工智能,同时不再产生困惑。

前 Google 的机器学习负责人约翰·詹南德雷亚(John Giannandrea)曾说:"我们仿佛置身于人工智能的春天。"

---

① 图片来源:根据"谷歌趋势"数据绘制。

1.1.2 人工智能助力工业革命

工业革命的开端要从英国说起。现在被更多人接受的是，至今为止共发生了 4 次工业革命，而"第四次工业革命"这一概念由德国在 2013 年的汉诺威工业博览会上正式提出，旨在推动德国工业继"蒸汽机时代""电气化时代""信息化时代"之后，于正在到来的"智能化时代"中占领先机。美国对"工业革命"的定义与德国不同，认为"工业革命"需要包含"新能源技术""新通信技术"和"新经济体系"，如图 1-2 所示，虚线以下部分为美国对工业革命历史的定义。①

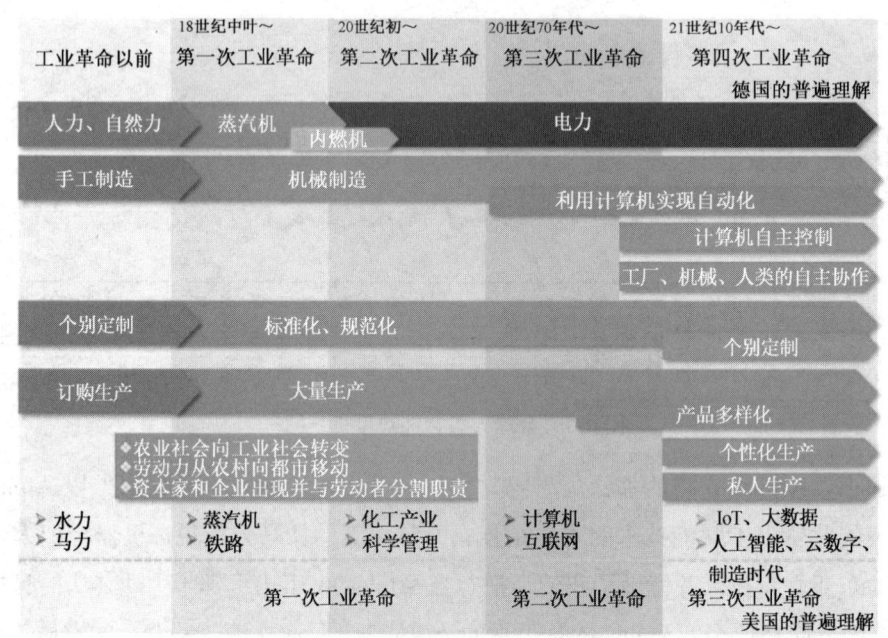

图 1-2 图解四次工业革命②

第一次工业革命发生在 18 世纪 60 年代至 19 世纪 40 年代的英国。该次革命在当时成功地将需要人力完成的工作机械化，以蒸汽机为动力，大大提高了工作效率。

---

① 从时间轴上来看，美国认为的第三次工业革命与德国的第四次工业革命相重叠。虽然区分方法和定义上存在不同，但是从技术所带来的变革上看区别还是不大。

② 图片来源：根据 NetCommerce 公司资料整理。

19世纪中期发生的第二次工业革命的核心是美国和德国。电力使工厂能够大规模生产，并推进化学技术的创新。当机器在20世纪50年代后使用计算机实现自动化时，就出现了第三次工业革命。

至于这些年我们经常听到的第四次工业革命，也就是"工业4.0"，指的是因物联网（Internet of Things，IoT）而改变的世界产业结构。随着人工智能带来了数据收集和分析技术的进步，机器在没有人工指示时也能自行运行，产业界因此确立了新的"自动化"风向标。下面以四次工业革命的细节进行一些概述。

1. 第一次工业革命的潮流：蒸汽机的出现与工作效率的提高

第一次工业革命的先行者是英国。在当时的英国，许多农民因一次又一次的农业革命（圈地运动）而失去土地。他们涌入城市，导致了城市内劳动力过剩。另外，资本家从奴隶贸易中获利，并正在扩大业务。海外殖民地也十分广阔，铁、煤、棉花等资源丰富。充足的资源和过剩的劳动力为第一次工业革命提供了基础。

时值英国对棉织物的需求增加，由于棉花具有比羊毛织物更轻、更易于管理的优点，发展棉花工业成了资本间的共识。钟表匠约翰·凯伊（John Kay）开发了一种名为"飞梭"的能够在纵线之间简单通过横线的机器，提高了棉布的生产效率。此外，詹姆斯·哈格里夫斯（James Hargreaves）发明了"珍妮纺织机"，理查德·阿克赖特（Richard Arkwright）发明了"水力纺织机"，均可以大量生产棉纱。

随后的几年，托马斯·纽科门（Thomas Newcomen）发明的"蒸汽机"经过不断改良，成为当时所有"机遇"的原动力，社会的生产力也随之提高。为了低价快速地运输原材料和产品，交通设备方面也有了提升。蒸汽船和蒸汽机车投产并实用化，给海上交通和陆地交通带来了新时代。

第一次工业革命使英国被称为"世界工厂"，它的发展也推动了世界经济。另外，英国国内也出现了人口集中、低工资、工厂周边贫民窟化、疫病等问题。工业革命传播到其他国家是在英国国内革命基本完成的时候。以英国解禁机械出口为契机，19世纪30年代先后传至比利时、法国，之后又扩展到美国和德国。

2. 第二次工业革命：从轻工业到重工业

第二次工业革命从时间角度来讲与第一次工业革命没有明确的界限，它指的是19世纪70年代至20世纪初期的革命。特征是从轻工业向重工业转型，主要涉及国家是美国和德国。标志性事件是德国发明了汽油发动机。与蒸汽机相比，它拥有更小的尺寸，该技术推动了汽车和飞机的实际应用。福特和通用汽车等汽车公司在企业内部整合了从材料到成品的装配线，实现了"大规模生产"。另一个标志性事件是美国的爱迪生改进了灯泡，加快了电能的产业化。

美国和德国在快速发展，被称为"世界工厂"的英国反而落后了。主要因为在当时，货币在金本位制度下得以稳定，而英国从殖民地也顺利获利，这使其错过了第二次工业革命的"起跑优势"。终于在19世纪末期，美国的经济实力跃居世界第一，德国也拥有了超越英国的经济实力。

3. 第三次工业革命：计算机的出现

第三次工业革命发生在20世纪50年代左右，与第二次世界大战后的日本经济高速增长几乎同期。因为，此次工业革命的推动剂是电子计算机的大范围普及，所以该次革命又被称为"数字革命"。它使我们可以使用计算机替代与人类智能相关的工作。在人类的指挥下，机器可以依照命令自动运行，实现了自动化生产。

随着IT在制造业和分销行业的引入，世界迅速实现了数字化。不仅技术需要不断创新，公司所需的人力资源也开始发生巨大变化。与过去需要大量劳动力和需要"协作"相比，随着生产效率和生产力的提高，人员的需求逐渐转向了对"主观能动性"的追求，"自律自主"成了选拔人才的新标准。

4. 第四次工业革命：工业4.0

工业4.0是指以智能制造为主导的第四次工业革命。万物互联，所有"事物"都连接到互联网，加之人工智能、能源、材料等技术的进步，因此导致或推动各种产业结构的变化称为第四次工业革命。第四次工业革命中社会的新目标是提高人工智能的准确性，即使人类不发出指令，计算机通过自己判断，也能够采取最佳行动。

因此，"智能"一词也就成为工业 4.0 的重要特征之一，而人工智能也在第四次工业革命中扮演了举足轻重的角色。

通过万物互联，各国都在试图利用各种战略创造新的商业模式。德国政府于 2011 年启动的国家项目，标志了第四次工业革命的开始。长期以来，德国一直保持着欧洲最大的制造业国家的地位，但除了国内高劳动力成本问题，德国也饱受着美国 IT 公司插足制造业引发的危机感。

德国的目标是通过物联网协调人员和设备，通过虚拟现实技术（Virtual Reality，VR）改革运营系统，利用大数据和云进行活化管理，以满足每个消费者的需求为目标进行大规模定制化生产。通过这些技术可以降低成本和减少库存，并实现制造业的新的理想形式。

我国在前三次工业革命中都没有抢到先机，所以对我国而言，第四次工业革命无疑是一次实现国力和社会基础弯道超车的难得机会。在发展新时代的支柱行业、龙头企业的同时，借助工业革命引发的管理结构、生产力结构的更新换代，淘汰或改善近年来高速发展带来的管理模式和政策漏洞，进一步完善中国特色治理模式也成为此次工业革命中的一个重要命题。在欧美经济发展迟滞的当下，世界也在期待着中国等新兴市场的革新，能够给世界经济注入新的、不同以往的活力。

不同于记录在书本上的前三次工业革命，第四次工业革命正在进行中。新的机制和商业模式将在未来被逐一发现并推广，将被引入我们的实际生活中，这对每个生活在这个时代的人来说，都是一次难得的机遇与挑战。

5. 工业革命的影响

可以说，18 世纪第一次工业革命的最大影响是产生了第二次革命。而第三次工业革命到第四次工业革命的变迁使得人们的生活发生了翻天覆地的变化。

在前三次工业革命的进程中，一方面，那些首先感受到社会变革并发动工业革命的国家在经济和军事领域得到了红利，成功地富国强军。另一方面，许多没有经历过革命的国家成为殖民地一般的存在，在全球经济中长期处于被奴役的地位。

工业系统也发生了变化。工业革命使得社会从与自然和谐相处的农业社会向工业社会转变，同时也带来了二氧化碳排放过度等环境问题，以及城镇人口集中问题。人们的生活方式已经改变，商品和服务也有所增加。

到城市工作的工人以工资为生，无法像农民一样自给自足，必须购买生活用品。各种产品的数量也因此不断增加，以家庭为单位提供的服务也在发生着变化。此外，随着机械化进程的推进，在机械力量和电子设备面前，性别差异被模糊化，妇女对社会的参与度也大大提升，男女平权运动得到了推进。

在正在进行的第四次工业革命中，计算机可以通过"学会思考"来降低整体生产成本。除了生产力和生产效率的提高，很多发达国家也期待这次革命能够改善并解决随着出生率下降和人口老龄化导致的劳动人口不断减少问题。

如何应对第四次工业革命，让可以预见的社会结构重大变化"软着陆"，是当今各国和各大公司所面临的新一轮能力测试。

一方面，人工智能对人们的工作方式及生活方式产生了巨大的影响，正在颠覆各行各业并重塑我们这个时代，如智能医疗、智能金融、智能制造、智慧农业、智慧安防、无人驾驶、智能家居等领域；另一方面，人工智能正在与各行业进行深度融合，并为社会的发展带来根本性变革。

从2019年的Gartner新兴技术成熟度曲线（如图1-3所示）的结果来看，新兴技术在未来5~10年将对商业、社会和人类产生重大影响，分为五大趋势：

- 感知和移动性（Sensing and Mobility）
- 增强人（Augmented Human）
- 后经典计算和通信（Postclassical Compute and Comms）
- 数字生态系统（Digital Ecosystems）
- 高级人工智能和分析（Advanced AI and Analytics）

这些新兴技术很多都与人工智能相关。人工智能与各行业融合得如火如荼，对人才的要求也变得越来越高。因此，在中小学阶段教授人工智能相关知识，对学生进行科普，能够增长他们的视野，培养他们的兴趣，令有志学习人工智能的学生进入高校后可以进一步深造，这对中国人工智能人才储备有着极为重要的推动意义。

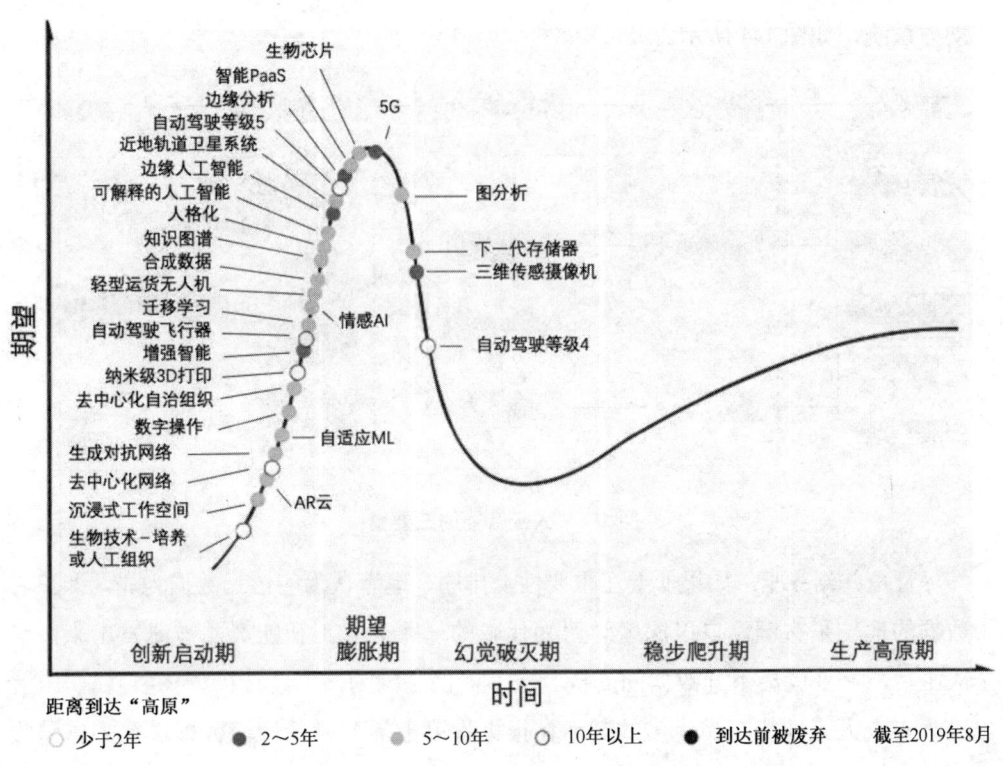

图 1-3 Gartner 新兴技术成熟度曲线[1]

1.1.3 人工智能促进社会发展

人工智能在许多方面，如语音识别、图像识别等方面，已经超越人类。人工智能也从实验室研究发展到应用于诸多商业化相关产品中，这些产品的相继生产与推广，让人们真实感到了人工智能的存在，人工智能的发展进入了新时代。

此次人工智能的崛起，得益于大数据、算力和算法"三驾马车"并驾齐驱，也称人工智能的三要素。三者的关系可以简单概括为数据是水、算力是船、算法是船

---

[1] 图片来源：Gartner。

的动力系统，如图1-4所示。

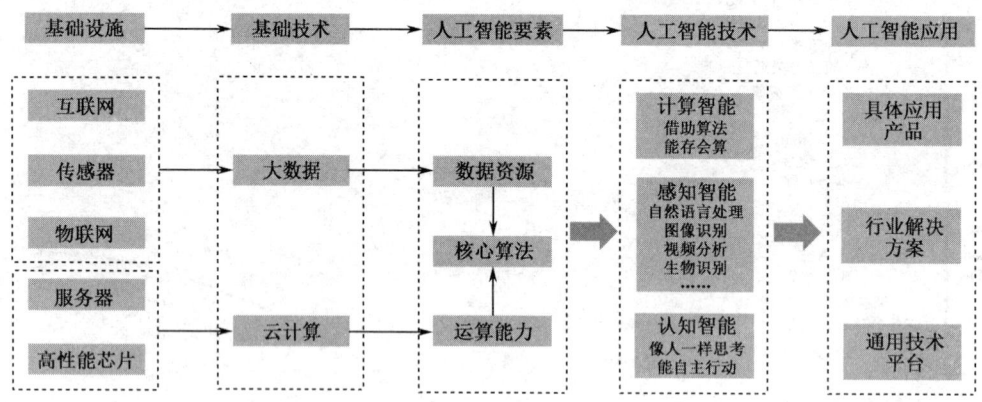

图1-4 人工智能的三要素

尽管是并驾齐驱，如果非要在重要性上排序，笔者认为应该是数据为先，即三者中数据的地位最关键。自以深度学习为代表的一系列人工智能产品被研发出来，整个人工智能产业就离不开数据的支持。这不仅仅是因为概率统计模型需要扎根数据，也因为一个人工智能产品优劣的判断在很大程度上需要显示情境数据进行测试验收。

深层神经网络的算法核心设计出现于20世纪60年代末，但是当时的计算机及可信赖数据都无法满足这个算法模型进行进一步研究拓展，更遑论落地产业化应用，甚至很长一段时间内神经网络构建人工智能的尝试被看作异想天开。而随着时代的变迁，各行各业的数字化进展逐年递增，电子数据的总量不断上升。

IDC（Internet Data Center，互联网数据中心）的调查报告显示，2018—2025年全球数据圈将增长5倍以上，按照现有发展趋势，2018年全球数据圈为33ZB，到2025年将增至175ZB，其中，中国数据圈增速最为迅猛，平均每年的增长速度比全球快3%，预计中国数据圈将从2018年的7.6ZB增至2025年的48.6ZB。① 如此庞大的数据总量和数据增量给深度神经网络的发展和商业落地提供了土壤，哪怕是近几

---

① 全球数据圈的定义为每年被创建、收集或复制的数据集。数据量之间的单位换算为：1 KB = 1024 B；1 MB = 1024 KB；1 GB = 1024 MB；1 TB = 1024 GB；1 PB = 1024 TB；1 EB = 1024 PB；1 ZB = 1024 EB。

年新出现的突破性算法略有缩减，但短时间内仍然看不到颠覆性创新理论出现的苗头，即人工智能对大数据的依赖这一现实条件在未来的较长一段时间内不会改变。

另外，深度神经网络模型也可以看作一种统计概率模型，这类模型的一大特征就是数据越多、越优质，则算法的表现也就越好。从这个角度来看，只要深度神经网络模型这个核心不变，数据，更正确地说是优质的大数据，就会一直是人工智能三大要素中无法回避的重心所在。

再说算法。算法是三大要素中最被人津津乐道的，因为它既"高大上"，又"矮穷矬"。说它"高大上"，是因为人工智能算法在很多人类都难以解决的问题上屡屡打破纪录，如物体识别、交通违章实时判定、高精度文字翻译、多语言语音输入、无接触体温检测等。而说它"矮穷矬"，是因为很多算法都是以开源形式共享在网络上的，很容易进行入门尝试。

近年来，人工智能算法的发展受到了数据的一定影响。随着大数据总量的攀升，并行算法等适合同时进行多线程计算的算法受到了欢迎，但是大量的数据并不意味是大量有效的数据。随着应用开发场景的逐渐细化，大数据在很多场景的条件制约之下就变成了小数据。例如，想用1000张厨具的照片生成一个餐具识别应用，但开发目的要具体化，于是目标变成了西餐厨具的识别，合适的照片一下子就只剩下300张了，假设训练高信赖度模型的最少样本数是500张，那么该项目就一下从大数据变成了小数据。这类情况也催生了很多自生成数据的算法，争取在数据不足的情况下有效地扩充训练数据的大小。也有研究者另辟蹊径，试图从近似工作的成品模型进行迁移学习（Transfer Learning），从而做到少量数据的深度学习。①

人工智能的发展催生了很多产业，一些公司会雇用"专业"员工给原始数据贴标签，通过人为加速特定场景数据的增长来满足研发需求，这个产业被称为"人工智能数据标注业"。为什么要在专业上标注引号呢？因为此专业非彼专业。这些员工虽然也是从事人工智能的工作，看似专业，然而仅仅是专业在图上打标，做着简单、重复的工作。然而，这些员工打标的正确率却直接影响着日后分析的准确程度，在

---

① 迁移学习是机器学习中的一个研究问题，它侧重于存储在解决一个问题时获得的知识，并将其应用于一个不同但相关的问题。

这个环节中，甚至可能产生人为的伦理问题。说来可能不信，这些员工的工资甚至可能低于当地平均工资。

随着以人工智能为核心的第四次工业革命的发展，必然会产生很多新的领域，新兴的领域意味着新兴的数据场景、数据类别。没有不经累积就从无到有的大数据场景，所以面向小数据集的人工智能算法的研发在较长的时间内将会一直是一个值得研讨的课题方向。

最后说算力。不同于算法和数据的相互影响，算力的发展相对独立，从狭义的角度看，其主要取决于芯片产业的技术升级。在芯片设计理论没有跨越式的发展或突破式的创新下，硬件精度的提高是推动算力升级的主要因素，台湾积体电路制造股份有限公司（简称台积电）在2020年将芯片工艺水平提升到了5nm，苹果手机的处理器A14就是采用了这个级别的工艺，苹果在其发布会中提到过，相比基于7nm工艺的处理器A12，处理器A14在CPU、GPU功率上性能提升了40%，而在AI芯片的处理能力上，A14可以达到11.8万亿次/秒的运算能力。

然而，工艺不可能无止境地提升，现阶段半导体的尺寸缩小已经接近了极限，当前晶体管的三维结构工艺的节点就是7nm，继续向下突破，所需要的研发经费和研发周期都会陡升，现在5nm级芯片的技术仍在不断改良。尽管三星和台积电都发布了关于进一步提升技术精度至3nm的研发计划，但技术升级的时间点可能要推到2025年前后，其所带来的效率提升速度，相比数据和算法两驾马车仍旧稍显不足，单纯在制造工艺角度追求突破越发艰难。

因此，很多芯片厂商也在不遗余力地寻找硅的替代材料，期待新材料的更优物理性质能够帮助芯片生产迈向更加精细化的时代，但这不是短时间内可以实现的事情。现今的芯片技术在算力方面的贡献更主要体现在精度提升、芯片小型化所带来的场景订制芯片的便利性上。根据各行各业在计算方面的特征和需求，定制化的生产对应的芯片，如倾向于语音识别的芯片、善于图像处理的芯片、兼顾5G网络架构的芯片等。

数据、算法、算力是此轮人工智能崛起的三大要素，在以人工智能为驱动的第四次工业革命浪潮中，三大要素前行的方向都会对人才供给产生巨大的需求压力，在新一代人工智能教育培养中,对这三要素定位的清晰认知和有方向性的教育学习,是适应产业改革时代的不二法门。

1.2 人工智能急需人才培养

人工智能对各行各业正在进行重塑,但在人工智能与教育领域的融合上,人工智能的推动还显得相对缓慢。当人工智能遇上教育,通常有两种方式:第一种方式是人工智能赋能教育,推动教育变革。在 20 世纪 60 年代,国外就有学校消亡的讨论。直至现在,依然有不少学者指出了教育、学校存在的诸多弊端。目前的教育,仍然以工业时代的传统教育为主导,如何进行深层次的改变还不得而知,可谓任重道远。钱颖一认为,人工智能将使中国教育优势荡然无存。根据他的说法,中国最大的教育问题,就是将教育等同并局限于知识,导致了老师讲知识、学生学知识及考试考知识等教育围绕知识转的现象。因此,第一种方式是将人工智能作为一种推动教育变革的工具。

第二种方式是人工智能教育,讨论如何实现更好的人工智能教学,属于人工智能人才培养范畴。人工智能的发展,离不开人才的培养,一个国家人工智能的人才数量和质量决定了该国的人工智能发展水平,人工智能人才培养问题已经成为世界各国人才培养、人才争夺,提升综合国力的战略问题。

图 1-5 所示为全球人工智能杰出人才分布。其中,柱状图给出的是杰出人工智能人才的数量,折线图给出的是杰出人工智能人才占比(杰出人工智能人才占比=杰出人工智能人才数量÷人工智能人才总量)。从图 1-5 中可以看出,美国在人工智能人才总量及杰出人才数量上均遥遥领先。中国虽然人工智能人才总量相对较多,但是杰出人才占比是最低的,要想迎头赶上,中国还需要在人工智能人才培养及引进方面做出更大的努力。

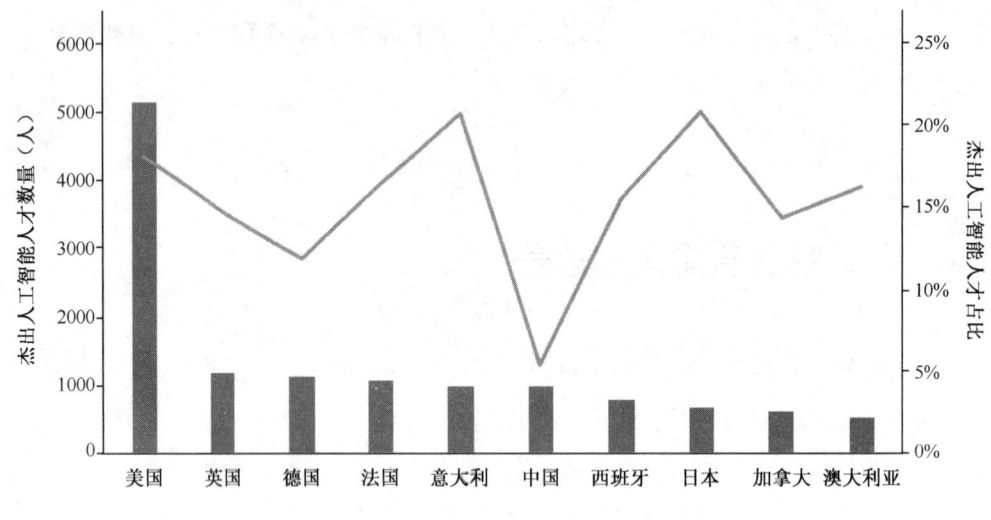

图1-5　全球人工智能杰出人才分布①

人工智能如果按照产业链进行划分，可以分为基础层、技术层和应用层。其中，基础层是人工智能产业的基础，涉及硬件及软件的研发，如处理器、芯片等；技术层是人工智能产业的核心，主要是对人的智能相关特征进行模拟，如自然语言处理、计算机视觉及技术平台等通用技术；应用层则是延展了人工智能的产业，涉及一些具体的应用场景，如自动驾驶、智能机器人等。如图1-6所示，中国人工智能产业人才结构劣势较为明显，在基础层与美国差距较大。

人工智能赋能教育并推动教育变革，已经有不少学者进行了研究，相关的参考文献相对较多。笔者推荐几本不错的书籍：凯文·凯里（Kevin Carey）的《大学的终结：泛在大学与高等教育革命》、王作冰的《人工智能时代的教育革命》、约翰·库奇（John D. Couch）、贾森·汤（Jason Towne）和栗浩洋的《学习的升级》、约瑟夫·奥恩（Joseph E. Aoun）的《教育的未来：人工智能时代的教育变革》、安东尼·塞尔登（Anthony Seldon）和奥拉迪梅吉·阿比多耶（Oladimeji Abidoye）的《第四次教育革命：人工智能如何改变教育》。

---

① 图片来源：《中国人工智能发展报告2018》。

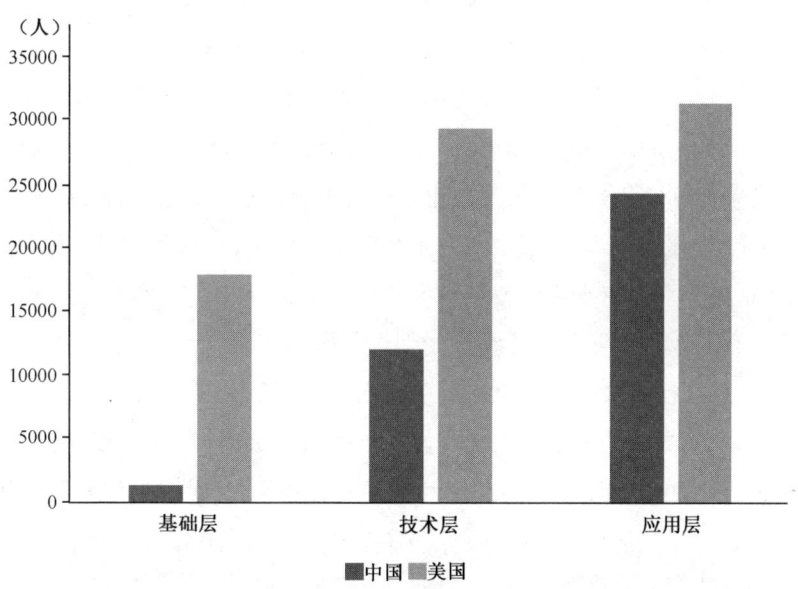

图 1-6 中美人工智能产业结构从业人数对比①

然而，研究如何有效开展人工智能教育的资料相对较少，这与之前中国本科教育中无人工智能专业有一定的关系。尽管一些大学在人工智能教育上做出了一定的探索，但是直到 2003 年，北京大学才率先设立了智能科学与技术本科专业，这为推动人工智能课程体系建设起到了积极推动的作用。

俄罗斯总统普京曾说："谁能成为人工智能领域的领先者，谁就是未来世界的统治者。"可见其对人工智能的重视程度。人工智能已经成为世界大国积极部署的重要领域之一。人工智能人才培养，是我国人工智能实力基础建设的关键，也是实现我国人才战略的重要一环。然而，人工智能作为一个高度交叉的学科，涵盖的范围之广、涉及的课程之多、内容的难度之大等特征决定了无论在哪个阶段开展人工智能教育工作均非易事，从小学到大学，不同的阶段人工智能课程体系均要考虑不同的问题。

在人工智能教育的问题上，一些发达国家较早地设置了较为系统全面的人工智能课程体系。最近，又有新闻传出麻省理工学院的电子工程和计算机科学系拆分为 3 个系，即电子工程、计算机科学和人工智能与决策。

---

① 图片来源：《中美人工智能产业发展全面解读》。

由此可见，人工智能教育在世界范围内已经受到越来越多的关注。

其实，人工智能教育相关工作在我国开展的时间并不短，1981 年，中国人工智能学会（Chinese Association for Artificial Intelligence，CAAI）成立，揭开了中国人工智能学科的帷幕；1982 年，我国人工智能领域首本学术刊物《人工智能学报》问世；1987 年，首部具有自主知识产权的《人工智能及其应用》（清华大学出版社）出版；2003 年，北京大学率先设立我国智能科学与技术本科专业，等等，这些相关工作为推进我国人工智能教育事业起到了积极的促进与推动作用。

2017 年 3 月，在《政府工作报告》中，人工智能被列为需加快培育壮大的新兴产业之一。2017 年 7 月，为抢抓人工智能发展的重大战略机遇，构筑我国人工智能发展的先发优势，加快建设创新型国家和世界科技强国，国务院印发了《新一代人工智能发展规划》（以下简称《发展规划》）（图 1-7），将发展人工智能提升到了国家的战略层面，并确立了三步走的战略目标。

图 1-7　国务院印发《新一代人工智能发展规划》（国发〔2017〕35 号）

第一步：到 2020 年人工智能总体技术和应用与世界先进水平同步，人工智能产业成为新的重要经济增长点，人工智能技术应用成为改善民生的新途径，有力支撑进入创新型国家行列和实现全面建成小康社会的奋斗目标。

第二步：到 2025 年人工智能基础理论实现重大突破，部分技术与应用达到世界领先水平，人工智能成为带动我国产业升级和经济转型的主要动力，智能社会建设取得积极进展。

第三步：到 2030 年人工智能理论、技术与应用总体达到世界领先水平，成为世界主要人工智能创新中心，智能经济、智能社会取得明显成效，为跻身创新型国家前列和经济强国奠定重要基础。

《发展规划》同时指出，人工智能已成为国际竞争的新焦点，中国应逐步开展全民智能教育项目，在中小学阶段设置人工智能相关课程，逐步推广编程教育，建设人工智能学科。根据《发展规划》的要求，人工智能教育问题已经上升到国家战略的层面。

人工智能已经成为世界各国的重要战略部署，未来国与国之间的综合实力较量，人工智能将会是重要一环。人工智能，必将成为未来国之重器，未来国家能否在人工智能领域处于领先地位，人才是最关键的保障之一。

1.3 中小学人工智能教育的可行性与重要性

1984 年，邓小平同志曾说："计算机普及要从娃娃抓起。"① 这成为推动中国计算机教育发展的直接动力，对中小学信息技术教育的发展起到了巨大的推动作用。时隔 30 余年，在《发展规划》的指引下，中小学人工智能教育普及工作必将推动中国信息化整体水平走在世界前列。

1.3.1 重要性

为什么在中小学阶段开设人工智能这么重要？

首先，在中小学开设人工智能相关课程是时代的需要。现在的中小学生从出生那刻起就有计算机、智能手机甚至是平板电脑伴随其成长，是在数字世界中长大的

---

① http://cpc.people.com.cn/n1/2019/1030/c69113-31428714.html。

一类人群,他们是真正的数字原住民。①2018 年 10 月发布的《中美日韩网络时代亲子关系的对比研究报告》显示,在中国、美国、日本和韩国 4 个国家的中小学中,86.5%的中国中小学生拥有多种电子产品,如智能手机、计算机、平板电脑和不能上网的普通手机。其中,中国中小学生拥有智能手机的比率仅次于韩国,为 68.1%,41.2%的中国中小学生拥有计算机,36.7%的中国中小学生拥有平板电脑。《青少年蓝皮书——中国未成年人互联网运用和阅读实践报告(2017—2018)》的数据显示,中国儿童在 10 岁前的触网比例已经超过了 70%。中国中小学生从小就理所当然地视数字产品及上网等为学习、生活的一部分。

其次,在中小学阶段开展人工智能教育工作,有利于培养孩子的八大思维,具体如下。

(1)计算思维(Computational Thinking)。计算思维是一套解决问题的方法,涉及通过计算机可以执行的方式来表达问题及其解决方案。

(2)数学思维(Mathematical Thinking)。数学思维是指能够利用数学的视角去思考及解决问题的思维模式。

(3)逻辑思维(Logical Thinking)。逻辑思维是指前后一致、有条理、有根据的思维,是能够准确、合理表达自身思维过程的一种能力。

(4)数据思维(Data Thinking)。数据思维是指在思考、创造等活动中的每一步中,都以一种高度聚焦数据的思维模式看待问题。没有好的数据思维,很难在大数据中找出有用的信息,很难在人工智能算法发现的相关性中理解信息的含义。

(5)系统思维(Systematic Thinking)。系统思维是去理解系统的不同部分如何在一个整体中相互影响,以一种系统、整体及全局的思维看待事物。具有系统思维的人具备跳出当前特定领域看待事物的能力,对事物的复杂性有更好的把握。

(6)创造思维(Creative Thinking)。创造思维是指用一种全新、非传统的思考方式看待事物,跳出之前事物的束缚,利用新的方法去解决问题的一种思考方式。

(7)交叉思维(Cross Thinking)。交叉思维是一种跨学科的、用不同视角去看待

---

① 按照马克·普林斯基(Marc Prensky)对"数字原住民"的定义,1979 年以后出生的人就可以称为数字原住民。

事物,并以此找到正确认识、解决问题的思维方式。

(8)协作思维(Cooperative Thinking)。协作思维是指一个人如何适应不同的人和物,并思考与其展开有效合作的一种思维。以研究为例,现在越来越多的学科单打独斗的日子已逐渐结束,很多领域的学科交融更加普遍化,研究越来越需要不同的团队加入。

八大思维的培养,对于日后的学习是非常重要的。

再次,在中小学阶段开设人工智能相关课程,有助于激发孩子对待人工智能的兴趣,为他们长大后进一步系统学习人工智能,提升中国人工智能人才储备夯实基础。如今,人类已经进入人工智能时代,无论是生活、工作还是学习,均与人工智能相关元素或多或少产生着联系。例如,智能家居、人脸识别、无人驾驶等这些耳熟能详的事物,可以作为一些科普的知识介绍给孩子们,甚至还可以通过一些教具对这些人工智能的操作进行简单的模拟实现,寓教于乐,提升学生学习人工智能课程的兴趣。

最后,在中小学阶段开设人工智能相关课程,有助于确立正确的世界观、价值观、人生观。人工智能是一门高度交叉的学科,涉及的内容非常广泛,适当学习人工智能课程,能够建立对整个世界的根本看法。人工智能会面对不少如法律、伦理等方面的问题,合理引导孩子,能够让孩子从小建立正确的人生观,能够知晓人工智能所带来的价值及不利影响,能够分辨善恶、是非与利弊。例如,一些小学老师反映,在部分小学生心里充斥着悲观消极的想法,认为以后人类要被机器人征服,人类迟早会灭亡。针对这种情况,老师更要在学生了解人工智能知识的基础上,进行正确的引导。

1.3.2 可行性

一些人可能有这样的想法,人工智能听起来这么复杂的事物,是否真的能够在中小学阶段进行普及?是否已经有过先例?纵观全球,在中小学阶段开展人工智能教育提出的时间并不短。麻省理工学院在 1977 年就提出应该面向儿童开展人工智能相关教育。一些发达国家在中小学阶段早已在不同程度上开设了人工智能相关课程，最近，麻省理工学院的研究人员更是针对幼儿园开设人工智能课程进行了深入的研究，发现利用社交机器人作为学习伴侣和可编程工具可以有效地帮助幼儿掌握人工智能概念。

《写给婴儿的神经网络》（*Neural Networks for Babies*）由克里斯·费里（Chris Ferrie）所著，书中简单易懂地介绍了机器和计算系统是如何在动物和人类大脑的生物神经网络的启发下被创造出来的。这套面向婴儿的科普丛书还包括量子计算、机器人、区块链、贝叶斯概率等主题书籍，如图 1-8 所示，由此可见，国外的人工智能等相关科普工作也十分重视"从小抓起"。

图 1-8　婴儿科学普及丛书

中国人工智能的科普工作并不是从《发展规划》要求后才开始的。20 多年前，中国就开始了人工智能教育的科普工作。1997 年，清华大学出版社出版的科普教育丛书《计算机与信息科学十万个为什么》中就含有"人工智能"。2000 年，由清华大学出版社出版的《信息科学与技术系列》中含"人类智慧与人工智能"。2003 年，中国教育部提出要在高中阶段开展人工智能教育。为此，教育部还制定了含有人工智能相关内容的课程标准及相应的图书，如《人工智能初步》等相关书籍也曾陆续出版（图 1-9），但是因为种种原因，并未得到普遍推广。

图1-9　2004年教育科学出版社出版的高中教材《人工智能初步》

在教育部出台的《普通高中信息技术课程标准（2017年版）》中，人工智能再次以模块的形式出现在了选择性必修中。时隔多年，高中课程标准中再次出现人工智能教育，很多不知情的人也许会为高中开始学习人工智能感到吃惊，而很多知情的人可能有些担心是否还会像之前那样不能持续。其实，笔者认为本次高中课程标准中再次出现人工智能，背景已经与之前有很大的不同，具体体现在以下几方面。

（1）时代背景不同。近年来，随着信息技术的不断发展，大数据、云计算及人工智能等信息技术在经济社会中扮演的角色越来越重要，数字经济几乎与各个产业深度融合，社会正在从信息化、数字化时代迈向智能化时代。

（2）国际环境不同。近几年，人工智能已经成为世界很多国家提升国家竞争力及维护国家安全的重要力量，尽管中国和美国处于领先地位，然而相比美国的人工智能，中国还存在一定差距，需要奋起直追。

（3）政策力度不同。近几年，国家频频颁布关于人工智能的政策，随着《发展规划》的出台，发展人工智能上升到国家战略的高度，并且要求在中小学阶段设置人工智能相关课程，逐步推广编程教育。

（4）技术水平不同。得益于大数据、算力及算法的不断发展，当前的新一代人工智能技术也与传统的人工智能技术有了很大的不同。

（5）学习方式不同。与2004年前后相比，现在的中国无论是在计算机还是在网络方面均取得了长足的进步，很多学生不仅有自己的计算机，还有平板电脑和手机等信息化设备，可以很方便地随时随地自主搜索信息，学习新的知识。

第 2 章
战略定位

2017 年国务院印发的《发展规划》中,对中小学人工智能教育做出了明确要求,在"保障措施"部分的广泛开展人工智能科普活动中提出,支持开展形式多样的人工智能科普活动,鼓励广大科技工作者投身人工智能的科普与推广,全面提高全社会对人工智能的整体认知和应用水平。实施全民智能教育项目,在中小学阶段设置人工智能相关课程,逐步推广编程教育,鼓励社会力量参与寓教于乐的编程教学软件、游戏的开发和推广。《高等学校人工智能创新行动计划》(以下简称《行动计划》)再次重申,构建人工智能多层次教育体系,在中小学阶段引入人工智能普及教育。

在《发展规划》出台后,教育部出台了一系列关于开展人工智能教育相关工作的政策,如《行动计划》《教育信息化 2.0 行动计划》《关于开展人工智能助推教师队伍建设行动试点工作的通知》以及《关于成立教育部人工智能科技创新专家组的函》等,这些政策的出台对支持高校推进人工智能领域一级学科建设,中小学完善课程方案和课程标准等方面给予了政策支撑。

自 2017 年 7 月国家战略层面上要求在中小学阶段设置人工智能相关课程,至今已有两年有余。两年多的时间里,中国中小学人工智能教育工作取得了长足的发展,许多成果世界瞩目,一些中小学在人工智能教育问题上已经走在了国际前列。

2019 年 5 月 26 日,中国人工智能学会在南京举办中小学工作委员会成立大会暨国际中小学人工智能教育论坛。2019 年 10 月 27 日,2019 全国中小学人工智能教育大会的现场座无虚席,不少听众甚至站着听完嘉宾发言,网络直播观众超过 90 万人,可见中小学人工智能教育已经成为社会各界人士高度关注的问题之一。

然而,我们也要看到中小学人工智能教育依然存在许多问题,如课程标准的缺失、课程体系有待完善、学校课时受限、权威教材匮乏、师资水平有待提升等。这些问题如果不能及时有效地解决，势必制约着中国中小学人工智能的发展。然而遗憾的是，根据笔者观察，一些专家学者仍然在"战术"问题上纠结，缺少全局、整体的视角去审视中小学人工智能教育问题。

在笔者看来，中小学人工智能教育的发展，需要从战略的角度重新审视。中小学人工智能教育是人才战略中的一个子战略，而人才战略又是实现国家战略的子战略，国家战略则是战略体系中最高层次的战略，如图2-1所示。

图 2-1　中小学人工智能教育是国家战略的子战略

十年树木，百年树人。中小学人工智能教育的发展，同样需要战略的指引。当一些人还在为教材争得面红耳赤之时，当一些机构还在迎合热点盲目推出所谓的"人工智能"课程之时，当一些学校仍然不知道人工智能为何物无法教学之时，一些专家学者已经开始呼吁从国家战略层面去思考中小学人工智能教育问题。熊璋教授曾在公开场合多次指出，教育反映的是国家意志和国家战略，我们这一代及下一代人等，是要为国家未来建设出力的，教育是国家行为。

因此，要做好中国中小学人工智能教育工作，一个亟待解决的问题就是要从战略视角进行梳理，打破现在各自为政、不知所然、无法形成合力的窘境。

回到战略问题，战略的实质是什么？根据笔者多年的战略研究及实践，战略的三大问题为定位、布局、生态。

定位解决的是边界的问题，选择的问题，即如何正确做出取舍。这一点尤为关键，对于人工智能这么庞大的知识体系，在学时有限和基础知识不完备的情况下，如果设定过多的内容，是不切实际的。

布局解决的是如何通过一系列在时间、空间上的持续迭代行动，实现战略目标的问题。回到中小学人工智能教育问题上，就是如何将资源更好地在不同的教育阶段及地区、学校间进行合理分配，形成一个统筹兼顾、环环相扣的合理布局。

生态解决的是价值创造的问题。在中小学人工智能教育中，既要重视政府所发挥的主导作用，也要在中小学的实践落地正确看待教育培训机构所发挥的积极推动作用。当然，也不能忽视企业的技术、资金支持以及其他（如教育培训、金融、公益等）机构的助力。当今社会，需要不吝与他方进行有效合作，做大做强生态，使生态中的每个参与主体都能够从中获益，实现价值。只有这样，这个生态才是稳健的，才能持续健康地发展。

2.1 发展目标

2.1.1 人工智能发展成为国家的重要战略部署

在 AlphaGo 击败李世石和柯洁之后，人工智能再次成为世界关注的焦点。一时间，人工智能成为世界大国积极部署的重要领域之一。在未来国与国之间的综合实力较量中，人工智能将会是重要一环。人工智能，必将成为未来国之重器。

2.1.2 培养聚集人工智能人才是国家重点任务

纵观世界主要各国的人工智能战略政策相关文件，不难发现，尽管不同国家在战略布局上各有侧重，但是在关于人才培养上均保持了高度一致，也就是说，各国政府均认识到，要想未来在人工智能领域处于领先地位，人才是最关键的保障之一。

《发展规划》的"战略目标"中提出，第一步（到 2020 年）要聚集一批高水平的人才队伍和创新团队，第三步（到 2030 年）提出要形成一批全球领先的人工智能科技创新和人才培养基地。《发展规划》的"重点任务"中指出，要把高端人才队伍建设作为人工智能发展的重中之重，坚持培养和引进结合，完善人工智能教育体系。在人才培养方面，建设人工智能学科是《发展规划》的亮点之一，它要求设立人工智能专业，推动人工智能领域一级学科建设，尽快在试点院校建立人工智能学院。

2018年4月，教育部印发《高等学校人工智能创新行动计划》，将完善人工智能领域的人才培养作为三大任务之一，提出加强人工智能领域的专业建设、人才培养以及构建人工智能多层次教育体系。截至2019年4月底，已经有50所高校把人工智能领域人才培养纳入双一流建设规划，有31所高校自主成立人工智能学院，有24所高校已经成立人工智能研究院，有35所高校设置了人工智能新专业。一方面这反映出教育政策国家战略的积极态势，另一方面也表明了高校层面积极投身人工智能人才建设的决心。

2.1.3　中小学人工智能教育政策频出，重要性凸显

自国务院出台《发展规划》之后，教育部在中小学人工智能教育方面相继出台了一些政策。

2018年1月，教育部颁布了《普通高中信息技术课程标准（2017年版）》（以下简称《课程标准》），进一步完善高中的信息技术课程内容，将信息意识、计算思维、数字化学习与创新，以及信息社会责任作为信息学科四大核心素养。《课程标准》中明确将"人工智能初步"作为一个模块，列入选择性必修中。

2018年4月，教育部制定了《教育信息化2.0行动计划》，其中明确指出需要完善课程方案和课程标准，充实适应信息时代、智能时代发展需要的人工智能和编程课程内容。推动落实各级各类学校的信息技术课程，并将信息技术纳入初、高中学业水平考试。继续办好各类应用交流与推广活动，创新活动的内容和形式，全面提升学生信息素养。

2019年，《中国教育现代化2035》中对中小学人工智能教育、信息素养培养等提出了明确的要求。其中，对人工智能在教学、管理及启动"人工智能+教师队伍建

设行动"做出了明确的阐述,并要求充实人工智能和编程课程内容。

"在中小学阶段设置人工智能相关课程,逐步推广编程教育,鼓励社会力量参与寓教于乐的编程教学软件、游戏的开发和推广"出自《发展规划》下"保障措施"部分的"广泛开展人工智能科普活动"之中。对《发展规划》进行分析后不难看出,培养人工智能的高精尖人才,参与未来的国与国之间的竞争,为跻身创新性国家前列和经济强国奠定重要基础是目标,而在中小学开展人工智能教育等举措则是战略实施的重要保障。

笔者认为,脱离高校只针对中小学谈人工智能教育是片面的,人工智能教育应该是一个大的体系,从属于中国人工智能发展战略,中小学教育是向大学输送人才,而大学的人工智能人才培养关系到中国的人工智能战略的发展。从国务院及教育部分别颁布的《发展规划》和《行动计划》这两个权威的政策性文件可以看出,国家层面对中小学人工智能教育的定位是科普教育。

2.2 教学现状

自《发展规划》颁布以来,中国在人工智能各个方面的建设均取得了长足的进展,这方面的报告已有很多,就不再一一赘述。然而,与其他领域的进展相比,中小学人工智能教育相关工作还存在一些不足,具体表现在以下几方面。

2.2.1 顶层设计相对缺失,标准指引仍然空白

为什么说中小学人工智能教育顶层设计相对缺失呢?这是因为在中小学人工智能教育方面,有关部门仍然未形成一个明确的标准指引文件。

首先,要明确人工智能的定义。人工智能有其自身的特殊性,很难想象,人工智能学科发展了几十年,业内的专家学者对它的定义还未达成统一的共识。通常认为,人工智能是一个高度交叉的学科,主要涉及控制理论、计算机科学与工程、数

学、统计学、物理学、认知科学、脑科学、神经科学、心理学、语言学、哲学等。其体系之庞大、内容之多决定了人工智能教育难度相对较大。

其次，要明确中小学人工智能教育的边界，即中小学人工智能教育是什么，不是什么。目前一些学者仍未从国家战略框架中审视中小学人工智能教育，往往将其割裂，用局部观代替整体观。笔者认为，开展中小学人工智能教育，必须以国家整体的人才战略规划布局为依据，综合考量，明确不同教育阶段的人工智能的学习内容与学习重点。中小学人工智能教育要与大学阶段的人工智能教育形成有效衔接。

最后，要明确中小学要教什么，不教什么，了解什么，熟悉什么，掌握什么。这种方向性的、纲领性的文件一定是从上而下的；否则，教学时就会犹如一盘散沙，难以形成合力。笔者参与过不少关于中小学人工智能教育的研讨会，一个有趣的现象是，经常一谈到人工智能教育如何落地，教授编程的教师认为应该加大编程教学力度，而教授机器人的教师则认为应该以机器人教学及比赛为切入点，大家各执一词，争论不休，难以形成定论。

2.2.2　课程体系还未健全，教材水平参差不齐

在课程体系方面，先不讨论中小学阶段的人工智能教育课程体系，截至目前，就连大学阶段的人工智能课程体系也少有文献能够说清楚，仍在探索之中。就目前已有的资料来看，《人工智能本科专业知识体系与课程设置》（郑南宁编）、《人工智能学院本硕博培养体系》（焦李成等编）和《南京大学人工智能本科专业教育培养体系》（南京大学人工智能学院著）是市面上仅有的几本系统讨论课程体系的书籍。罗定生等学者分享了北京大学人工智能课程教学改革与实践的经验；吴飞等学者通过研究国内外的人工智能教学经验，探讨了人工智能的本科专业课程设置。从这些图书、文献资料中可以看出，大学阶段的人工智能教育仍在摸索阶段。

回到中小学人工智能课程体系上来看：在文献方面，一些专家学者发文对中小学人工智能课程体系的构建及相应的教学实践经验进行了思考与分享，这些文献为中小学人工智能教育课程体系建设及推动中小学人工智能教育工作提供了宝贵的经

验。另外，一些教育机构也对中小学人工智能课程体系建设做出了积极探索。然而，目前仍未有系统的人工智能课程体系相关书籍或权威的指引为中小学开展人工智能教育提供借鉴。

对已出版的中小学人工智能教材，笔者用18个字进行了总结：

教材不胜枚举，

水平参差不齐，

内容难度不一。

在这些教材中，甚至不乏幼儿园人工智能教材，日本新闻还专门针对此事进行了报道，许多日本人瞠目结舌，深感中国的人工智能教育之超前。笔者并不反对教材形式的多样性，正所谓"百花齐放、百家争鸣"。然而，笔者认为，一些教材的出台太过匆忙，对国家人工智能相关政策把握不足，对中小学学生课程标准研究不透，对学生学习反馈认识不足，与中小学人工智能教育实际有所脱节。笔者印象最深刻的是，在一次关于中小学人工智能交流大会上，一本较早出版的人工智能教材成为众矢之的，更有专家说曾让一些文科博士阅读这本教材，他们也感觉有一定难度，无法理解书中的一些内容。

在中小学人工智能教材的编著上，一些学者较少有机会听到学生的反馈，他们只是将大学的课程内容难度根据自己的想象进行下放，导致中小学教学时对这些出版的教材无从下手。笔者曾同中国人民大学附属中学（以下简称人大附中）、北京第十二中学（以下简称十二中）、北京大学附属小学（以下简称北大附小）、中国人民大学附属小学（以下简称人大附小）等诸多名校教授人工智能的老师进行交流发现，很多情况下，老师在课前以为学生对一些人工智能概念会很容易理解，课后发现，根本不像他们想象的那样。熟悉中学生、小学生的老师尚且很难把握，需要反复授课验证，更何况那些缺乏相关中学教课经验的老师。

图2-2所示为人大附中"人工智能周"。

还有一些教材对人工智能知识点之间的关联把握不清，导致系统性不强，一些通识课中应该涉及的概念未涉及，一些较专业的概念呈现太多。在这方面，笔者提出中小学人工智能教学要以模块进行划分，厘清先修课程关系等，以此打造中小学人工智能教学的课程体系。

图 2-2　人大附中"人工智能周"

2.2.3　校内学习课时不足，校外培训"新瓶装旧酒"

校内系统学习人工智能的课时极少是目前中小学人工智能教学的主要困境之一。以高中信息技术的必修课"数据计算"与"信息系统与社会"为例，加起来共计 50 余个课时，必修课尚且如此，如果还想在此基础上专门增加人工智能课时，的确十分困难。根据笔者的调研走访，一些中小学即便开设了相应的人工智能课程，也会因为一些其他的事情而占用本已计划好的人工智能课程时间。

在这种情况下，中小学如果要进行系统的人工智能教育，只能在已有的课程、课时中进行，除了增设相应的选修课，还需要另辟蹊径。根据笔者对人工智能教育走在前列的几所中、小学授课内容的调研发现，一些课程完全可以不必放在人工智能的课堂之上进行讲述。以高中人工智能授课为例，为了兼顾选修人工智能课程学生的水平，一些老师不得不在课堂上对如 Python 编程基础知识、统计学基础知识进行再次讲述，占用了真正人工智能的课时。其实，一些知识可以作为人工智能的先修知识在信息课或其他课程中进行介绍，即人工智能课程的先修课。

还有一些国外的经验也值得借鉴。以日本编程教育为例，根据日本政府的要求，小学的编程教育在 2020 年变更为必修内容。然而，必修内容并不是必修科目，而是将编程元素有机融合进现有科目之中。日本文部省对小学编程教育提出的要求是："各小学应结合实际 ICT 环境情况，对编程教育融合的对象学年、科目和课时进行自决。"也就是说，各个学校的教案不进行统一，而由各学校自行决定，而教育的重心应该放在计算思维的培养上。那么，一些关于人工智能的教学内容，是否也可以拆分到其他的课堂上进行讲述，综合提升中小学生的人工智能素养，这就需要做好顶层设计，辅以制度保障。

在国家人工智能相关政策接连出台的鼓励下，一些校外机构嗅到了商机。加之中小学人工智能相比其他领域，还处于蓝海之中，不少早期做编程、创客、STEAM 教育的培训机构，也纷纷进入中小学人工智能领域。鱼龙混杂的结果就是很多人工智能教育培训机构其实是"伪人工智能教育"。什么是"伪人工智能教育"，笔者对其的定义就是仅仅利用人工智能的概念进行炒作，内容仍然是过去编程等传统课程。笔者曾接触过一些人工智能培训机构，如"人工智能 Python 编程"的课程，其实除了第一节讲一些人工智能的知识，后续所有的内容与人工智能均无关系，一些"人工智能机器人"课程也是如法炮制。

2.2.4　知识技能迭代较快，师资水平需要提升

以 1956 年达特茅斯夏季研讨会作为人工智能的起点，至今已有 60 余年。深谙人工智能发展史的人可知，人工智能三大派系之间的相互争斗以及人工智能总体的"三起两落"，真的可以用"其兴也勃焉、其衰也忽焉"来形容。

一次知识的更替，技术的崛起，就能引来巨额的投资，甚至不惜举全国之力；一旦投资不及预期，就立即停止投入，人工智能迅速跌入谷底，无人问津；一本书就让感知机"走下神坛"；台式计算机出现后，专家系统就不再神气；一个支持向量机算法，就能让神经网络失去光影；深度学习出现后，人工智能再次崛起；如今又有学者不断发声，深度学习潜力已到瓶颈……

人工智能作为一门学科来讲，知识体系确实更新较快，而且在一定特殊的历史时期，可能出现某个派系占主导地位，打压其他派系的局面。例如，在前文所提及的《人工智能初步》教材中，其目录上几乎找不到"神经网络"相关词汇，反而是"知识"推理"专家系统"等词汇占据了绝大部分内容。如今，再翻看人工智能的相关书籍，情况则正好相反。

除了知识，人工智能对技能的要求也在不断提升。以编程语言来说，从 LISP 再到如今的风靡人工智能界的 Python，变化实在太快；以平台为例，2015 年推出的 TensorFlow 在一段时间内广受热捧，之后在 2017 年推出的 PyTorch 成了它最大的竞争对手；以硬件为例，GPU 盖过了 CPU 的锋芒，成为人工智能时代的核心处理器；在算法层面，对抗神经网络、胶囊网络等对于中小学的人工智能老师来说，应该也是一些新鲜事物。

人工智能的知识更新很快，仅凭过去掌握的内容无法跟上人工智能知识快速更迭的步伐。何况，现在有不少学校，信息类的课程还是由非专业的老师兼任授课，能够教授人工智能课程的老师更是少之又少。

2.3 保障举措

2.3.1 加强顶层设计，明确课程标准

建议政府相关部门加快制定相关政策，确定小学、初中及高中不同阶段的人工智能教学边界，明确教什么，如何环环相扣，并形成一个完整的人工智能教学方针。笔者认为，课程标准中的人工智能模块还不能达到高中人工智能独立成课的课程标准。只有规范的课程标准体系出台，才能对学校、培训机构起到指导作用，才能让他们依据大纲从教学内容、授课形式等方面不断完善，最终形成中小学人工智能教育的精品课程。

2.3.2 评比优秀教材，遴选典型案例

建议有关部门或相关机构定期对已有的中小学人工智能教材进行评选，这对提高中小学人工智能教学质量、实现人工智能科普目标有着极其重要的推动作用。同时，也可以将关注点从教材的编写逐步转向案例集的编著。有关部门也可以进行案例集的征集，对反映当下热点和其他优秀的人工智能案例进行选拔、表彰、奖励及宣传，推动该领域的蓬勃发展。

2.3.3 共建交叉学科，创新培养模式

中小学人工智能教育中应该重视"人工智能+"复合型人才的培养。建议有条件的学校，可以通过不同学科老师的集体研究、讨论，共同建设人工智能跨学科的课程，如人大附中通过不同学科老师强强联手，已经打造了一套完整的"人工智能+X"中学人工智能课程体系。除了中小学校内老师共建交叉学科，学校也可以与高校、校外的培训机构及知名的人工智能企业一起进行人工智能跨学科的研究工作，创新培养模式。

2.3.4 提倡终身学习，强化师资培训

一方面，中小学教师在人工智能教学方面还缺乏一定的知识储备；另一方面，人工智能学科中很多知识更新迭代很快，建议一些大学、相关机构及在人工智能教育走在前列的中小学，能够定期开展中小学人工智能教师培训（如图 2-3 所示），传递知识，分享经验，建立起终身学习的机制。例如，中国人工智能学会中小学工作委员会承办了多次全国中小学人工智能师资培训，为一线中小学教师夯实了人工智能相关知识，同时分享了当下热点的人工智能案例，为广大中小学教师的人工智能教学奠定了基础。

图 2-3　人工智能教师培训

2.3.5　资源合理布局，谨防数字鸿沟

中国不同地区的教育资源还存在一定差距，即便是在同一座城市，不同学校之间的教学质量也会出现分化。建议有关部门合理布局中小学人工智能教育资源，通过援助办学、远程直播及双师课堂等形式的授课方式，为其他人工智能课程相对薄弱的学校带去高质量的资源，让偏远地区学校的学生也能够享受到人工智能教育，缩小数字鸿沟。例如，成都七中东方闻道网校对 460 余所学校进行了远程直播教学，直播覆盖班级 2000 多个，学生共计 12 万余人。这对资源合理布局、教育均衡发展起到了积极的推动作用。

2.3.6　鼓励多方力量，共建生态体系

在中国的人工智能教育领域，学校不能让企业"牵着鼻子走"，但也不能忽略企业的作用。当今的社会，一家独大的生态是无法持续的，一定要鼓励多方力量，共

建中小学人工智能教育生态体系。建议政府相关部门要起到积极的引领作用，出台相应政策机制保障，确定好政府、中小学、高校、科研机构、企业、教育培训机构、公益组织、金融机构等各自的定位，共同参与到中国中小学人工智能教育发展的过程中。

总之，中小学人工智能教育是实现国家战略的重要保障，必须上升到战略高度，定位清晰，边界明确，合理布局，循序渐进，多方介入，共建生态。中小学人工智能教育，不能像某些国家对待人工智能那样，一旦不及预期就停止投入，但也不能盲目乐观，不顾一切全力推进。我们需要一个健康的中小学人工智能教育生态，这不仅关系到你我他，更关乎国家的未来发展。

第 3 章 顾往识今

3.1 人工智能的定义

3.1.1 重新审视定义

现在一提到"人工智能",就感觉其已经无所不能了,什么事物都能与人工智能产生关联。然而,不同的人对人工智能的理解却不尽相同。直到现在,学术界仍然未对"人工智能"形成一个公认的定义。

作为一个学科,没有公认的定义,确实是一个尴尬的现象,现在的一些书中,对人工智能的定义干脆避而不谈了。笔者曾经买过一本近期出版的人工智能词典,里面就未给出人工智能的定义。这种窘境的产生,除人工智能一直随时代发展不断进步之外,还与它高度的跨学科交叉性有关。

那么,为什么人工智能的定义这么重要呢?因为在说明任何事物之前,必须先对其进行一个明确的定义,达成共识,否则"人工智能"就是一个词,而不是术语,一千个人心中有一千个哈姆雷特的情况就会发生。因此,我们必须先搞清楚人工智能是什么。

可以说,人工智能的数次沉浮,有一部分原因就是一些人不知道人工智能是什么,不明白人工智能到底能做什么,能做到什么程度。人工智能与那些影视、小说相去甚远,这些作品在一定程度上的夸大使得人们对其抱有了太多幻想。

在中小学人工智能教育阶段，如果对人工智能的定义不了解，不明白人工智能到底是什么，就会产生以下问题：

迷茫：不少中小学教师反映，不知道他们教授的课程是否属于人工智能；又或是，到底人工智能课程与创客、STEM/STEAM 的区别在哪儿？

存伪：由于当下人工智能教育属于一个热门的事物，不少并未从事人工智能教学的机构，也纷纷贴上人工智能的标签进入这个领域，鱼目混珠，真假难辨。

举一个简单的例子，现在很多的机器能够做到人无法做到的事情，那么这一定属于人工智能吗？有些人会认为并不一定。

然而，现实中很多行业的技术其实都用到了人工智能的技术，如工业机器人、物流、语音识别、金融投资、医疗诊断等。即使在人工智能寒冬的这段时间，人工智能还是在众多领域中"默默耕耘"，很多的成果被视为与计算机相关。正如尼克·博斯特罗姆（Nick Bostrom）解释说：[①]

"许多尖端的人工智能都已渗入通用应用程序，但常常没有被称为人工智能，因为一旦某事物变得足够有用且足够普遍，就不再标记为人工智能。"

所以，如果对人工智能是什么都含混不清，那么想对人们说明其中道理就更不现实。因此，有必要对人工智能的定义进行梳理。

3.1.2 典型的定义

1956 年达特茅斯会议的策划发起者之一，斯坦福大学的约翰·麦卡锡（John McCarthy）等学者认为，如果能让机器达到与人类同样的行为，就能被称为人工智能。然而随着时代的发展与技术的进步，人工智能的定义也在逐渐发生着改变。

由于人工智能的定义很多，不少学者在研究后也按照一定的特征对其进行了分类。例如，在《人工智能：一种现代的方法》中，就按照思考与行动，像人与理性的维度将人工智能划分为：像人一样思考、像人一样行动、理性地思考与理性地行动 4 类，如图 3-1 所示。

[①] 尼克·博斯特罗姆出版了《超级智能》（*Superintelligence*）一书，书中对伊隆·马斯克、史蒂芬·霍金及比尔·盖茨等人所表达的人工智能会带来风险而深感担心的观点非常认同。

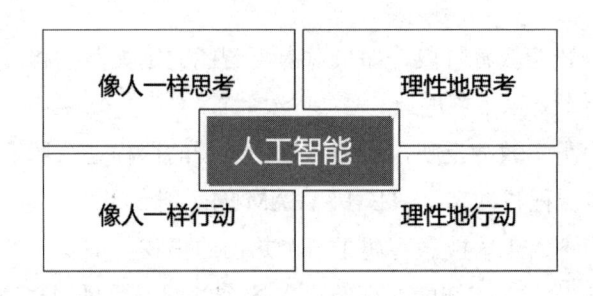

图 3-1 人工智能定义的 4 种分类

除了上述划分方式，还有些学者认为，对人工智能也可按照学科（或科学）、技术（功能）和领域进行划分，如图 3-2 所示。

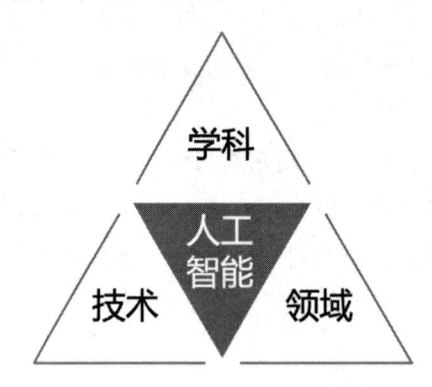

图 3-2 人工智能的学科、技术和领域

人工智能作为学科来说，争论最多的就是它到底是不是计算机科学下的一个分支。不少学者为这个定义展开过激烈的争论，至今仍未定论。在人工智能产生的年代认为人工智能属于计算机科学无可厚非，然而，人工智能作为一个学科，早就在社会的发展与科技的进步中汲取了大量的精华，发展成为一门高度交叉的学科。

因此，笔者认为人工智能应该与计算机科学同等重要，早已不应属于计算机科学下的分支。人工智能要有"理"的支撑，否则就是空谈，然而如果人工智能是一个"文"盲，缺乏哲学、道德伦理、法律等指引方向及约束规范，那么将是人类的灾难。所以，人工智能必须文理兼备。

人工智能除计算科学以外，还涉及认知科学、行为科学、生命科学、信息论、控制论和系统论等学科领域，因此它是一门综合性、交叉性很强的学科。人工智能也被认为是智能科学（Artificial Science）中涉及研究、设计、应用智能机器和智能系统的一个分支，而智能科学是一门与计算机科学并行的学科。甚至，还有一种定义认为人工智能是计算机科学中与智能行为的自动化有关的一个分支。

一些权威的书籍词典给出了人工智能的定义。然而，让笔者感到好奇的是，人工智能的定义却没有收录在某些人工智能的专业词典中，只能从其他的词典中查阅人工智能的定义。

《世界知识大辞典》中给出的人工智能的定义是：利用电子计算机模拟人类智力活动，研究智能的一门科学。《简明不列颠百科全书》中对人工智能的定义是：研究解决某些通常被认为要用智力才能解决问题的计算机技术，是一门实验科学，如语言、视觉、机器人等（现实领域）或定理证明、自动程序设计、问题求解、归纳推理等（抽象领域）。《辞海》中给出的定义是：利用电子计算机模拟人类智力活动的科研领域。即由计算机代替人的智能来完成某项工作。人工智能的研究对于人类的学习、记忆和思维活动提供了新的研究方法及理论。

一些知名度很高的网站上也总结了人工智能的定义。百度百科认为人工智能是研究、开发用于模拟、延伸和扩展人类智能的理论、方法、技术及应用系统的一门技术学科。维基百科则给出的定义是：计算机科学将人工智能研究定义为"智能代理"的研究，任何能感知其环境并采取最大限度地实现成功目标的行动的装置。

从技术层面上来说，人工智能的定义被赋予了明确的功能。例如，人工智能又称机器智能（Machine Intelligence），是指智能机器所执行的与人类智能有关的功能，这些智能功能包括学习、感知、思考、理解、识别、规划、推理、决策、抽象、创造和问题求解等。人工智能是研究和设计具有智能行为的计算程序，以执行人或动物所具有的智能任务。人工智能就是一种系统，它能够正确地解释外部数据，从这些数据中学习，并利用所学知识通过灵活适应来实现特定的目标和任务。

从上述的种种来看，人工智能的定义真是五花八门，论及人工智能的定义难定这一现象的原因，笔者认为至少有以下几个方面。

（1）人工智能领域内部的问题。人工智能从诞生的那天起就已经开始内部分裂，形成了不同的学派，而学派之间相互割裂，意见难以达成统一，公说公有理婆说婆有理，难以定义已是必然。

（2）人工智能是一个与时俱进的事物。不同时代对人工智能所需满足的要求也不相同，随着社会的发展与技术的不断进步，过去一些被认为是"人工智能"的事物，也会逐渐被人"遗忘"，这点在那些经历过与没有经历过人工智能大起大落的人们之间尤为明显。①

（3）许多文学、影视作品的影响。很多新事物被发明创造出来之前，人们是无法想象的。然而，人工智能则是一个例外，很多对人工智能不了解的人们，早就通过文学、影视作品对什么是人工智能有了自己的见解，人们早就为人工智能"下好了定义"。

笔者青睐于《普通高中信息技术课程标准（2017 年版）》中对人工智能的定义，即："人工智能是通过智能机器延伸、增强人类改造自然和治理社会能力的新兴技术"。

人工智能作为一种新兴技术，是智能机器的延伸，最终要服务于人类，既要改造自然，又要治理社会。在这个定义中，"智能"是唯一悬而未决的事物，那么，什么是智能呢？

3.2 何谓"智能"

人工智能简单来说，就是用人工的东西去模仿人类智能。"人工"意味着是人为的，是科学的，是工程的，而不是自然的。《牛津英语词典》对"智能"给出的定义是：获取和应用知识与技能的能力。《不列颠百科全书》（*Encyclopedia Britannica*）对智能的解释是有效适应环境的能力。

约翰·麦卡锡认为，智能就是为了实现目标所能力中涉及计算的那部分。认知心理学家霍华德·加德纳（Howard Gardner）认为智能就是解决问题或创造。与人

---

① 这种情形被称为人工智能效应，后文中会涉及相关内容。

工智能对应的是生物进化产生的"自然智能"(Natural Intelligence),尤其是"人类智能"(Human Intelligence)。

到底什么是人类智能呢?关于这个问题,直到科技高度发展的今天,依然很难定论。

3.2.1 人工智能的脑视角

《人工智能的未来进展专家意见调查》(Future Progress in Artificial Intelligence: A Survey of Expert Opinions)报告共采访了 550 名专家,其中有 11%的专家认为,10 年内就能充分了解人脑的基本构造,以创建人的思想的机器模拟。实际上,对于仅仅 1.4 千克重的人脑,我们知之甚少。我们对脑内局部了解得很少,更不要说整体的运作了。

1986 年,来自美国阿尔伯特-爱因斯坦医学院的研究人员在一种称为秀丽隐杆线虫的简单生物中成功构造出了整个神经系统中所有神经细胞相互连接的路线图,它的整个神经系统中仅有 302 个神经细胞,这种小虫的神经系统虽然简单,但是到今天,研究人员对其的功能仍然没有完全研究明白。人的大脑大约有 860 亿个神经细胞,可见人脑的网络非常复杂,更难探索。

探索脑机制和开发脑启发智能机器的任务是截然不同的。在研究人工智能时,真的有必要研究人脑吗?飞机也没有仿照鸟类,一样可以在空中飞行。计算机和人脑中信息处理有什么差异呢?约翰·冯·诺依曼(John Von Neumann)对计算机与人脑曾进行了系统的讨论,《计算机与人脑》(The Computer and the Brain)一书在他去世后出版。该书原本是他为耶鲁大学西利曼讲座准备的演讲稿,由于 1955 年被查出身患癌症,至 1957 年去世时,他的演讲稿仅完成了两部分:第一部分讲述计算机,第二部分介绍人脑。这本书内容不多,但是非常精彩,将计算机工作原理与人脑运行机制进行了对比,并认为计算机和人脑在本质上是一样的。这本书是第一本从数学家和计算机科学家的双重视角对人脑进行剖析的书,在这之前,还从未有人将计算机科学和神经科学这两个学科进行交叉,这为研究生物体和神经网络引入了全新的方法。

杰夫·霍金斯（Jeff Hawkins）和桑德拉·布莱克斯利（Sandra Blakeslee）合著的《论智能》（*On Intelligence*）一书从工程师的角度对神经科学进行阐述，一个核心观点是大脑是记忆—预测系统而不是计算系统。

人工智能的研究从来都与下棋保持着密切的联系，因为下棋被看作人类取胜的游戏，反映了人的思维。经常听人说，头越大越聪明，真是这样的吗？论大脑的绝对尺寸，人类比不上大象，甚至比不上海豚。论大脑与身体质量的相对之比，人类不如小鼠。究竟是什么让人类在智能上胜出？一种观点认为是神经元的连接方式不同而导致的大脑运作方式不同。

利用神经网络的人们有一个默认的假设，那就是认为智能和意识来自人脑的复杂结构。1948年，当数字计算机还没有出现时，威廉·格雷·沃尔特（William Grey Walter）就设计了乌龟机器人，他也被认为是首个制作出电子机器人的科学家。这个机器人使用了模拟电子电路去仿真大脑的工作原理，与人类大脑中神经元连接方式相似。

仅仅模仿大脑就能够代表智能了吗？不少学者提出了疑问，他们称这种以大脑代表智能的做法为"大脑中心论"。这些学者认为，大脑不是目标，仅仅是维持人类生命众多器官之一，是实现目标的工具。因此，智能仅仅考虑大脑活动是远远不够的，还应当基于身体的行为与机器进行比较。

一些学者不断声称很快就可以建立起仿真人脑。例如，2005年的蓝脑计划（Blue Brain Project），科学家就是期望在超级计算机上仿真人脑，并期望在2020年左右制造出第一台会"思考"的机器，此机器可能拥有感觉、痛苦、愿望和恐惧感。2013年的人脑计划（Human Brain Project）也获得了10亿欧元的支持，成为全球最重要的大脑研究项目之一。而也有一些学者批评仅仅根据神经元数量及它们之间的连接数就可以代表人脑复杂性，建立仿真人脑的这种观点。

人脑和计算机都在处理信息和保存信息。计算机处理信息时，采用的是"0"和"1"的形式将编译后的信息通过CPU进行计算。然而CPU却没有存储功能，必须要通过内存或硬盘等具有存储信息功能的硬件一边处理一边保存，最终将处理好的信息存储在硬盘中，存储方式是地址存储。大脑则是通过神经细胞并行处理，存储方式是联想记忆，因此可以形成看到北京就想到天安门，看到成都就想到大熊猫一样的联想反射,这点人工智能是很难做到的。雷·库兹韦尔(Ray Kurzweil)在《人工智能的未来》(*How to Create a Mind*)中也表达了他的观点,尽管大脑也能存储和处理信息,但是计算机与大脑之间存在很大的不同。

3.2.2 图灵测试与"人工蠢能"

1950 年,英国数学家艾伦·图灵(Alan M. Turing)发表了一篇关于计算机器与智能的文章,文章的第一句就提出"机器会思考吗"(Can machines think?)。通过采用模仿游戏(Imitation Game)对机器能够思考进行验证,也就是后来的图灵测试(Turing Test)。

图灵测试的目的就是希望能够给智能重新进行定义,即如果机器是否能够思考人们无从得知,那么是否可以通过最终与一个结果挂钩,去衡量智能呢?通过图灵测试,智能从原本的问题,成功地变成了另一个问题。

早在 1966 年,就出现了一款名为 ELIZA 的机器人。它是由麻省理工学院的约瑟夫·魏岑鲍姆(Joseph Weizenbaum)开发的,是目前已知最早的机器人。约瑟夫·魏岑鲍姆是自然语言处理方面的领军人物,这个模拟罗杰斯心理治疗的 BASIC 脚本程序,在对话上表现得很好,使得很多人产生了情感上的依赖,并愿意向它吐露更多的心声。以下是它扮演医生和患者的一段对话。

医生:我可以为你效劳吗?
患者:我不知道。
医生:请告诉我一些情形。
患者:不。
医生:请你说得仔细些。
患者:今天我厌烦得很。
医生:你知道这是什么原因?
患者:是的,我老了。
医生:请继续讲。

患者：仿佛任何事情都激不起我的兴致。

医生：请更多地告诉我你的这种感觉。

患者：我也略知为何我会有这样的感觉。

医生：是吗？

患者：我似乎在想有一个家。

医生：什么东西使你有这样的想法？

患者：它是一种挑战。

医生：为什么它对你是重要的？

　　初次看到对话，人们会产生一种计算机已经具有理解力的错觉，其实，计算机只不过是按照某种规则对用户输入的语言进行匹配后回复而已。ELIZA 的出现对自然语言处理及人工智能研究的发展都起到了积极的推动作用。几十年过去，那些曾获得勒布纳奖（Loebner Prize）的机器人，与 ELIZA 仍没有本质的区别。

　　根据艾伦·图灵当时的预测，2000 年时测试者答案的正确率可以达到 70%。到了 2014 年，终于有一台计算机"通过"了图灵测试，"他"骗过了 33%的测试者，让人们相信它是一名 13 岁的男孩，这一度成为人工智能发展史上的里程碑事件。然而，让人啼笑皆非的是，它是因故意设计出了一些错误才在短时间内骗过了那些测试他们的人。

　　计算机要表现得太聪明，很容易被识破，因此，如果想要骗过人类，计算机就要有针对性地稍微"愚蠢"一点。在经济学中，存在一个理性人假设，然而行为经济学认为，人是有限理性的，即非理性。理性人假设中的理性人几乎在现实中不存在，因此，表现得出奇的理性，真的就可以被视为是人通过图灵测试的伎俩吗？

　　很多人认为应该将"人工蠢能"（Artificial Stupidity）加入到计算机中。例如，知名人工智能专家兰斯·艾略特（Lance Eliot）就在《人工蠢能可能是人工智能和实现真正的自动驾驶汽车的关键》（Artificial Stupidity Could Be The Crux To AI And Achieving True Self-Driving Cars）中提出要将"人工蠢能"加入到"人工智能"中。麻省理工学院的罗闻全（Andrew Lo）教授认为在金融模型中加入"人工蠢能"可以更好地帮助金融模型进化。

1992 年的一期《经济学人》（*Economist*）杂志上刊登了题为《人工蠢能》的文章，认为该计算机之所以能获得勒布纳奖，是因为它模仿了人类打字的错误。另有一台计算机假装自己是一个偏执、孤独的 7 岁男孩，也获得了高分。一些游戏开发者也坦言，他们必须在"人工蠢能"和"人工智能"之间取得平衡，以使机器感觉像人一样。

约翰·塞尔（John Searle）在 1980 年提出的中文屋论证（Chinese Room Argument）就是想说明一个问题，程序不能理解它所使用的符号，进一步说，如果这些符号对机器没有意义，那么怎么能够说机器是在思考呢？

中文屋论证是一个思维实验，最早出现于 1980 年美国哲学家约翰·塞尔发表在《行为与脑科学》（*The Behavioral and Brain Sciences*）的文章《思想、大脑和程序》（*Minds, Brains, and Programs*）中，中文屋论证已经成为近代哲学中最著名的论点之一。在这篇文章中，约翰·塞尔想象自己独自一人在一个房间里，手头有一个计算机程序能够遵循指令打印出汉字并将之从门缝里递出来。塞尔对汉语一窍不通，然而，通过像计算机一样依照程序要求，通过操作符号和数字，他能够把恰当的汉字字符串从门下送出去，这使得外面的人误以为房间里有一个会说汉语的人。BBC 在节目《寻找人工智能》（*The Hunt for AI*）中重现了中文屋这一情景。

图 3-3 所示为中文屋剧照。

图 3-3　中文屋剧照

中文屋论证的狭隘推论是，数字计算机程序可能看上去能够理解语言，但并不能真正理解语言的含义，因此，图灵测试是不充分的。约翰·塞尔认为，思维实验强调了这样一个事实，即计算机仅仅使用语法规则来操纵符号字符串，而对字符的意义和语义没有丝毫理解。

这一论证的更广泛推论驳斥了人类的思维是类似计算机的计算系统或信息处理系统的观点，认为思维必须是生物过程的结果，计算机最多只能模拟这些生物过程。中文屋论证对语义学、语言和心智哲学、意识理论、计算机科学和认知科学都具有重大意义。

尽管中文屋论证自发布以来就争议不断，但学术界至今尚未对该论证的合理性做出最终判断和共识。虽然争论仍在继续，但人工智能和自然语言处理方面的科研工作并未停滞，关于意识本质的猜想在很多学科中仍旧是一个研讨方向。

3.2.3 智能的测量

弗朗西斯·高尔顿（Francis Galton）是第一个尝试测量智力的人，他认为智力是感官敏锐的一种功能。1888年，弗朗西斯·高尔顿建立了一个"人体测量实验室"，利用视觉灵敏度、听觉准确度和呼吸能力等感官辨别能力来评估智力水平。

心理学家詹姆斯·麦基恩·卡特尔（James McKeen Cattell）创造了"心理测试"（Mental Tests）这个术语来指代高尔顿测量。在经历了一段时间的研究之后，1901年，詹姆斯·麦基恩·卡特尔发现感官辨别能力和智力表现（学业成绩）之间没有关系，于是普遍放弃了用弗朗西斯·高尔顿测量来衡量智力的方法。

阿尔弗雷德·比奈（Alfred Binet）开始了他的智力尺度研究。当时为了解决弱智儿童的特殊教育问题，需要设计一种方法识别弱智儿童。因此，阿尔弗雷德·比奈与西奥多·西蒙（Theodore Simon）合作研究出一套量表，用以区分学习迟缓的儿童与那些能够跟上教学水平的儿童。与弗朗西斯·高尔顿使用的感官辨别不同，他们认为儿童的智力是通过理解、判断、推理和创造的练习来评估的。

多元智能理论（Theory of Multiple Intelligences）将人类智能区分为特定的"模

式",而不是将智能视为由单一的一般能力所支配。霍华德·加德纳（Howard Gardner）在 1983 年出版的《思维框架：多元智能理论》（*Frames of Mind: The Theory of Multiple Intelligence*）一书中提出了这一模型。

霍华德·加德纳（Howard Gardner）提出了他认为符合这些标准的 8 种智能：语言（Verbal/Linguistic）、数理逻辑（Logical/Mathematical）、空间（Visual/Spatial）、肢体动觉（Bodily/Kinesthetic）、音乐（Musical/Rhythmic）、人际（Inter-personal/Social）、内省（Intra-personal/Introspective）、自然（Naturalist）。

语言智能高的人在词汇和语言方面表现出很强的能力。数理逻辑智能与逻辑、抽象、推理、数字和批判性思维有关。空间智能是指处理空间判断和用心灵的眼睛视觉化的能力。肢体动觉智能是指控制一个人的身体动作和熟练地处理物体的能力。音乐智能是对声音、节奏、音调和音乐的敏感性方面的能力。人际智能是指对他人的情绪、感觉、性情、动机具有敏感性，并能够作为团队的一部分与他人进行合作的能力。内省智能是指意识到自己内在情绪、意向、动机、脾气和欲求，以及自律、自知和自尊的能力。自然智能是指识别动、植物和自然界中其他事物的能力。

多元智能理论对人工智能产生了很大的影响。随着神经网络的发展，通过模仿人脑的这 8 种智能，人工智能中对这些多重智能的认识可能会不断发展。一些人工智能公司认为构建这些智能可能是发展人工智能的很重要的一步。

人工智能出现之前，人们就开始梦想着有与人能够对弈的机器。国际象棋等这样的棋局游戏一直被看作人类智能的特征，下棋之所以好，是因为智力高，歌德（Goethe）也曾写道，国际象棋是人类智慧的试金石。因此，产生了一个这样的逻辑，如果机器可以在棋局上打败人类，那么它就具备了人类智能，就能够了解人类的认知。

18 世纪末，一台被称为"土耳其人"（Turk）的国际象棋机器是当时的一个传奇。木头雕刻的小人下棋水平很高，据说它击败了拿破仑·巴拿马（Napoleon Bonaparte）和本杰明·富兰克林（Benjamin Franklin）。1854 年，它在一场火灾中被毁。后来被证明，"土耳其人"是通过桌下隐藏的机关及内部藏有一人工作的，是一个彻头彻尾的骗局。

百年后，在计算机发明之前，艾伦·图灵就编写了一个国际象棋的程序，自己充当 CPU 的角色，并在"纸带计算机"上运行了这个算法。克劳德·艾尔伍德·香农（Claude Elwood Shannon）也认为国际象棋是一个非常好的计算机测试平台，因为他认为，下棋需要一定的规则，涉及赋值，需要评估，并且涉及搜索算法。以至于在计算机诞生的那段时间中，研究如何让机器下棋是一个前沿性的课题。诺伯特·维纳（Norbert Wiener）在其《控制论》（Cybernetics）中也曾对机器下棋有过这样的评论，能够下国际象棋的机器所具备的能力，是否代表机器和心智之间的根本区别。

深蓝几经周折，最终战胜了国际象棋世界冠军加里·卡斯帕罗夫（Garry Kasparov）。尽管人工智能的研究人员无比兴奋，将该事件认为是技术发展史上的里程碑，加里·卡斯帕罗夫却认为深蓝的那种所谓的智能方式，与可编程闹钟的工作方式没有区别。因为它不是一台具有人类创造力、能像人类那样思考的机器，它能做的就是每秒评估约两亿个落子可能性并利用强大的计算能力暴力求解。

几十年来，大脑神经网络的详细地图是人工智能研究人员的彼岸，他们期待能够从中找出大脑内神经元之间的联系，从而知道人脑的工作机制。果蝇是生物学等学科中理想的实验对象，人工智能等领域的学者对果蝇研究得如火如荼。2018 年，在《自然》（Nature）上刊登了一篇《三维图像显示果蝇大脑中隐藏的神经元》（3D Image Reveals Hidden Neurons in Fruit-Fly Brain），科学家已经制作了果蝇大脑的 3D 图像，它是如此详细，以至于研究人员可以用来追踪整个器官的神经元之间的联系。2019 年，麻省理工学院和霍华德·休斯医学研究所（Howard Hughes Medical Institute）的科学家们在三天之内成功对果蝇的完整大脑进行了纳米级清晰度成像的研究成果登上了《科学》（Science）杂志封面。

约翰·麦卡锡称国际象棋是"人工智能的果蝇"。而与艾伦·图灵共同参与破解密码的唐纳德·米基（Donald Michie）认为，下棋的精彩在于对抗及事后精彩的回顾与总结，机器让这些不复存在，因为机器是通过强大的搜索而不是精彩的谋略取胜的。

3.2.4 强/弱人工智能

1980年,约翰·塞尔在他著名的"中文屋"思维实验中探讨了关于强人工智能(Strong AI)的界定问题,他认为不能与人一样理解词语含义的人工智能不能被称为强人工智能。暂且不提中文屋论证结论本身的争议,单就从这个界定本身来看,也仅仅是从自然语言理解角度出发,并不能对强人工智能和弱人工智能进行完备的定义或说明。

强人工智能认为,创造像人一样的具备思考能力的机器是很有可能的,机器不但可以理解信息,还能拥有意识。但是,这又回到了前文所讨论的内容上,人类连自己的大脑、意识等都没有弄清楚,就要让机器达到与人类一样的水平,实现这样的目标,可能应该比科幻小说还难吧,因为,这一切都已经超出了人的认知范围。这就好比2世纪的医生盖伦(Galen),钟情于大脑内那些充满液体的孔洞一般。所以,要想实现强人工智能,至少还有很长的路要走。

维基百科给出了强弱人工智能的界定,认为针对某一特定任务的人工智能是弱人工智能(Weak AI),而不局限于特定任务而开发的人工智能是强人工智能。按照这个界定,现有的很多人工智能相关产品,如苹果的人工智能助手Siri,都应该划分到弱人工智能类别,因为它们往往只能针对预先设定好的既定套路进行应答和内容检索。也就是,弱人工智能只要求机器具有某些"智能"行为。

上述的两个定义其实都有些差强人意。如果想要分辨强弱人工智能,就需要先理解什么是框架问题(Frame Problem),它是由人工智能命名者约翰·麦卡锡和帕特·海思(Pat Hayes)在1969年发表的论文《从人工智能的角度来看一些哲学问题》(*Some Philosophical Problems From the Standpoint of Artificial Intelligence*)中提出的。

框架问题指的是"从所有可能事项中选出和即将解决的任务相关的事项是极为困难的"这一问题。该问题其后也被认为是人工智能研究中的最大难关。哲学家和认知科学家丹尼尔·丹尼特(Daniel Clement Dennett)对框架问题给出了更形象的解说。假设有搭载了人工智能的机器人A替代人类进行排爆工作,它需要从被安放了危险品的房间中取出一幅珍贵的画作。机器人A进入房间，将放置了画作的推车推出来，可惜的是，危险品就安置在推车上，机器人A只想着取出画作，没有对危险品的位置进行判定，任务失败。人们吸取经验，制作了机器人B，它能够思考所有可能的事项，但它在进入房间后，就陷入了杞人忧天式的思维迷障，不断提出一个又一个可能性。例如，推动推车时，吊棚会不会脱落、灯会不会停电、墙壁会不会破个洞、墙纸会不会掉色、推车上有没有危险品等。机器人B需要尽可能地从所有与任务相关的事项中思考出所有潜在的危险性，但这显然是不现实的，于是在它正想着的时候，倒计时时间到了，任务失败。

人们又想，是不是只考虑和危险品与画作相关的东西就可以？但事实上，光是排除墙壁、天棚、地板、电线等能探测到的事物与目标物品的相关性也需要大量的计算时间，更不用说还有"连锁反应"的可能性。

像这样无论采用哪种方法，都需要在解决问题的过程中，对不断产生的事项进行思考的问题，被称为"框架问题"。像是针对下象棋、围棋，组装机械等预先设定好任务内容的人工智能，当然不会遇到框架问题，这类人工智能被称为弱人工智能或狭义人工智能（Narrow AI），已经被应用在很多现实场景之中。但是可能面临复杂问题或复合场景的人工智能就不能忽视框架问题的存在。

另外，框架问题也不是说只有在人工智能上才会发生，人类亦然。当面对预料之外的事故发生时，多数人类也会像机器人A一样出现思维死角；当被突然带到陌生环境茫然无措时，人们也会像机器人B一样脑中产生无数猜想。

框架问题很难从根本上去解决，但是就像拆弹专家在最后两根导线面前总会做出抉择，面对未知人类会做出行动去尝试，面对陌生人类也会迈开脚步勇于探索，现今的人类科技文明就是在无数次的勇敢尝试、开拓探索中一步一步铸就而成，某种意义上，人类不断地打破了框架问题的束缚。而在正在到来的大数据、物联网、人工智能时代，让拥有庞大信息基础和算力支持的人工智能也像人类一般打破框架，自主解决问题，成就强人工智能，便是今后人工智能和其相关领域的一个重要研究方向和目标。

3.2.5 奇点

奇点（Singularity），有时也称为技术奇点，这个思想最早是由约翰·冯·诺依曼提出的。他认为技术的加速进步和人类生活的变化说明人类正在接近自身种族上某种重大奇点，一旦超过了这个奇点，人类的很多事物就难以为继了[①]。

也就是说，奇点就是一个机器智能与人类智能交叉的时点，一旦过了这个时点，人工智能将超过人类智能，而且，人工智能还会自我完善并不断向前发展。一种观点认为，奇点到来的时间是2045年。

雷·库兹韦尔（Ray Kurzweil）的《奇点临近》(*The Singularity Is Near: When Humans Transcend Biology*) 描述了一个人工智能技术指数级增长的未来世界，他的根据就是摩尔定律（Moore's Law）。奇点理论的提出在一定程度上加深了人们对未来的担心。

3.3 三派鼎力，分释智能

3.3.1 符号主义

艾伦·纽厄尔（Alan Newell）和赫伯特·亚历山大·西蒙（Herbert Alexander Simon）曾说，符号是智能行动的根源，当然，它也是人工智能的核心。符号主义学派，正如其名，其核心是物理符号系统及常识等。在人工智能最初发展的那几十年中，符号主义一直是具有主导地位的，有种天下武功出少林的意味。

符号主义的思想历史久远，最早可以追溯到公元前5世纪。而在人工智能中，学者们普遍认为其来自艾伦·图灵，是一种从功能的视角去看待智能的过程。前文

[①] "奇点"首先出现在1958年乌拉姆（Stanislaw Ulam）为约翰·冯·诺依曼所撰的悼文中。

中已经介绍了智能的有关概念。艾伦·图灵抛开复杂的智能内部情况，将智能视为一个黑盒，提出了图灵测试的思想。符号主义学派利用"符号"（Symbolic）对客观世界进行抽象，利用逻辑推理和搜索的方式代替了人脑复杂的运行。

符号主义学派在自身完善的过程中，分为 3 个阶段：最早的关注点放在如何利用知识去做推理、规划、运算及判断，而不考虑知识是如何获取的，这个阶段被称为符号阶段的推理阶段；随着研究的不断深入，学者们发现仅仅使用推理等手段并不能处理智能问题，还需要先验知识，因此重点就变为知识的获取、知识的表示，这个阶段也称为知识阶段；随着信息的不断增加，仅靠专家的总结已经无以为继，因此面对海量的信息，机器必须要能自主学习，获取知识，这个阶段就是符号主义的学习阶段。

符号学派将数学化的逻辑推理与人类大脑思考的逻辑推理联系到了一起。该学派的学者们认为，逻辑符号可以将语言转换成数学表达，那么这个用语言描述的世界，也应该可以用符号表示。17 世纪的德国数学家戈特弗里德·威廉·莱布尼茨（Gottfried Wilhelm Leibniz）提出了能够表达人类思想的通用语言，19 世纪的英国数学家乔治·布尔（George Boole）提出的布尔代数实现了用抽象代数描述逻辑推理。

戈特洛布·弗雷格（Gottlob Frege）进一步完备了乔治·布尔的符号逻辑体系，从此将逻辑数学化。英国哲学家伯特兰·罗素（Bertrand Russell）完成了 3 卷《数学原理》，这套书与后来的人工智能有着不解之缘。艾伦·纽厄尔和赫伯特·亚历山大·西蒙在达特茅斯会议上提出惊人之作——一般问题解决器（General Problem Solver）。①利用一般问题解决器，从心理学的视角探索机器模拟智能，可以模仿人解决问题时的启发式策略，该研究方式让计算机证明了当时的世界三大猜想之一的四色猜想。这种通过心理学实验仿真人类解决问题的研究方式在符号主义学派中也称为认知派。尽管属于同一学派，然而人工智能创始人之一约翰·麦卡锡认为机器不用在意人的思考方式，而应该直指逻辑推理，这样的研究方式称为符号主义学派的逻辑派。约翰·麦卡锡发表的《常识编程》（Programs with Common Sense）中曾经就提及，

---

① 一般问题解决器能证明《数学原理》中的很多定理。

未来的机器在处理重复型、计算型工作上会轻松超越人类，只有拥有常识的智能才能被称为智能。这也为后来的知识工程工作奠定了基础。

另一位人工智能创始人，马文·明斯基（Marvin Minsky）原先属于人工智能另一大派，即连接主义学派的人物，后来投身于符号主义学派。他先支持认知派，后在意识到智能的复杂性且很难描述后，提出了框架理论（Frame Theory），奠定了智能代理（Intelligent Agent）的研究基础。

数学思想在符号主义学派的逻辑与推理中发挥了极其重要的作用，人工智能的几位创始大咖，如约翰·冯·诺依曼、艾伦·图灵、约翰·麦卡锡、马文·明斯基、赫伯特·亚历山大·西蒙等学者，如果按照数学族谱来看，均源于弗里德里希·莱布尼茨（Friedrich Leibniz），即前文中戈特弗里德·威廉·莱布尼茨的父亲。感兴趣的读者可以登录数学族谱项目这个网站（见图3-4），自己搜索一下，颇有意思。

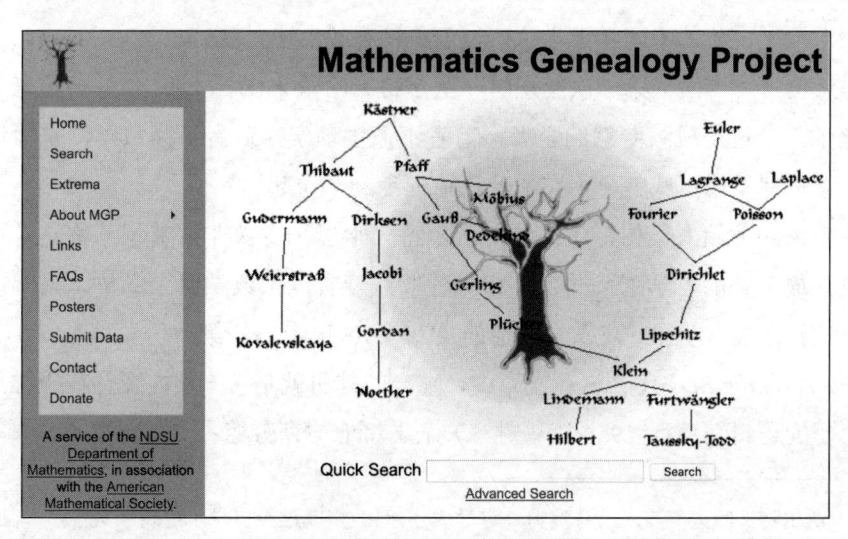

图3-4 数学族谱网站主页

3.3.2 连接主义

连接主义学派也以人脑为关注对象，但是与符号主义截然不同。它从脑的生理，即脑结构层面出发，认为智能源自神经元之间的连接，人的大脑就是通过神经元连接构成的网络，所以仿真大脑结构就可以模拟大脑工作，获得智能。

提到连接主义与神经元，就不得不先了解一位传奇人物沃尔特·哈里·皮茨（Walter Harry Pitts），一位在计算神经科学领域工作的逻辑学家。[1]他提出了具有里程碑意义的神经活动和生成过程的理论表述，影响了如认知科学、心理学、哲学、神经科学、计算机科学、人工神经网络、控制论和人工智能等诸多领域。

沃伦·麦卡洛克（Warren McCulloch）与沃尔特·哈里·皮茨合著的《一种内在存在于神经活动中的思想的逻辑演算》（*A Logical Calculus of Ideas Immanent in Nervous Activity*）首次提出了神经网络（Neural Network），给出了神经元的第一个数学模型，是科学史上的开创之作。这个简化的神经元是神经网络领域的参考标准，通常被称为 McCulloch-Pitts 神经元，简称 M-P 神经元。经过 5 年的非官方研究，芝加哥大学授予皮茨艺术副学士学位，以表彰他在论文上的工作。[2]

与沃伦·麦卡洛克第一次结识时，沃尔特·哈里·皮茨才 17 岁。一位是无家可归的孩子，一位是成绩斐然的学者，前者不懂生理学，后者不懂数学，是他们共同的偶像戈特弗里德·威廉·莱布尼茨让他们走到了一起。

控制论的创始人诺伯特·维纳对沃尔特·哈里·皮茨非常赏识，称这是他见过的全世界最厉害的科学家，并愿意指导他取得麻省理工数学博士学位。冯·诺依曼非常欣赏沃尔特·哈里·皮茨，在他的《EDVAC 报告书的第一份草案》（*First Draft of a Report on the EDVAC*）这篇文章中，唯一的外引就是《一种内在存在于神经活动中的思想的逻辑演算》。1954 年《财富》杂志将他与克劳德·艾尔伍德·香农等人一

---

[1] 沃尔特·哈里·皮茨出身贫穷，自学成才，10 岁就已经自学了逻辑和数学，并且能够阅读多种语言，包括希腊语和拉丁语。据说在他 12 岁时，三天读完了前文所说的那本 2000 页的《数学原理》，并致信伯特兰·罗素，指出他认为上半部著作中存在的问题。当时伯特兰·罗素想请他去剑桥大学跟随他学习被婉拒。不过，15 岁时，沃尔特·哈里·皮茨还是出于一些原因找到了伯特兰·罗素，开启了他人生的传奇篇章。感兴趣的读者可以参看 Gefter, Amanda (February 5, 2015). "The Man Who Tried to Redeem the World with Logic". Nautilus. No. 21. MIT Press and Nautilus Think.

[2] 这是沃尔特·哈里·皮茨唯一的学位，但是他的能力远非如此，他是一位悲情天才。

起评选为 40 岁以下最有才华的 20 位科学家。

如果说沃伦·麦卡洛克与沃尔特·哈里·皮茨解决的是大脑如何处理信息的问题，那么另一位神经心理学家唐纳德·赫布（Donald Hebb）则研究的是大脑如何学习知识，他试图解释突触可塑性，即大脑神经元在学习过程中的适应性。唐纳德·赫布所著的《行为组织学》一书中提到的赫布法则（Hebb's rule），也称赫布学习（Hebb's Learning）：当细胞 A 的轴突到细胞 B 距离足够近，以至于能刺激到细胞 B，并且能反复或持续刺激时，那么，某种生长过程或代谢变化将会发生在两个细胞或其中一个细胞中，从而增加细胞 A 对细胞 B 的刺激效果。

在人工智能，尤其是机器学习中，几乎所有的学习算法都多少借鉴了赫布学习。真正奠定神经网络工程应用的出现在 1957 年，是由弗兰克·罗森布拉特（Frank Rosenblatt）在 IBM 704 计算机上实现的感知器（Perceptron）神经网络模型。它是 M-P 神经元和赫布学习结合的产物，可以做到不需要人工编程，就能通过机器学习完成部分机器视觉和模式识别方面的任务。两年后，弗兰克·罗森布拉特制造出第一台硬件感知器，称为"Mark 1 感知器"（Mark 1 Perceptron）。1962 年，弗兰克·罗森布拉特写了《神经动力学原理：感知器和大脑机制的理论》（*Principles of Neurodynamics: Perceptrons and the Theory of Brain Mechanisms*）。这本书总结了感知器和神经网络的主要成果，一度被连接主义奉为圣经。

感知器的影响迅速发酵，使弗兰克·罗森布拉特无论是声誉，还是研究经费都与日俱增，然而，这也为感知器和他日后的研究与生活带来了负面影响。

3.3.3 行为主义

符号主义和连接主义是从脑出发，开始研究智能，属于一种"从上至下"的研究方式，而在人工智能的学派中，有一种"从下而上"且不再聚焦人脑的研究学派，他们将智能的关注点放在"感知—行动"之上，这就是人工智能三大学派中的行为主义学派。

人类的智慧，到底是在脑中还是在整个身体上，是一个争论不休的哲学问题。

1948年，艾伦·图灵在《机器智能》（*Intelligent Machinery*）中就将智能划分为具身智能（Embodied Intelligence）和非具身智能（Disembodied Intelligence）。具身智能认为无论是人的还是其他生物的智能，都是由整个机体的各个方面所塑造的，智能及认知不能离开具体的身体和环境。

人工智能研究的经验提供了另一条证据来支持具体的思维论题。在人工智能的发展过程中，基于推理这种"非具身智能"的方法在20世纪70年代至80年代遇到了严重的困难，许多人工智能研究人员开始怀疑高级符号推理能否很好地解决简单的问题。罗德尼·布鲁克斯（Rodney Brooks）在20世纪80年代中期辩称，这些象征性方法之所以失败，是因为研究人员普遍不了解感觉运动技能对智力的重要性。其实，早在人工智能诞生的十几年前，约翰·冯·诺依曼就与诺伯特·维纳一起对机器生命问题展开过研究。约翰·冯·诺依曼认为将机器生命的对标物确定为人类是错误的，因为人类大脑太复杂。

通常认为，行为主义学派产生的标志是《控制论》的出版，因此该学派也被称为控制论学派。"控制论"（Cybernetics）这个词来自希腊文，意思是"操纵、导航或治理"。1948年，诺伯特·维纳（Norbert Wiener）所著的《控制论：动物和机器中的控制与交流》（*Cybernetics: On Control and Communication in the Animal and the Machine*）的出版，标志着控制论的诞生，诺伯特·维纳也被称为控制论之父。诺伯特·维纳将控制论定义为"对动物和机器的控制和交流的科学研究"。也就是说，控制论是关于人类、动物和机器如何相互控制和交流的科学研究。

控制论和信息论构成了人工智能研究方法的主体。控制论是一门跨学科的研究，同时很多领域也深受控制论的影响，如控制系统、电气网络理论、机械工程、逻辑建模、进化生物学、神经科学、哲学、人类学、心理学、经济学、管理学、社会学、博弈论、建筑学等。因此，又一个学派确定了人工智能研究的跨学科性。

控制论与机械、物理、生物、认知和社会系统相关，它的目标是理解和定义系统的功能和过程，从行动到感知，到与期望目标的比较，再到行动。它的重点是任何事物，包括数字的、机械的或生物的如何处理信息，如何对信息做出反应，以及如何改变以更好地处理信息，对信息做出反应。

在 1950 年，诺伯特·维纳出版了一本科普控制论的畅销书《人有人的用处：控制论与社会》(*The Human Use of Human Beings: Cybernetics and Society*)。这本书前瞻性地讲述了自动化对社会的好处，分析了生产性交流的意义，认为人之间和人与机器之间的传输过程都是相似的，是一种反馈，即一方发送信息，另一方接收信息，然后发送响应，而且人与机器之间、机器与人之间、机器与机器之间的信息，注定要发挥越来越大的作用。

另外，这本书讨论了人与机器合作的方式，有可能放大人的力量，把人从重复的体力劳动中解放出来，在知识性工作和艺术中进行更有创造性的追求。这本书还探讨了这些变化可能危害社会的风险，并提出了如何避免这种风险的建议。

因为存在人、机器的这种反馈机制，所以产生了功能模拟的科学方法。而智能模拟则是在功能模拟的基础上进行的延展，是用计算机的硬件、软件等模拟人的感知、记忆、联想及思维等过程的方法。感知层面上包括对人的视觉、听觉、触觉、嗅觉等进行模拟，通过传感器等设备获取外部环境的信息，然后进行分析和反馈。思维层面上则是对人脑及神经元结构和功能进行模拟。

在无法认清内部机制的情况下，如人们并不了解人脑的机制，那么如何对人脑进行模拟呢？控制论的"黑箱"（Black Box）提供了方法论[①]。黑箱是一种内部机制未知的设备、对象或系统，只有"刺激"的输入和"反应"的输出是已知特征（图 3-5）。也就是只知其然，不知其所以然。从定义中可以看出，人类的大脑显然是一个黑箱。

图 3-5 黑箱原理

在日常生活中，人们每时每刻都面临着这样一些"系统"，它们的内部机制没有

---

① 诺伯特·维纳将黑箱描述为一个未知的系统，用系统识别技术进行识别。他认为自组织的第一步是能够复制黑箱的输出行为。

完全开放以供检查，必须用适合于黑箱的方法加以处理。例如，一个小孩为了得到某项结果（输出），必须在手机或屏幕上进行操控（输入）。再如，后面要谈到的神经网络等就属于黑箱。

裘迪亚·珀尔（Judea Pearl）于1988年发表了极具影响力的书，将概率和决策理论引入了人工智能。在使用的许多新工具中，有贝叶斯网络、隐马尔可夫模型、信息论、随机建模和经人工智能研究人员开始比以往更多地开发和使用复杂的数学工具。人们普遍意识到，人工智能需要解决的许多问题已经由数学、经济学或运筹学等领域的研究人员进行了研究。共享的数学语言既可以与更成熟、更成功的领域进行更高水平的合作，又可以实现可测量和可证明的结果；人工智能已成为一门更为严格的"科学"学科。

3.4 正视起落，宠辱不惊

3.4.1 "人工智能"初问世

如果说人工智能就是通过智能机器的延伸来增强人类改造自然和治理社会能力的新兴技术，那么自从人类文明诞生以后，人类就一直从未间断对人工智能的探索。在一些古代中外的作品中，就不乏人工智能的例子。

《列子·汤问》中记载了可以翩翩起舞的机器人歌姬及其制作者偃师的故事，按照记载，机器人已经达到了与真人无异的程度。《墨子·鲁问》也记载了鲁班制作的木鸢可以在空中三日不下，载人飞行。《三国志·蜀志·诸葛亮传》中记载了木牛和流马在运输粮草的案例。古希腊也记载了智能机器人的神话故事，工匠造出了能够说话并可以进行高难度工作的女机器人。

1936年，阿隆佐·邱奇（Alonzo Church）和艾伦·图灵命名的邱奇-图灵论题（Church-Turing Thesis），提出所有计算或算法都可由一台图灵机来执行，这也成为构建计算机科学的基础之一。1947 年，神经学研究发现大脑是由神经元组成的电子网络，其激励电平只存在"有"和"无"两种状态，不存在中间状态。1948 年，诺伯特·维纳（Norbert Wiener）提出了控制论，同时也提出信息技术具有两面性，人类需要警惕。1948 年，克劳德·艾尔伍德·香农发表论文《通信的数学理论》，这是现代信息论研究的开端，他也因此被称为"信息论之父"。

1950 年，艾伦·图灵提出了著名的图灵测试。1951 年，马文·明斯基创建了第一台神经网络学习机 SNARC。1954 年，乔治·戴沃尔（George Devol）设计了世界上第一台可编程机器人，并初次提出工业机器人的概念，在当年申请了专利。1955 年，艾伦·纽厄尔和赫伯特·亚历山大·西蒙开发了逻辑理论家启发式程序，其后来被认为是首个人工智能程序。它通过模拟人证明符号逻辑定理的思维，证明了《数学原理》中前 52 个定理中的 38 个，其中某些证明比原著更加新颖和精巧。

人工智能起源于 1956 年在美国新罕布什尔州（New Hampshire）达特茅斯学院（Dartmouth College）召开的一次会议，其主题为达特茅斯人工智能项目夏季研究项目（Dartmouth Summer Research Project on Artificial Intelligence）。

在 20 世纪 50 年代早期，关于"思维机器"（Thinking Machines）有着各种各样的指代方向，如控制论（Cybernetics）、自动机理论（Automata Theory）和复杂信息处理（Complex Information Processing）。其中，每一个名称都代表了一个方向。

1955 年年初，时任达特茅斯学院年轻数学助理教授的约翰·麦卡锡（John McCarthy）决定组织一个小组，以澄清并发展有关思维机器的想法。他为这个新领域选择了"人工智能"这个中立性名称，从而可以规避来自如控制论、自动机理论的束缚。

1955 年 9 月初，约翰·麦卡锡、马文·明斯基、纳撒尼尔·罗彻斯特（Nathaniel Rochester）和克劳德·艾尔伍德·香农等学者正式向洛克菲勒基金会（Rockefeller Foundation）提出了该计划，请求资助在达特茅斯举办一个约有 10 人参加的夏季研讨会。在这项提议中，"人工智能"一词首次在文献中出现。

3.4.2 三起两落

通常认为，人工智能的发展经历了三起两落。尽管人工智能取得了不少成果，但每一次兴起都会有一个关键因素的推动，如第一次高峰是由逻辑推理助推的，第二次兴起是因为知识工程，第三次是大数据、机器学习和算力大幅提升促使人工智能再次走向巅峰。

1956—1974 年是人工智能发展史上的一个黄金时代。1956 年的达特茅斯会议之后，学者们抱着极大的热情投入到人工智能研究中，或组建人工智能实验室，或创建人工智能项目，到处拉资助求支持。短时间内，取得了一个接一个的成果，如 LISP 语言、感知器（Perceptron）、遗传算法（Genetic Algorithms）、自然语言处理、专家系统（Expert System）、ELIZA 人机交互、语义网络（Semantic Network）、微世界（Micro-Worlds）及人形机器人等。这些成就为日后的人工智能发展奠定了基础。

随着一个个成果不断涌现，不少学者也做出了非常乐观的预测，这里不乏一些人工智能大咖。1958 年，赫伯特·亚历山大·西蒙和艾伦·纽厄尔曾说，10 年之内，数字计算机将成为世界象棋冠军，而且他们认为数字计算机将发现并证明重要的新数学定理。1965 年，赫伯特·亚历山大·西蒙认为，机器将在 20 年内完成任何人能做的工作。1967 年，马文·明斯基曾认为，一代之内，创建人工智能的问题将可以得到实质性解决。1970 年，马文·明斯基曾认为人民即将拥有一台具有普通人一般智力的机器。

这里一些预测已经实现，但是花费的时间远远比预计的要长，然而还有不少预测至今也未能实现。

1974—1980 年是人工智能的初次寒冬。尽管硕果累累，然而研究人员发现在将这些成果从实验室转到现实中时，随着问题大规模的增加，它们失灵了。实验室的理论和现实中的运用产生了很大的脱节，其中一个最重要的原因是，面对现实问题时的计算量暴涨，这与在实验室有着根本的不同。而当时的计算能力却非常有限。因此，很多人对人工智能的热情被现实问题不断降温，他们当时过高的预期没法实现，政府的撤资标志着人工智能寒冬真正的开始。

1980—1987 年，大众对人工智能的热情再起。20 世纪 80 年代，专家系统开始商用，"知识"一度成为主流人工智能研究的焦点。在那些年里，日本政府对人工智能的第五代计算机项目的支持可以说是空前绝后。在这段人工智能热情再起的时间里，另一件值得关注的事情是约翰·霍普菲尔德和戴维·鲁迈勒哈特（David Rumelhart）让连接主义再次成为人们热议的话题。可以说，人工智能再次登上了历史舞台。

1980—1987 年，人工智能取得了长足的发展，产业规模增加了上千倍，从几百万美元一度达到数十亿美元，几百家公司聚焦在专家系统、视觉系统、机器人等人工智能领域，到处是一片繁荣的景象。然而在 1987—1993 年，随着台式计算机的发明、专家系统的瓶颈出现及日本第五代计算机计划失败，人工智能的发展再次遭遇了寒冬。第二次人工智能寒冬期间，人工智能领域的研究经费大幅度减少，这次的伤害似乎更深，连"人工智能"这样的词也成为社会的禁忌。

1993—2011 年是人工智能一个潜伏发展的平滑时期，这个阶段，人工智能技术已经开始在很多行业得到了成功使用。成功不是因为某些革命性的创新引起的，部分原因是计算机能力的提升及数据的增长。许多从事人工智能的研究人员故意用其他称谓来阐明他们的工作，如信息学、基于知识的系统、认知系统或计算智能等。部分原因可能是他们认为自己的领域与人工智能存在不同，而且，这些称谓也有助于获得资金，资金的提供方对人工智能的研究仍显得心有余悸。正如《纽约时报》在 2005 年报道的那样："计算机科学家和软件工程师避免使用'人工智能'一词，因为担心它被认为是痴人说梦。"

真正让人工智能得到大力发展的是在 2011 年之后，在数据、算法和算力三要素相得益彰的发展下，人工智能再次回到快速增长的轨道中。到 2016 年，与人工智能相关的产品、硬件和软件的市场规模超过 80 亿美元，《纽约时报》报道称，人们对人工智能的兴趣已达到"疯狂"。大数据和人工智能的应用也开始进入各个领域。深度学习的进步，尤其是深度卷积神经网络和递归神经网络，推动了图像和视频处理，文本分析甚至语音识别方面的进步和研究。

3.4.3 寒冬下的反思

人工智能寒冬（AI Winter）是指人们对人工智能失去兴趣，政府或公司等不再或大幅减少投资的时期。这个术语首先作为 1984 年美国人工智能协会（American Association of Artificial Intelligence，AAAI）年会的公开辩论的主题之一出现。这是由于开发人员夸大的承诺，最终投资者、资助者的过度期望及媒体的推波助澜。

事后看来，出现人工智能寒冬的一个主要原因就是炒作，从学者的夸大炒作、机构的过度预期炒作、媒体的推波助澜炒作再到全民跟风炒作，直到出现了一个《皇帝的新衣》中的小孩捅破了这层窗户纸，然后各种失望、指责接踵而至，导致各种投资减少，经费缩减甚至终止资助，最后很多刊物看到是人工智能相关的论文也不予刊登。人工智能相关的话题成为笑柄，面对冷嘲热讽，资金短缺，文章发表无门，很多学者或改行，或隐忍。

以史为镜，可以知兴衰。笔者从人工智能的历史中，总结了一些关于两次人工智能寒冬形成的主因。

- 经济环境：在经济低迷时，很多公司不得不减少不必要的投资。
- 科技发展：科技的进步使得正在开发的系统、流程变得不再适用。
- 技术转化：一些技术不能有效地进行商业转化，被束之高阁。
- 硬件能力：在很多情况下，受制于当时的硬件条件，计算能力往往无法满足，即便是理论上证实可行，依然无法在现实中呈现。
- 替代品出现：LISP 机器市场的衰落和第五代计算机的失败使昂贵的高级产品被更简单、更便宜的替代产品所取代。
- 过度自信：研究人员过度自信，过度夸大人工智能技术的能力，过度乐观地估计人工智能开发的进度时间表。
- 分而治之：人工智能各学派之间相互割裂，难以形成合力，有时还存在不同派系之间相互拆台的情形。
- 媒体炒作：媒体对学者或投资机构的过度自信进行大肆渲染，进一步夸大了人工智能能够带来收益，当人们最终认识到这是一种夸大时，产生失望也是必然的。

- **终止投资/资助**：背后的原因可能是对人工智能技术的过高预期，期望越大，失望越大。
- **孤注一掷**：日本政府花费如此大的代价去打造这样一个项目，虽然勇气可嘉，但是科学技术不是光有资金和满腔热血就能成功的，需要耐得住寂寞，坚定自己的信念，就像神经网络大咖杰弗里·辛顿一样不忘初心，默默耕耘，十年磨一剑。

寒冬过后，人们对人工智能的热情再次高涨，尽管一些经历过人工智能冬天的学者们不断地告诫人们不要过度热情，却似乎于事无补。迎接人们的是下一次的寒冬。虽然说人们对人工智能的关注和热情起起伏伏，人工智能也经历了繁荣昌盛和跌落低谷，但是对人工智能的研究，在一些学者的坚持下，新技术仍在继续开发。正如麻省理工学院机器人技术教授罗德尼·布鲁克斯（Rodney Brooks）所说："有一个愚蠢的神话认为，人工智能已经失败了，但是人工智能每天都围绕着你。"

从2012年前后开始，研究界和企业对人工智能，尤其是机器学习的子领域的兴趣导致了资金和投资的急剧增加。现在，人工智能又回到主流，一些人开始忧虑下一个人工智能冬天即将到来。不了解人工智能的历史，就无法做到客观认识人工智能，因此，在学习人工智能的基础知识时，要通过了解人工智能起起伏伏的发展过程，对其产生更为全面的认知，只有这样，才能在大风大浪、大起大落面前泰然处之。

法

第 4 章
课程体系

人工智能人才培养，是我国人工智能实力基础建设的关键，也是实现我国人才战略的重要一环。然而，人工智能作为一个高度交叉的学科，涵盖的范围之广、涉及的课程之多、内容的难度之大等特征决定了无论是在哪个阶段开展人工智能教育工作都非易事，从小学到大学，不同的阶段人工智能课程体系均要考虑不同的问题。在人工智能教育问题上，一些发达国家较早地设置了较为系统全面的人工智能课程体系。

课程体系对指导中国中小学人工智能教育具有重要的战略意义，然而，目前国内仍然没有一个权威的中小学人工智能课程体系出台。中小学人工智能课程体系构建已经成为人工智能教育工作开展的重中之重。本章围绕人工智能课程体系构建这一主题，对目前我国中小学人工智能课程体系研究成果进行总结和概括，以期为构建中小学人工智能课程体系提供参考。

4.1 中小学人工智能课程体系探索

中小学阶段人工智能课程体系建设是当下一个高度关注的热点问题。然而，探讨中小学人工智能课程体系如何构建，人工智能课程内容如何设置，人工智能授课形式如何开展等方面的文献少之又少。

《发展规划》对中小学人工智能教育做出了明确要求，在"保障措施"部分的广泛开展人工智能科普活动中提出，支持开展形式多样的人工智能科普活动，鼓励广大科技工作者投身人工智能的科普与推广，全面提高全社会对人工智能的整体认知和应用水平。实施全民智能教育项目，在中小学阶段设置人工智能相关课程，逐步推广编程教育，鼓励社会力量参与寓教于乐的编程教学软件、游戏的开发和推广。在《行动计划》中再次重申，构建人工智能多层次教育体系，在中小学阶段引入人工智能普及教育。从国务院以及教育部分别颁布的《发展规划》和《行动计划》中可以看出，中小学人工智能的定位是科普教育。

综观全球，在中小学阶段开展人工智能教育的提出时间并不短。麻省理工学院在1977年就提出应该面向儿童开展人工智能相关教育。1997年，清华大学出版社出版的科普教育丛书《计算机与信息科学十万个为什么》中就含有"人工智能"，2000年，清华大学出版社出版的《信息科学与技术系列》中也含有"人类智慧与人工智能"。2003年，我国提出在高中阶段开展人工智能教育，教育部的课程标准及相应的图书《人工智能初步》等也曾问世，但是由于种种原因，并未得到普遍推广。

艾伦首先对人工智能的定义按照学科与功能角度进行了梳理，明确了不同角度下人工智能的定位，进一步讨论了人工智能与信息技术的关系。艾伦在《中小学人工智能课程定位分析》一文中，从教学目标的制定、教学内容的选择、课时及课型4个维度出发，深入讨论了开展中小学人工智能教育的必要性和可行性，做出了教学目标、教学内容、课时设置及课型选择四大定位，然而该文并未给出具体的课程设置实施方案。

赵丽对我国中小学阶段人工智能教育开展的现状进行了总结，如人工智能课程开设、学生对人工智能的体验与认知，以及对人工智能的情感与态度等方面进行了分析，从课程定位、课时安排及强化师资等几个方面提出了建议。

秦建军等学者认为，人工智能涉及的内容较为广泛，涉及开源硬件、编程、机器人等多方面的内容，这些内容的教育目标和内容都与人工智能有较大差异，它们并不能代表人工智能，因此在课程设计过程中面临的难点是内容的选择，即如何做好真正的人工智能教学。中小学人工智能教育在内容选取上不能贪大求全，要根据中小学生能够理解的程度进行设计。另外，也不能将大学甚至人工智能学术研究内容简单降低难度就搬到中小学。该文还认为，中小学在人工智能课程设计时，需要考虑学生的基础和接受程度，同时也要兼顾人工智能授课老师的知识储备情况。

陈凯泉通过对比美国、英国中小学人工智能相关教学的内容，提出了中国中小学人工智能教学内容的设置建议，并给出了相应分学段的教学实施策略与路径。该文还讨论了如何在教学过程中，通过在其他课程中辅以人工智能，如科学、信息技术及综合实践活动等课程，达到保障人工智能教学的目的。

王本陆等学者认为中小学人工智能课程体系建设要从教学理念、内容、工具及活动等几个方面进行创新，打造创造力、人文素养和计算思维三大核心能力，并将中小学人工智能课程界定为使用数字终端设备，基于人工智能技术的数字化软件，培养人工智能时代人才核心能力为目标的跨学科综合实践课。

谢忠新等学者认为我国人工智能重技能而轻思维，无论是人工智能教材，还是编程或机器人教学过程中均没有发挥出对计算思维能力的培养。我国缺少完善的人工智能课程内容体系，目前人工智能课程更多还在依托信息技术课程及 STEM 课程等，并且小学、初中和高中的课程不成系统、脱节及碎片化等现象阻碍了学生对人工智能知识和技能的学习。谢忠新等学者还建议中小学人工智能课程建设分五步走，包括认知、理解、应用、实践和创新。

马涛等学者认为人工智能的教育需要涉及编程、算法、场景和硬件四项内容，并以北京市海淀区中小学人工智能的教学经验为依据，提出了教育目标框架：小学阶段能够感知、体验、分辨人工智能逐步培养计算思维能力；初中阶段能够初步理解人工智能的知识体系，培养高级计算思维；高中阶段能够理解与实现专题性人工智能技术，了解人工智能发展与应用前沿。马涛等学者还对小学、初中及高中阶段学生学习人工智能的能力进行了划分，分为了解、理解和掌握。

陈凯泉等学者认为中小学人工智能教育方向上应该提升学生的编程能力与计算思维，在教育内容上应该重视人工智能技术和运用，因为人工智能涉及的内容太多，超出了中小学生可以接受的范围，而编程、机器人等人工智能技术和技能的课程则更符合中小学生年龄特征与知识基础。

总体而言，根据已有的文献来看，中小学人工智能课程体系的研究还多集中在课程的定位、设计方向及指导原则等方面，虽然一些学者认识到目前小学、初中、高中的人工智能教学存在不够系统、脱节等现象，但仍缺乏如何将小学、初中和高中人工智能课程打造成一个环环相扣、逐步递进体系的文献，这是未来研究亟待解决的一个方向。

已有的文献对人工智能在中小学不同学段的教学内容边界也缺乏研究，中小学人工智能教育应该纳入一个整体进行通盘考虑，除了考虑不同学龄学生的认知水平和知识基础，还应该对人工智能的知识和技能进行合理划分，即中小学人工智能的教学内容是什么，在什么阶段学什么，掌握到什么程度，这也是未来需要研究探讨的重要内容。

4.2　中小学人工智能课程体系建设思路

人工智能教育及科普工作已经上升为国家战略。目前，无论是大学还是中小学人工智能教育相关工作，都在积极探索中前行。众多文献分别从不同的视角对人工智能课程体系建设、课程设置及授课内容等方面进行了广泛的研究，然而还存在以下问题。

（1）中小学人工智能课程体系总体建设还有待完善。根据已有文献来看，学者们普遍认识到中小学人工智能教学体系不够系统、存在脱节，内容上没有确定边界，掌握程度上也没有做出相应规定，这些均是下一步研究需要解决的问题。

（2）高中阶段人工智能课程体系及教育工作经验相对较多，如何做好普适教育是关键。高中阶段人工智能课程体系相对成熟，除学生的基础、教师的知识储备以外，更重要的一个原因是有标准文件的指引。就目前情况来看，高中阶段的人工智能教育工作在一些条件好的学校开展情况不错，然而如何让更多的高中，尤其是偏远地区的高中也能够有条件、有能力共享成果，也是未来需要进一步研究的方向。

（3）初中阶段处于一个承上启下的时期，针对该阶段人工智能课题体系开展的文章较少。学者们在这一阶段人工智能该如何进行教学的问题上也容易产生分歧。因此，该阶段的人工智能教学研究如何能够有效进行，还需要做更多的研究工作。

（4）小学阶段人工智能教学研究文献较少，但是如何构建体系思路容易达成一致。小学阶段，由于受限于学生认知水平和知识基础，一致看法就是教学要以体验、感知为主。至于如何科学、系统地设置小学阶段的人工智能课程体系，还需要进一步研究和探索。

笔者多次参加人工智能学会中小学工作委员会组织的课程体系建设研讨会，其中有来自清华大学、北京大学、中国科学院、北京理工大学等大学，人大附中、清华附中、北大附中、北京十二中等中学，人大附小、北大附小等小学，微软、未来基因等公司和机构的多位专家建言献策，共同讨论。

中小学人工智能教育应该具备完善的课程体系，才能培养中小学生人工智能的未来基因。不但在人工智能课程的教育上应该做到循序渐进，适时提升，更要重视基础课程对人工智能学习的支撑，否则人工智能教育就是无源之水，无本之木。

如图 4-1 所示，中小学人工智能教育应该把握好如下原则。

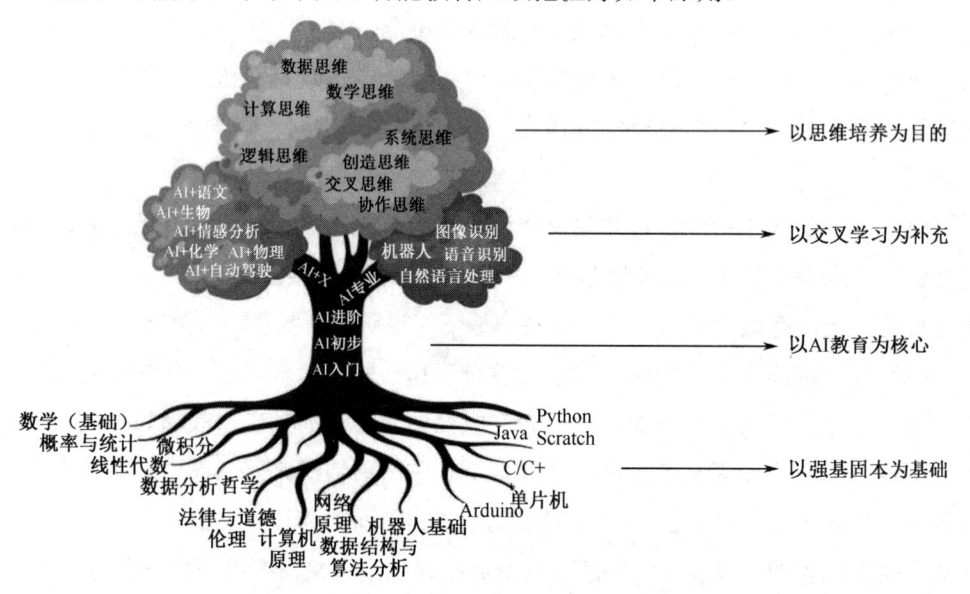

图 4-1 中小学人工智能教育未来基因树

- 以思维培养为目的：中小学人工智能教育不是培养码农和技工，应该重视对中小学生思维的培养。
- 以交叉学习为补充：中小学生在具备一定人工智能基础知识后，可以通过利用人工智能+X、人工智能专业等模块适当补充，充分挖掘人工智能潜能。
- 以 AI 教育为核心：中小学人工智能教育必须按照不同学段、不同基础及不同内容做到有的放矢、循序渐进。
- 以强基固本为基础：目前在中小学生开设的相关课程中，不少课程是学习人工智能的基础，一些课程更是"强基计划"中涉及的内容。[1]

考虑到人工智能内容相对较多、交叉性强、中小学课时有限等多方因素，为保障人工智能教学的有效开展，专家们建议在小学、初中、高中不同学段下进行模块化教学，模块分类如图 4-2 所示。

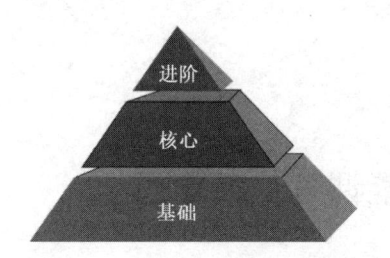

图 4-2 中小学人工智能模块分类

在中小学人工智能教学不同学段引入基础模块、核心模块与进阶模块。[2]其中，"基础"模块分为"信息素养基础""程序设计（含图形化编程与 Python 语言编程等）""智能硬件（含机器人）"3 个子模块；"核心"模块由系统的"人工智能入门/初步"知识与实践技能构成；"进阶"模块是中小学生对基础、核心两大模块知识与技能的综合运用，如图 4-3 所示。

---

[1] 2020 年 1 月，《教育部关于在部分高校开展基础学科招生改革试点工作的意见》印发，决定自 2020 年起，在部分高校开展基础学科招生改革试点。基础学科招生改革试点，也称为强基计划，是教育部开展的招生改革工作，主要是为了选拔培养有志于服务国家重大战略需求且综合素质优秀或基础学科拔尖的学生。

[2] 考虑到小学的认知水平与基础要求，在小学学段不设进阶模块。

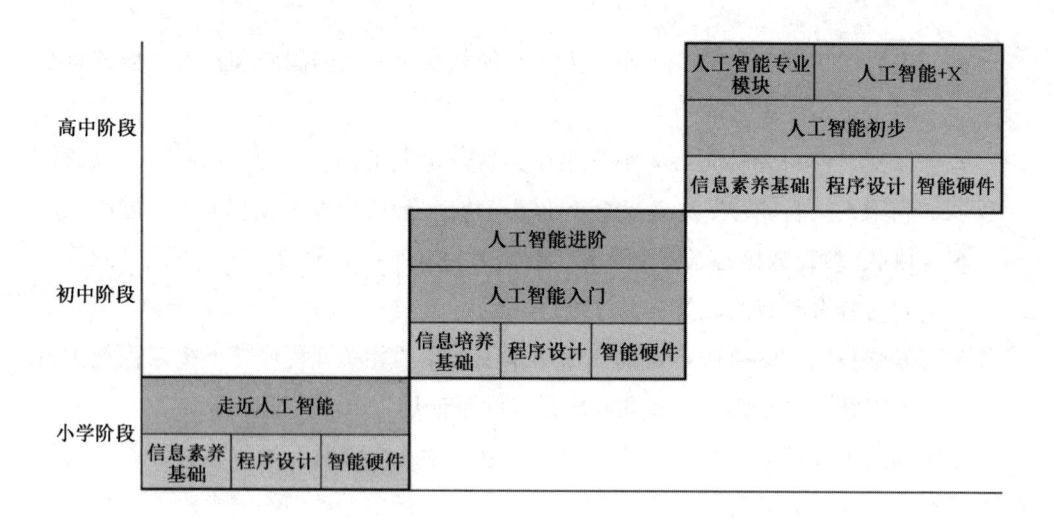

图 4-3　中小学人工智能课程体系构建思路

4.3　小学人工智能课程体系建设

凌秋虹探讨了人工智能如何在小学信息技术课堂教学，并根据小学生各个发展阶段的学习特点，梳理了一套一至五级的编程教育体系：第一阶段（主要面对 1～2 年级的学生）利用图形化编程软件进行游戏化情境为主的学习，掌握一些编程的核心逻辑。第二阶段（主要面对 3 年级的学生）利用 Scratch 等图形化编程软件，学习程序设计的基本结构。第三阶段（主要面对 4 年级的学生）是以项目学习为主，面对一个具体的项目，能够提出问题、解决问题、测试问题。第四阶段（主要面对 5 年级的学生）是关于算法的学习，能够通过算法的学习解决一些如数学奥数等问题。第五阶段（主要面对 6 年级的学生）学习机器人编程，利用图形化编程语言，结合各种开源硬件，完成具有创意机器人的动作组合。

谢忠新等学者认为，小学人工智能课程是以感悟为主的。可以通过小故事给小学生讲述什么是人工智能，通过生活中的实际案列，从机器的看、听、说、想、动来理解人工智能的实际作用。在编程上，以 Scratch、App Inventor 等图形化编程对学生的编程及计算思维进行启蒙，并完成一些简单的人工智能作品。

王本陆等学者认为，小学低阶（1～3 年级）阶段，应该以"基础体验"为主，可以涉及一些人工智能知识类故事、计算机及通用软件基本操作，游戏化机器人体验，游戏化教学课程为主。小学高阶（4～6 年级）阶段，应以"兴趣培养"为主，利用不同的教具开发学生的想象力，开设人文精神的创意物化，促成团队合作精神，同时，还要教授一些可视化编程、机器人编程及游戏化的 Python 编程。

陈凯泉等学者认为，小学生应该了解人工智能对社会的影响，了解人工智能的概念及应用实例，应该掌握简单的图形化编程操作技能，应该熟悉机器人的主要结构和应用实例，而且，信息安全和人工智能伦理道德也应该是小学阶段的课程内容之一。

综合来看，尽管小学的人工智能课程体系有关文献相对更少，但是在构建思路上的一致性较高，通常认为小学阶段的人工智能教学以体验、感知为主，辅以图形化编程。一些学者在小学阶段应该涉及一些人工智能伦理道德的人文内容这一观点上也达成了一致。

4.4　初中人工智能课程体系建设

顾佳敏对如何在初中开展人工智能教育的迫切性和可行性进行了初步的分析，认为初中生已经具备了学习一定人工智能简单原理的基础，如一些数学基础和编程经验等。该文将人工智能的学习内容按照 4 个等级进行了划分：一级是对简单原理的理解，对应用的体验；二级是掌握部分基础知识和常用的算法，并通过它们解决一些实际问题；三级是深入理解一些模型和算法，并能够自己设计比较复杂的算法或进行一些工程上的改进和创新；四级是进一步深入研究人工智能的某个领域。该文认为初中阶段的人工智能水平应在一级上展开。

谢忠新等学者认为，初中的人工智能课程要以体验为主，在体验中理解人工智能原理。通过一些故事了解人工智能，从图像识别（看）、语音识别（听）、知识图谱（想）和机器人控制（动）等多维度学习体验人工智能，通过图形化编程设计较为复杂的人工智能作品。马涛认为初中阶段应该可以利用人工智能的特征识别出人工智能和非人工智能，利用如 Scratch、App Inventor、Python 等编程软件培养计算思维，能够基于程序调用人工智能。

王本陆等学者认为，初中生由于已经具备一定的自我意识和学习能力，因此在这个阶段可以开设一些"自主探究"的人工智能课程，以学生的兴趣点结合他们的特点有针对性地进行教学。陈凯泉等学者认为，初中阶段应该了解人工智能概念及发展历程，学会编写简单程序，形成基本的程序写作能力，能够解决典型的程序设计问题；了解人工智能主要研究领域的基本概念及应用，如机器学习、自然语言处理以及专家系统的概念及应用举例；初中阶段还应该接触信息安全和人工智能伦理道德相关内容。

不难看出，相比于高中人工智能课程，研究初中人工智能课程体系有关的文献相对较少。初中阶段开设人工智能课程时，受到的影响因素较大。在基础编程层面，一些专家认为初中生应该系统学习如 Python 编程语言，然而，现状是很多初中生在小学阶段还没有编程基础，以致不少初中仍会开设如 Scratch 等图形化编程课程。

一些学者认为，初中生对人工智能应该以体验为主，然而也有学者认为，初中生具备一定的基础，可以进行探究式学习，甚至还能接触了解一些如机器学习、自然语言处理以及专家系统的概念及应用。这些意见分歧较大，造成分歧的原因一是整体教学内容边界界定不清；二是缺乏权威的政策文件指明方向。

4.5 高中人工智能课程体系建设

2018 年教育部发布《教育信息化 2.0 行动计划》，明确提出完善课程方案和课程标准，使中小学人工智能和编程课程内容能充分适应信息时代、智能时代发展需要。在课程标准中，人工智能初步作为模块 4 出现在了选择性必修中。在没有更加权威的人工智能课程标准出台的情况下，模块 4 这 1200 余字的内容成为全国从事中小学人工智能教育者为数不多的、可以参考的权威文件。

课程标准的模块 4 将人工智能初步分为"人工智能基础""简单人工智能应用模块开发"和"人工智能技术的发展与应用"三部分内容。研读该模块的内容会发现，课程标准通过在整体认知、理论知识、实践操作及法律伦理 4 个方向对高中阶段的人工智能教学做出了明确要求，如图 4-4 所示。

模块 4 包含的信息量很大。首先，它从整体认知上涵盖了人工智能是什么、有什么、做什么等问题。在"教学提示"部分，列举了如专家系统、深蓝、沃森、阿尔法围棋和百度大脑等案例，在"学业要求"部分，也要求了解机器学习、自动翻译、人脸识别、自动驾驶等应用。

整体认知
- 概念
- 基本特征
- 发展历程
- 典型应用与趋势

理论知识
- 核心算法
- 技术应用的基本过程和实现原理

《课程标准》人工智能初步内容要求

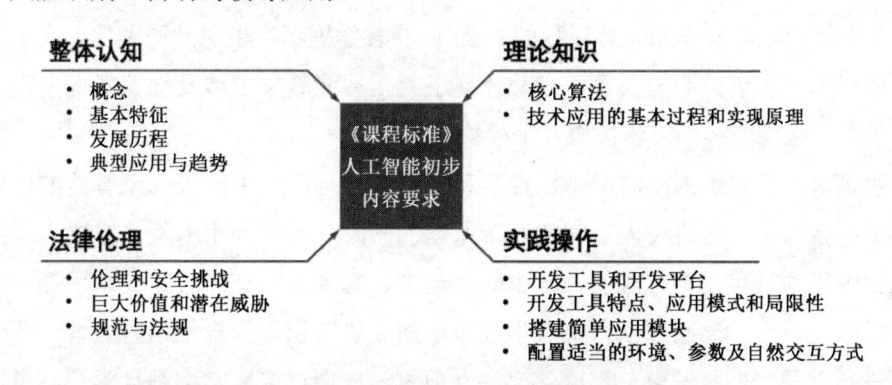

法律伦理
- 伦理和安全挑战
- 巨大价值和潜在威胁
- 规范与法规

实践操作
- 开发工具和开发平台
- 开发工具特点、应用模式和局限性
- 搭建简单应用模块
- 配置适当的环境、参数及自然交互方式

图 4-4　高中人工智能课程标准四大方向

其次，从理论知识上要求了解人工智能核心算法，课程标准中给出了如启发式搜索、决策树等算法的举例，其实，这两种算法代表了人工智能的两大算法方向，即搜索算法和机器学习，内容量涵盖之广均可以独立成书；并且要求熟悉智能技术应用的基本过程和实现原理，并能适当运用在学习和生活中。这就进一步提出了对人工智能技术层面知识学习的要求。

再次，要求学生知道开发工具和开发平台并知道它们的特点、模式和局限，而且可利用开源人工智能框架去搭建简单的应用模块，根据实际需要配置环境和调参等，这是对学生在人工智能具体实践操作层面进行了要求。

最后，就是人工智能的法律伦理问题，这是当今人工智能领域非常重要的问题之一，也是任何阶段开展人工智能教育都不能忽视的议题。学生通过对人工智能的学习，要能够了解人工智能的伦理、安全等问题，能够辩证地看待人工智能的双面性，遵守规范与法规。

从以上内容可以看出，模块 4 对人工智能学习所提出的要求相对较高。因此，在人工智能还未能成为一门必修课时，应该如何开展，才能保证达到上述的要求，是一个值得探讨的问题。"教学提示"部分提到了案例分析、项目设计、小组合作、项目学习等拓展学生思维，发挥学生自主学习与探究能力的教学方式，可见，人工智能课程是一门理论与实践紧密结合的创新型课程。"教学提示"中要求利用在必修、选择性必修课中已有的经验，降低学习障碍，保证学习效果。这点指明了在人工智能教学中将一些内容作为先修课程的必要性。"教学提示"也对开源硬件、人工智能应用框架等给出了说明与要求，充分体现了人工智能教学中涉及知识能力之广，也指明了人工智能的教学应该按照几个模块进行。

谢忠新等学者认为，高中生已经具备一定的基础，高中阶段人工智能的课程应以创造创新为主。在讲授人工智能基本原理的同时，可以利用编程、机器人、数据分析案例和项目实践等方式提升学生的创造力、想象力、整体思考及动手能力。在人工智能内容上，要通过项目式教学逐步增加如语音识别、自然语言处理、图像识别、语音合成、机器学习、深度学习等专项内容，通过多种案例强化学习，掌握搜索算法、机器学习算法、数据建模等内容，通过系统学习 Python 语言，实现复杂的人工智能作品。

马涛等学者基于对海淀区人工智能教育教学的研究，认为高中阶段应该深入体会如语音识别、图像识别、语义理解等人工智能功能特征，利用 Python 掌握编程下的计算思维，能够基于程序调用人工智能功能，掌握人工智能的核心算法。

陈凯泉等学者认为，高中阶段的教学目标体现在以下几个方面：了解人工智能学科；掌握程序编写方法，形成系统结构搭建能力，解决真实情境中的问题；掌握知识抽象、逻辑推理和知识表示方法；了解人工智能主要研究领域和应用实例；了解信息安全，遵守伦理规范。在课程内容上，陈凯泉等学者对课程标准进行了适当的补充。

袁中果等学者从课程设置、课程实施、开课保障和推广普及 4 个层面，详细介绍了人大附中开展人工智能教学的相关实践经验。在课程设置上，分享了人大附中开设的围绕课程标准中规定的必修课和选择性必修课，以及校本选修、校本研修课程和研究性学习内容。在课程实施上，人大附中开设全国中等教育领域首个人工智能实验班，以项目式教学打造了诸多人工智能核心课程，鼓励不同专业教师一起开发人工智能跨学科课程，带领学生到清华大学、微软亚太研究院等高校和科研机构学习，以及开展人工智能周活动等诸多办学实践。在开课保障上，分享了师资保障、课时保障及课程内容保障三方面的经验。在推广普及上，也给出了相关的可行性建议。

周建华等学者详述了人大附中在人工智能教学中的实际经验。通过人工智能专家、教育专家、一线教师和高新企业组成的课程研发团队综合创新，结合学校实际情况，人大附中开设了人工智能相关课程共计 20 余门，并形成了相应的课程体系。人大附中鼓励教师团队跨学科合作、领域内学科交叉，实现人工智能与学科之间的高度融合，鼓励学生超越教师式学习，并为学生在清华、中科院等著名高校搭建学习平台，还鼓励学生组成公益团队去边远地区分享学习经验。最后，还对中小学开设人工智能教育的课程目标、课程体系、课程实施、课程资源建设、文化体制、育人功能等几个关键点提出了相应的建议。

翟小宁等学者介绍了人大附中人工智能教育课程体系，从"感知层：中小学普及教育""认知层：跨学科应用实践"及"创新层：研究与创新" 3 个层面进行了探讨交流与案例分享，这 3 个层面与谢忠新等学者提出的"小学人工智能课程，重在感悟；初中人工智能课程，重在体验；高中人工智能课程，重在创造创新"不谋而合。还分享了几位人大附中的学生实际学习人工智能课程并付诸实践的典型案例。

袁中果从"课程体系建设""课程实施形式""课程实施特色"和"学生个性化成长、教师专业化发展" 4 个方面展开阐述，详细介绍了人大附中对信息技术课程的设置、实施和评估等过程。这些教学课程为学生学习人工智能相关知识奠定了基础。

张剑平对人工智能教育对于信息素养培养的重要性进行了论述，对比分析了美国与中国中学开展人工智能教学的现状，也指出了我国并未在中学专门开设人工智能课程是因为受师资、设备等条件所限。张剑平认为，要考虑高中阶段学生的认知特点，从学生能够真实感受到的实际问题展开案例教学，同时也要考虑到受教育发展不平衡等因素，对教学内容和深度上要进行合理安排。

高中人工智能课程体系相关的文献相对全面，笔者认为与以下几个因素有关。

- 有据可依：教育部的课程标准为高中阶段的人工智能教学指明了方向，即便在实际教学中内容存在差异，在总体方向上也不会跑偏。
- 有例可循：一些学校，如北京市海淀区人大附中等，已经打造了系统的人工智能教学课程体系，并已经实施较长时间，因此，这些学校的开课实践可以作为其他学校开设人工智能课程的经验。
- 有师可备：高中阶段的教师在人工智能知识储备上相对有优势，这就为开设人工智能课程提供了师资保障。
- 有力可学：学者们普遍认为高中生已经具备了一定的基础，为他们系统学习人工智能的知识、算法及实践提供了可能。

然而，也要认识到一些优秀的人工智能教学案例还来自一些顶尖的高中，这些高中无论是学生、教师的水平还是其他的硬件条件，很多学校是无法持平的，而中小学人工智能教育作为一个科普定位，如何能够在全国更多的高中进行普及教育，是未来值得研究的课题。

根据学者的研究，上轮中学人工智能课程没有普遍推广的原因主要是受师资、设备的影响，根据笔者的调研发现，目前困扰中小学教师的仍然是课时、师资和设备。如何能够打破这种窘境，保障此轮中学人工智能教育的顺利开展，也是需要深入研究的。

第 5 章
计算思维

进入数字时代的这几十年间,计算思维在很多科学领域的影响力都在逐渐提升。在高等教育方面,很多学科开设了计算分支,如计算经济学、计算化学、计算生物学。在中小学教育方面,计算思维的培养更是很多国家 K-12 教育的重要环节。

在 MIT 的基础知识系列丛书(The MIT Press Essential Knowledge Series)中《计算思维》(*Computational Thinking*)一书中追溯了人类发展过程中对于计算思维的探索和描述,作者彼得·丹宁(Peter J.Denning)和马蒂·泰德(Matti Tedre)对计算思维的概念做出了如下解释:计算思维并不是一套编程概念,而是一种通过实践磨炼出来的思维方式,是一种通过设计计算来辅助我们完成工作,以及将世界解释或翻译成"复杂信息进程"的思维技能。

中小学阶段开设编程与人工智能课程时,应该重视对中小学生计算思维的培养。然而直到目前,仍有不少人将计算思维简单等同于编程,重技能而轻思维,其实这是对计算思维的一个误区。中小学阶段,应该培养学生的计算思维,而不是将他们变为未来的码农。

5.1 计算思维概述

5.1.1 计算思维的内涵

计算思维,就是像计算机科学家一样去分析和解决问题的思考模式。其根本是通过具有逻辑性的分析方法和算法概念来剖析问题、提出解决方案、评价方案效果的一系列思考方式。很多人因为它的名称而将其与编程相关联,但这只是因为计算机相关的知识和概念更容易对这种思考方式进行能力测试和课程评估。计算思维从本质上说就是一种分析性的思维技能，它的描述虽然借鉴了计算机科学中的概念，但对每个人都是不可或缺的。

周以真教授（Jeannette M. Wing）将计算思维归纳为"运用计算机科学的基础概念进行问题求解、系统设计以及人类行为理解等涵盖计算机科学之广度的一系列思维活动"，并对计算思维提出了6个论点：

- 是概念化，不是程序化。
- 是基础技能，不是刻板记忆。
- 是人的思考方式，不是计算机的思考方式。
- 是数学和工程思维的互补与融合。
- 是人为的思考，不是人为的造物。
- 泛用所有人和地区。

这一抽象化的阐述得到了其后很多研究者的认同，一些学者在此之上，进一步将计算思维的过程分为分解（Decomposition）、模式识别（Pattern Recognition）、抽象化（Abstraction）和算法设计（Algorithm Design）（图5-1），这些是计算机科学的专业名词，并不利于非专业人士的理解。在这里，笔者用以下4个字来概括它的思维流程，希望更易于理解（见图5-2）。

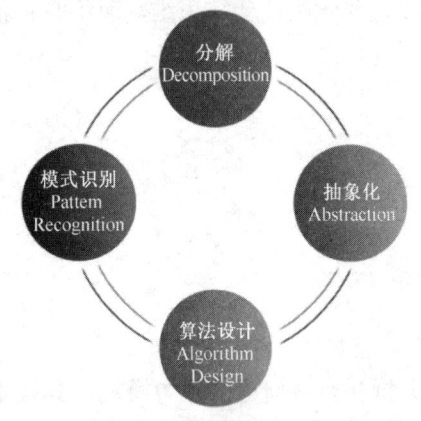

图 5-1　计算思维

图 5-2　某款人工智能模拟手写程序生成某种风格的"剖析厘定"

- 剖：解构问题，将问题碎片化。
- 析：分析碎片中蕴含的规则（重复性）、规律（周期性）。
- 厘：整理问题，抽象出问题的本质，将复杂问题简单化。
- 定：制定解决流程。

以上 4 个步骤所概括出的思维过程就是计算思维，它不像读写技能一样需要死记硬背，它综合并补充了数学和工程学思维的特点，重视思考方式，重视概念想法，是一种偏向实践的基础技能。也就是说，它是一种思考模式，当你遇到问题时，可以思考一下是否能用计算去解决，问题的哪部分可以计算、怎么计算的。

这就好比制作一个蛋糕。我们需要将之分解为"用什么材料，利用哪些工具，遵循什么步骤"这 3 个小问题，材料和工具可以从网上查到甚至购买到，而遵循的步骤可以进行一番计算，如果是新手，当然要以稳为主，尝试把所有步骤按顺序排成一列，备料、搅拌、倒入模具、烤箱预热、开始烘焙、到时间后取出装盘，同一时间只做一件事情，有助于集中注意力，保证工作精度。而如果不是第一次做，或者对自己的厨艺有自信，就可以考虑并行计算，思考哪些步骤是可以同时进行的，从而优化工作效率，如烤箱预热，就可以在搅拌之前开始，在烤箱进行预热到烘烤的过程中，可以同步进行原材料搅拌入模、后期摆盘和点缀的预处理，不仅提高了整体效率，同时让成品效果更上一层楼。

5.1.2 计算思维与编程

将计算思维等同于编程，这可以说是对计算思维的最常见的误解。其实两者的关系犹如学习与考试，学习是一种把知识整合进大脑的思考，而考试只是利用这份思考的行为。同样，编程也仅仅是一种行为，这个行为经常会利用到计算思维这一思考方式。

计算思维的培养并非必须与计算机紧密相连。例如，如今公共交通愈加发达也越发繁杂，同样是出发去机场，考虑到不同的交通工具和乘车路线，可选的方案就可能达四五种，分析出这些路线，估计各个方案的耗时，最终决定出最优路线。这个思考的过程本身就是计算思维的实际应用。而这一问题的分析，可能只需要一张地图和一张交通路线图。

计算思维离不开计算。同样是以选择出行路线为例，当我们将问题分解为比对驾车和乘车哪个更优，进而需要分析两者耗时、步行距离、经济消耗等属性时，剩下的不外乎是计算问题了。框架已经搭建好，就等着往格子里填数字作比较了。这时，比起纸质地图，合理利用电子地图直接调查数据显然是更优更高效的方式。

计算思维的运用目标是追求高效自动，从上面的例子中不难发现，我们的思考流程就是分析问题，将其中可计算的、复杂的运算任务交给计算机去解决，从而辅助自身更高效、更准确地做出合理判断，找出最优解决方案。

如果说编程是为了制造工具，那么计算思维就是一种思考方式，思考用什么工具、用在哪儿、怎么用。

5.2 计算思维的重视与培养

5.2.1 计算思维培养的重要性与必要性

近年来我们总是能听到有人在不断强调"人工智能时代已经来到"，一个时代的开启和到来总是伴随着亲历者们的焦虑，这份焦虑往往来自于新时代对于人们基础素质或能力的"新的要求"，人工智能时代也不会例外。

伴随着时代的进步，生活在该时代的人才，就要具备适应该时代的素质。数百年前懂得读写就可以被称为读书人，进而身价倍增；而后科技进步，不通数算的人就难以在社会上谋职。过往的数次工业革命，时代的发展总是朝着更高效、更自动化、更智能的方向在前进，所需求的基本素质也在读写能力、计算能力的基础上不断扩展。

这里所说的基础素质在英国教育体系中被称为 3Rs，即读（Read）、写（Writing）、算（Arithmetic）。进入 21 世纪后，一些学者认为仅有读写算，显得太过于基础，基础到仅凭它们不足以产生足够的竞争力。于是美国教育部、苹果、微软等 20 个组织及教育专家提出了"4C 教育",即沟通(Communication)、合作(Collaboration)、批判性思维(Critical Thinking)和创造力(Creativity),虽然目前尚未有明确的书籍或者政府标准来规范或指导教师和家长如何去实施 4C 教育,但一些教育机构已经宣称导入 4C 教育理念,为孩子创造更好的教育环境。

图 5-3 所示为美国 21 世纪技能框架。

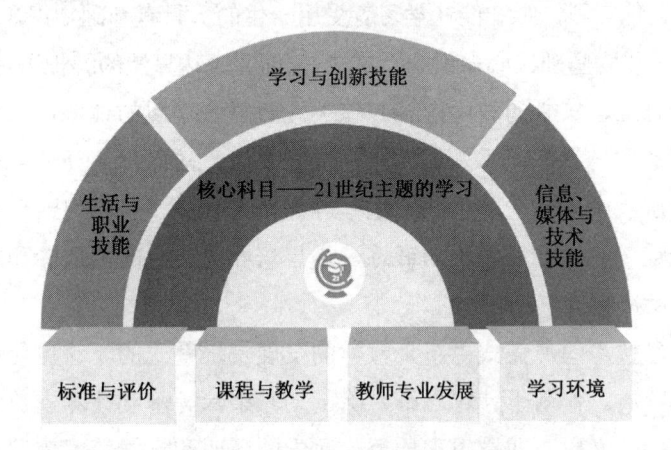

图 5-3　美国 21 世纪技能框架

尽管 4C 教育的概念正不断被海内外教育机构所接受,但不可否认的是,不同于读写和计算,4C 的概念很难直接作用于受教育者本身,其过于主观、难以评价,更适合作为教育方法和框架的借鉴性理念,而不适合对受教育者个体进行客观量化评价。这也是 4C 概念无法被定义成"基础素质"的一大问题。

2006 年 3 月,由时任卡内基梅隆大学计算机科学系主任周以真(Jeannette M. Wing)教授在权威期刊 *Communications of the ACM* 杂志上给出了计算思维(Computational Thinking)的定义。计算思维在近年备受关注,被视为继读写和计算之后,在人工智能新时代的必备素养之一。英国在 2012 年开始在其国家教学大纲中加入对计算思维培养的要求。新加坡甚至在"智慧国家"计划中将其标记为"必备能力"。澳大利亚、新西兰、韩国和中国也在大力推广将计算思维引入学校教育。

5.2.2 计算思维的培养思路

如上文所述，锻炼计算思维的最终目的是培养一种解决问题的能力，同时，该解决方案最好能通过算法形式予以表达，使得方案能够同时易于理解和编程。这使得计算思维自提出伊始便与计算机、编程联系紧密。然而，不管是计算机本身，还是特定软件或编程语言都不是长盛不衰的东西，相反，软件的寿命通常很短，信息技术的更迭速度也远超其他学科，唯一能让学习者受用一生的，只有基础知识，故而计算思维实质上绑定的是作为基础核心知识的"算法"，而非表达算法的编程语言或软件。

培养计算思维，核心的教学内容应该关注对算法本质的理解，如各种排序算法的设计理念和适用场景，而不是如何用代码去实现。故而，离开计算机，离开编程语言，用桌面游戏或现实中的手工、纸笔等媒介去安排一些学习活动从某种角度而言也是必要且重要的。计算思维的锻炼，是想培养出技术的创造者和掌控者，而非仅仅是技术的用户。

不同于信息技术的覆盖式更新，数学的发展是堆叠式的。这也使得数学更符合其基础学科的特质。作用于计算思维，除了加减乘除等基础计算，数学的学习还能够培养两个重要的素质，即逻辑和抽象。数学的证明和推导等锻炼逻辑思维的命题能够让学习者对于计算思维中"分解问题"的能力得到提高。而抽象更是处理复杂问题时无法回避的概念。在提出解决方案、自审自查（也称为批判性思维）和逻辑推导的整个过程中，抽象能力的强弱，直接决定了方案本身的水平。举一个简单的例子，求解直角三角形斜边长度时，是通过图形和"勾三股四弦五"的倍数关系推算好呢？还是用"抽象"的斜边平方等于两直角边平方和来计算呢？哪种方案更简练，更具备推广价值，一目了然。

计算思维的培养离不开数学的学习，也同样能够反作用于数学学习。不可否认，一些数学课程的安排并不能让学生充分理解数学的重要性和魅力。但是通过安排计算思维的活动，利用算法案例也能够反过来辅助数学概念的学习理解，使学生克服对于数学学习的抵触甚至是恐惧。例如，针对一些应用问题，鼓励学生利用当前所学习的知识，设计算法，提出解决方案，更好地理解常见问题的结构，如事物分类、模式识别、层次结构等，从而更全面地理解一些复杂问题是如何"复杂"起来的，进而对于知识有更多角度的理解。

脱离计算机和程序，计算思维的锻炼也可以融入日常生活中，甚至可以提升学习者的交流、沟通能力。这里可能需要一些更现实的例子来辅助说明。下面以日常最容易碰见的寻路问题为例来详细讲解。去某些陌生的城市或旅游的途中（依赖手机 App 和 GPS 当然可以解决一些迷路的烦恼，但是如果手机断网或信号源过密等问题发生时），我们需要通过交流、沟通来向其他人询问方向。这时你的寻路方式（解决方案）是什么呢？直接问目标地点怎么走？多数人都会这么问。这也是现实生活中我们往往需要多问几个人才能到达目的地的原因所在。因为很多人提供的说明并不完整甚至偶尔会有错漏，同时也是因为询问方并没有给出足够准确的说明。换句话说，也可以理解为是沟通技巧的缺乏，我们没有给出足够清晰和准确的问题说明。再考虑到现实中可能遇见的突发的"追加问题"（例如，对方在说明路径时是喜欢用"东南西北"还是"前后左右"）、有导向性的询问（例如，向目标地点行进途中会路过什么"标志建筑"，如便利店、超市或派出所等）往往也能得到更具导向性的答案。更进一步，将问题进一步抽象化，不去问具体的目标地点，而是尝试将之抽象为寻路问题，进而将寻路问题直接转化为解决寻路工具失灵的问题，直接询问哪里有充电宝和 Wi-Fi，说不定就直接解决了后续行程中所有的寻路问题。

听说读写是接触世界的基本技能，逻辑数算是接触数字化社会生活的必备技能，而计算思维是当代人工智能社会中强化自身竞争力不可或缺的素养。

5.3 不插电的计算思维训练

5.3.1 不插电的含义

不插电的计算机科学是指通过设计一些简单有趣的游戏或活动来达到学习"计算机科学"的目的。人工智能教育和其伴随的计算机技术相关教育的实行的难点之一在于相对高昂的初期投入。这个问题在 21 世纪初期我国推广计算机教育的时候就遇到过，即便对于发达国家的家庭来说，给每个孩子都配置一台计算机也不是一件轻松的事情。另外，随着在屏幕前学习计算机的时间越来越长，学生的视力问题成为不少家长关注的焦点。如何规避和解决这些问题，"无须计算机的计算机科学"给了人们相关的启示。在该项目的网站上，人们能找到一些通过卡片、绳子、纸笔等常见的事物来学习计算机知识的教学素材，正如官网所说："希望青少年学生能够理解计算机科学所涵盖的伟大创意，而不必首先将自己打造为专业程序员。他们并不会精确学习如何构建下一个搜索引擎、社交网络或游戏应用程序，但将了解需要哪些类型的技术方可成功。我们不希望他们将数字系统看作无法参与的某种魔法，而是看作他们能够理解的东西，并且对某些人来说，是可创造的东西。"

图 5-4 所示为 CS Unplugged 的官方网页。

图 5-4　CS Unplugged 的官方网页

例如，在介绍计算机科学基础概念时，以比特和二进制为例，比特作为二进制最小的计量单位，所代表的信息量非常小，但却是计算机科学的重要概念。无须计算机甚至纸笔，二进制中只有 0 和 1 两个数字，也可以理解为两个独立互斥的状态，因此任何拥有两种不同状态的事物都可以用来辅助理解二进制。例如，人行道的红灯与绿灯、教室里电灯的开和关、考试结果的对与错、磁铁的南北极，甚至古时烽火台的有烟和无烟。这些日常生活中常见的例子，也能够起到辅助理解的作用。而理解了二进制以后，比特也就不难理解了。比特作为二进制的一个单位，表示的就是具有两种状态事物的个数，一个电灯能够表示 1 比特，两个电灯配合就能表示 2 比特的信息量，转换成数字，则能表达从 0 到 3 的 4 个数字。如果我们用手指的伸直和弯曲来表示 1 和 0，单靠一只手（5 比特），就可以从 0 数到 31，而用双手，我们就能表达 10 比特的信息量，也就是总共 2^{10} = 1024 个数字。

例如，图 5-5 所示的这个手势可以翻译为二进制的 10011，也就是十进制的 19。通过用手势来表达二进制数字的小游戏，不需要任何附加设备，依然可以直观快速地理解二进制和比特的相关概念，以及如何用二进制来表达日常中的十进制数字。

图 5-5　手势传信

5.3.2　生活中的计算思维

不只是学习计算机科学的知识，不插电教学的教育思路也能应用于计算思维的培养。例如，训练计算思维中的"分解"能力，并不一定需要布置给学生一个编程课题或一个数学建模的问题。"分解能力"只是为了锻炼将问题分解为更小、更易管理的部分，以便专注于每个小问题的能力。那么从简单处入手，从日常中着手，"做一道西红柿炒鸡蛋"或"打扫客厅卫生"都能作为教学素材。例如，西红柿炒鸡蛋的制作作为整体任务，可以分解为以下一些小任务。

步骤 1. 准备材料。

步骤 2. 炒制准备好的食材。

步骤3. 装盘。

而步骤1的准备材料又可以进一步分解为更易完成的小步骤。

（1）西红柿的清洗。

（2）西红柿切成合适大小。

（3）打散鸡蛋。

（4）确认调料（盐、糖）和食用油。

步骤2也可以继续分解：

（1）在锅中倒入适量食用油，开火加热。

（2）油热后倒入鸡蛋，炒散。

（3）加入切好的西红柿。

（4）翻炒至食材断生。

（5）按照口味加入调味料调味。

分解后的步骤2中，（2）和（3）并无强制的先后关系，具体孰先孰后，调整顺序是否会优化解决方案，这就涉及计算思维的另一个能力"评估"。评估就是确定问题是否存在潜在的解决方案，并判断出可用的优秀方案、方案的使用前提及如何改进的能力。判断方案优劣时可以考量一系列因素，如方案的步骤数、稳定性、整体耗时等。以上文为例，步骤1中的打散鸡蛋和步骤2的倒油加热的执行主体不同（人和锅），具备并行（同时进行）的条件，那么就从节约时间的角度，将打散鸡蛋放到倒油加热时执行，将等待油温升高的时间用来打散鸡蛋，就是一个优化点。是否还存在其他的优化点？例如，将打散的鸡蛋和切好的西红柿同时加入锅中炒熟；调味料加入鸡蛋中而不是出锅前添加。这些都可以作为评估内容进行讨论。而讨论比单方面的灌输教学更能激发学生的参与感，从而提升学习效率和效果。

5.3.3　不插电教学实例

当然，上述两个例子都是比较初步的知识。相比于比特、计算思维、字母等比较容易实现不插电学习的内容，数字多媒体的相关概念，如音频信号和视频图像信号的表达、压缩等概念就显得比较专业，更难以脱离计算机去理解。例如，针对颜色的表达，在数字图像中是使用二进制来进行创建、存储和表达的，所利用的二进制位数（比特数）越多，则能表达的颜色种类就越多。就如上文例子中所介绍的，只用 1 比特只能表示两种不同的值，对应到颜色就是黑白二色，当表达颜色的比特数增多，如增加到 1 字节（8 比特），那么就能表达出 $2^8 = 256$ 种颜色。上述这类内容如果只凭语言描述是很难在第一时间形成直观认知的，这时就需要从最简单的黑白图像入手，每个像素只有两种值：黑或白。黑白图像最常用来表示字母或文字，如字母 C 映射到一个 6×5 的矩阵中，如图 5-6 所示。

```
10001
01110
01111
01111
01110
10001
```

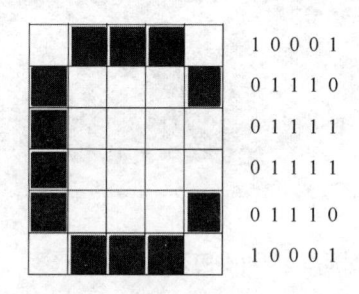

图 5-6 字母 C 的图像表现

这是一个 6×5 的网格。有些方块是白色的，有些是黑色的，以形成字母 "C" 的形状。在每一行的右边，有 5 个二进制数字描述图像。其中，用 1 代表白色，0 代表黑色，那么字母 C 的第一行就能用 10001 来表示。通过纸和笔来描绘数字矩阵，可以很直观地理解二进制的黑白数字图像的存储和表达。将这个不插电的思路继续推广开来，每个像素用 2 比特（4 个不同状态）来存储和表达，就是在纯黑和纯白之间加入两个不同的状态，如用图 5-7 所示的方式来表现黑白之间的过渡颜色。

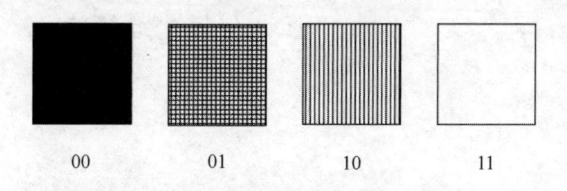

00   01   10   11

图 5-7 4 种图样的 "数字编码"

这种通过"描点"来理解数字图像表现方式的想法并非不插电独创，事实上喷墨打印机也是通过类似方式来实现的，只不过喷墨打印机是将一定量的彩色油墨喷到不同坐标的位置来实现图像的印制。2008年英伟达图像大会上，杰米·海尼曼（Jamie Hyneman）和亚当·萨维奇（Adam Savage）将这一方式用一种震撼的方式表现出来。他们用1100支彩弹枪制作了一台"彩弹打印机"，在80ms内"喷"出了一幅《蒙娜丽莎》，[①] 如图5-8所示。

图5-8 80ms内完成《蒙娜丽莎》

不插电的学习方式，其优势不仅仅是摆脱了高昂的设备购置费用，同时也解放了学习环境的限制，只要有相应的工具，这种教学可以在教室、家中及其他场地中都可以进行。同时设计相关课程的难度并不高，在教与学的过程中会产生新的联想，进而激发人们的想象力。不插电学习适合用于介绍那些不依赖特定设备、软件或系统的基本原理和核心概念，而这些多是不容易过时的基础型知识，在推广人工智能等高科技相关教育方案时，不插电的学习方法更容易打破贫富隔阂，抹平施教障碍。

---

① Adam and Jamie Paint the Mona Lisa in 80 Milliseconds。

器

第 6 章
编程教育

近些年人工智能实现了大跨步式的发展，相关技术日新月异，而人工智能技术和编程技术的联系极为紧密，很多人甚至误以为人工智能就是编程，首先应该明确一点，人工智能并非等同于编程。可以说，编程是当代人工智能技术的一个重要的技术支撑，我们需要用编程来实现人工智能研究和技术的一些创新和试错。

现如今各大科技公司和相关服务产业都或多或少地面临着对人工智能技术的应用和技术升级，这就使得对于人工智能的技术人才需求也在猛增。人才需求的缺口也让世界各国开始重视起人工智能教育和与之相关的编程教育。英国在 2013 年 9 月开始实行以培养计算思维为主、编程能力为辅的新式中小学课纲；美国也在 2016 年推动了计算机学科的课程改革，一些州在 2017 年实现了中小学编程教育的必修化；日本更是在 2020 年 4 月将编程教育加入了小学必修内容中，并计划于 2021 年和 2022 年逐步实现中学和高中的编程教育必修及纳入能力考试范围的教育改革；新加坡在 2019 年也将人工智能教育的推广纳入了"智能国家"战略规划之中，相关的教育纲要改革也在制定阶段。

2019 年 3 月，教育部公布了《教育信息化和网络安全工作重点》，宣布将在 2019 年内推动中小学阶段人工智能课程的展开，并进一步推广编程教育。在同年 8 月底举办的世界人工智能大会（WAIC）教育行业主题论坛上，教育部透露《中国智能教育发展方案》正在制定中，近期即将出台。各高校参会人员表示，人工智能和与之相关的计算思维、编程实践能力培养正在成为一种通识教育，不远的未来，它将渗透进其他学科的知识技术教育内容之中。

6.1 以 Scratch 为代表的可视化编程语言

说起中小学编程教育就绕不开 Scratch 语言。作为一种可视化编程语言，Scratch 不同于需要键入文字的代码式编程语言，通过拼积木式的模块组合来实现编程等优点，让它得到了青少年和编程教育工作者的青睐。

Scratch 是由美国麻省理工学院（MIT）多媒体研究所的终身幼儿园组（Lifelong Kindergarten Group）于 2006 年开发的，现行版本的 Scratch 可以轻松地通过浏览器进行编程训练。

图 6-1 所示为 Code.org 网站。

图 6-1　Code.org 网站

如果将传统代码语言比喻成坚硬的水果糖，那么 Scratch 就是更容易咀嚼的棉花糖。由于从设计最初就是以儿童编程学习为对象（官方表示是为 8～16 岁孩子设计）的，界面和操作相对更加简便易懂，界面大致分为 3 列，左列中显示着备选的代码块，通过将代码块拖曳到中央列的编程区，就能像堆积木一样，就可以实现程序的搭建。而通过单击处于编程区内的代码块或右列上方的绿色旗帜标识，就可以在右侧执行画面中观察代码的执行结果。

Scratch 语言的支持者遍布全球，在他们的帮助下，Scratch 的显示语言已经被翻译成超过 40 种语言，使用者遍布 150 余个国家。这使得不同语言圈制作的示例程序得以跨越国与国、语言与语言的壁障，得以更容易地被广泛使用，如图 6-2 所示。

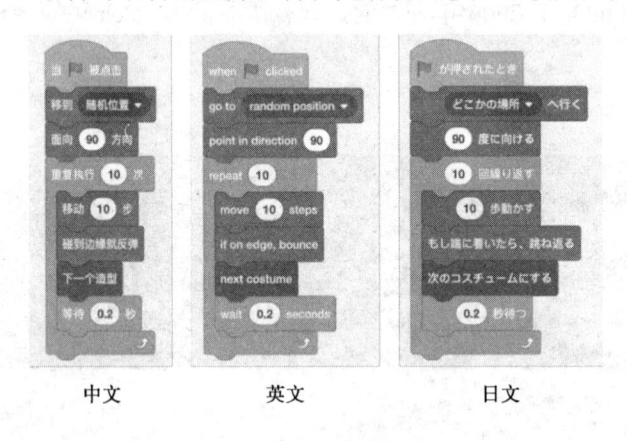

中文　　　英文　　　日文

图 6-2　支持多语言表现的 Scratch

Scratch 的官方网站上提供了"Scratch 社区"功能，可以向世界各地的人共享你的代码，类似于社交网络的设计，社区用户可以对觉得不错的代码"点赞""评论"。而针对已公开的项目代码，用户也能简单地进行调整和修改，生成有自己特色的版本。这种理念类似于"软件开源"，社区的活跃也会进一步反哺 Scratch 语言的影响力，督促开发团队不断对语言本身的设计进行优化。

截至 2020 年 2 月，Scratch 社区共有 5100 多万的注册用户，共计 4900 余万共享项目，平均每个用户都贡献了一份自己的项目代码，表现出了极高的活跃度。

6.1.1 可视化编程语言的低门槛、薄壁垒

Scratch 的用户年龄分布也是值得关注的、有别于其他语言的特点，根据 Scratch 官方公开的统计数据，注册用户的年龄分布峰值处于 10~14 岁，不难推断，其中大部分是第一次接触编程的孩子。Scratch 的支持者还为该语言建立了网络百科（Scratch Wiki）从而能吸引并留住这些孩子，也说明了以 Scratch 为主的可视化编程语言在入门难度上的门槛很低，非常适合作为低年龄段初学者的学习目标。

另外，现有的很多机器人智育玩具都利用了可视化编程界面来降低学习难度，如 Weedo、Minecraft、mBlock 等 STEAM 教育产品。而受到人工智能的科普需求，网上也出现了将机器学习程序库 TensorFlow.js 和 Scratch 连接起来的 ML2Scratch 项目。除了机器学习，由 Scratch 这类可视化编程语言制作的游戏、动画、艺术作品等也层出不穷，充分体现出了这类编程工具在跨语言、跨学科、跨领域方面并没有厚实的壁垒。

6.1.2 可视化编程对于青少年教育的促进

教育界一直以来就有寓教于乐的说法，欧美也有类似的观点，称为创造性学习（Creative Learning），两者指的是同一回事，简言之，就是让孩子们在玩中学会更多的知识。

世界上的儿童玩具也多多少少反映出了这种理念。如我国古代的七巧板、九连环、华容道、鲁班锁，风靡欧美的乐高等积木类都是符合这种理念的玩具。通过让孩子发挥想象力，动手操作，刺激孩子玩的欲望。而这类玩具又具备一定的合作或展示属性，在玩的过程中与其他孩子的分享、交流、反馈更是对孩子社交能力的一种锻炼。

可视化编程语言便具备了类似的属性。将不同种类、属性的代码以积木块的形式分类展示，众多种类的代码块可以产生出无限的可能性，而代码块的组合也具有

积木的拼接、搭建效果，加之此类语言大多可以在平板电脑上通过手指操作，更贴合了动手玩的感受。可视化编程的展示方式也多以卡通角色等绘画性内容表现，这不仅增强了编程的趣味性，也降低了分享的难度。在给其他小朋友分享编程结果的时候，更容易让孩子跳过枯燥的理论部分，转而从具有趣味性的结果来反向产生对学习编程的兴趣。思考、制作、玩耍、分享、反馈，相比起更注重生产效率、更显专业化的代码式编程，可视化编程从寓教于乐的角度来看无疑是成功的。

可视化编程在降低编程的入门难度方面的贡献是有目共睹的，自 2005 年 Scratch 被发明到 2013 年 Code.org 网站的出现，可视化编程走上了以网页为基础的推广路线，尽可能地增强了对计算机差异性的包容度，不管你用的是什么品牌的计算机、什么种类的操作系统，只要打开浏览器，就能确保处于相同的编程环境。大家知道，具备统一标准化的产品在推广时会更容易被接受。可视化编程正是如此。

同时，可视化编程也在移动端发力，2014 年，Scratch 进入 iPad 应用商店，不久后，面向 5～7 岁的学龄前儿童的 ScratchJr 也借由 iPad 应用商店展开了推广。相比涵盖面更广的 Scratch，ScratchJr 的目标对象更有针对性，而借着原版 Scratch 的东风，活跃的社区用户很快就为 ScratchJr 准备了丰富的教材，其内容甚至跳出了编程教育的窠臼，涵盖了历史、数学、音乐等多种学科主题。幼儿教师很容易就能从中找到自己教学的相关程序，丰富自己的教学内容，这又产生了新的良性循环。

同时还有另一个值得注意的点，那就是 Scratch 等可视化编程语言可以作为编程机器人的软件部分而存在。例如，乐高机器人、童心制物的 mBot 机器人等都将可视化编程程序作为与硬件交流的桥梁。

6.1.3　可视化编程的局限性

从技术角度来说，Scratch 可视化编程的程序是以代码块的方式呈现的直观易懂的反面，面对复杂的逻辑条件，代码块就不可避免地一层套一层。对此种情况，在阅读代码语言时可以通过括号来分析逻辑执行的范围和先后，而可视化编程的代码块中，就需要仔细判断代码块处在第几层上了，图 6-3 所示为一个 5 层代码块堆叠的示例，不去看内容是否合理，从直观的视觉效果来说，仿佛在看等高线地图。

图 6-3 Scratch 模块堆叠

另外，Scratch 在函数的返回值上采取了一刀切的策略。所有函数都没有返回值这个设定。这也使得所有变量一经设定就默认为全局变量。有编程经验的人都明白，如果变量的有效区间没有隔离设定，一旦代码量增大，就很容易产生 bug。

同时，说到代码量增大，当学习难度加深，表现复杂功能的代码量必然随之增多。Scratch 没有高效的 debug 功能，一旦程序设计出了问题，找出问题的所在所花费的时间就会远超过分析问题原因的时间，这无疑会在很大程度上打击学习的积极性。

当然，这里提到的缺点是从入门迈向精通的过程中才会逐渐遇到的问题。作为旨在辅助儿童入门编程学习的语言，Scratch 等可视化编程无愧于现今最适合儿童的入门教材。

6.2 以 Python 为代表的代码式编程语言

区别于以 Scratch 为代表的可视化编程语言，以代码书写为表现方式的代码式编程语言一直是自个人计算机普及以来的主流选择。从大型服务器背后的复杂系统构建到手机 App 内的小游戏，都离不开代码式语言的帮助。

6.2.1 Python 的教育定位

当孩子度过了对编程的了解阶段，开始想通过自己的创造力去实现更复杂、更具备实用价值的程序时，通过拖曳来实现编程的可视化编程语言就会遇到效率低的瓶颈。同时，随着学习者的年龄增长，语言表达能力和逻辑能力的提高，代码块能提供的辅助理解效果也会相应降低。这时，更换一种更加高效的编程语言就成为一个可以预见的选择。

从青少年编程学习的角度来看，整体而言，Python 作为一款代码整洁规范、可读性高、上手容易的编程语言，无疑是非常适合作为接触代码式编程的启蒙语言的。

而相比于传统的入门语言 C/C++，Python 的核心理念是一种在不牺牲可读性基础上的极简主义，Python 的语法很贴合英语日常的对话，加之功能设定简单自然，Python 的代码名不像其他语言那样充斥着各种难以理解的符号，阅读一段优质的 Python 代码的感觉就像是在读英语文章。

6.2.2 Python 的优点

1. 入门难度低但性能高

每个接触过 Python 的人都不得不承认，它是一种对于初学者非常友好的语言。而如果在之前曾经有过 C++或 Java 学习经历的人可能对这种感受更加深刻。因为这两种语言在你读到算法部分之前，首先要接触到的就是很多"导入语言"，这些和算法没有实际关系的文字就是挡在初学者和算法之间的第一面墙。笔者还记得初学时问了老师这些语言的意义，被告知"暂时不需要理解……"。

与之相比，Python 的"导入语言"可以算得上是少之又少。以传统而又仪式感十足的"Hello, World"举例。我们对比一下 Java 和 Python 的代码区别。

先看看 Java 的程序：

```
class HelloWorld{
    public static void main(String argv[]){
        System.out.println("Hello, World");
    }
}
```

对比之下 Python 的代码只需要一行：

```
print("Hello, World")
```

可能你会觉得，Java 也就是比 Python 多了前后两行的外壳，核心部分差别不大。那么我们再把这个程序复杂化一些，不只在执行界面输出文字，而是如图 6-4 所示，单独创建一个新的窗口，在窗口中显示我们想要的文字。

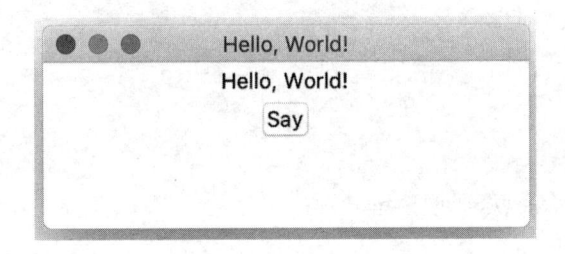

图 6-4　程序运行结果

依旧先看 Java 的程序：

```
import javafx.application.*;
import javafx.event.*;
import javafx.scene.*;
import javafx.scene.control.*;
import javafx.scene.layout.*;
import javafx.stage.*;

public class HelloWorld2 extends Application {
@Override
public void start(Stage stg) {
    // 创建新窗口
    AnchorPane root = new AnchorPane();
    Scene scene = new Scene(root, 300, 100);
    stg.setTitle("Hello World!");
    stg.setScene(scene);
    // 加一个按键
    Button btn = new Button();
    btn.setText("Say");
    btn.setOnAction(new EventHandler<ActionEvent>() {
        @Override
        public void handle(ActionEvent event) {
```

```java
            System.out.println("Hello World!");
        }
    });
    root.getChildren().add(btn);
    btn.relocate(80,30);

    stg.show();
}

public static void main(String[] args) {
    launch(args);
}
}
```

对比一下 Python 版，这里我们利用了一个 Python 自带的代码库 tkinter：

```python
import tkinter
root = tkinter.Tk()
root.title('Hello, World!')  # 窗口标题
root.geometry('300x100')  # 窗口大小 ('宽×高')

lb1 = tkinter.Label(master = root , text = 'Hello')

def clicked():
    lb1["text"] = 'Hello, World!'

bt1 = tkinter.Button(text = 'Say', command = clicked)

lb1.pack()
bt1.pack()
root.mainloop()
```

  Python 的便捷性不仅仅体现在代码短这一点上。相比于 Java 和 C++需要在不同系统中进行重新编译才能运行，Python 的代码可以通过脚本文件直接运行（只要系统中提前安装好 Python 环境）。代码分享的跨系统性也给教学带来了便利，只要 Python 的版本相同（Python 2 和 Python 3 版本的代码之间会存在兼容性问题，但考虑到 Python 2 的版本已经停止维护，基于 Python 3 版本开发的代码将逐渐成为主流）就不

需要担心代码会因为操作系统的不同（Windows、MacOS、Linux 等）而无法运行。

当然，这里并不是在贬低 C++或 Java，在不同的生产领域，二者也发挥着难以替代的作用。

C/C++尤其适合编写底层架构代码。例如，如果一个完善的产品是一个大的生日蛋糕，外表的裱花、祝福语言、蜡烛都是一个个服务项目，蛋糕的基座就是硬件，那么裱花装饰和基座中间那层奶油就是基础架构。编写服务项目的语言往往百花齐放，但是很多基础架构的编写都离不开 C/C++。中国各大互联网公司的基础架构、算法平台、云服务的核心部分都是用 C/C++编写的。再如，我们日常接触的路由器，它看上去是硬件，但也需要里面有软件的支持，这部分软件的编写语言大多也会采用 C/C++。不只和硬件密切相关的部分，我们常用的浏览器内核、杀毒软件的核心引擎、百度等搜索引擎的核心算法都是由 C/C++编写的。

综上，C/C++因为可以直接编译成机器可以理解的代码，擅长控制系统和硬件的底层操作，同时 C++还能支持面向对象编程等复杂的系统开发工作，所以很多重视系统低延迟、高效率的项目都会优先选择 C/C++作为开发语言。当然，C/C++这种仿若电影工业幕后人员一般的定位使它被人看重的同时，优秀从业者的数目总是处于缺乏的边缘。而对于学生和教育相关的人士而言，C/C++还有另一重不得不重视的地位，就是国家信息学奥赛的编程语言只有 3 种，分别是 C、C++和 Pascal，其中 Pascal 将于 2022 年停止出现在奥赛内容中，换句话说，C/C++将是中小学信息学奥赛的指定编程语言。二者从基础编程语句上看，具备高度的相似性，C++可以说是 C 的一种多方面的功能性扩展，而 C 的优势在于更贴近硬件层面的操作，如核心驱动程序和操作系统的构建，C++则通过将 C 中复杂的实现过程抽象成了不同的类型并通过实例化进行管理，灵活地实现了面向对象编程，在牺牲了一定的性能的同时大大提高了代码的可扩展性和可复用性，这也使得代码的维护管理成本大大降低，兼顾硬件端编程的同时也能够适应更复杂灵活的应用端编程需求。

再说 Java，其实 Java 的适用场景十分广阔，从移动端的软件开发，到服务器端的大数据服务开发都能见到 Java 的身影。但从这门语言的开发历史上看，Java 主要是为了 Web 开发和相关嵌入式工作进行开发的语言。伴随着网络时代的到来，网站建设成了每个国家、组织、公司甚至是个人的刚需，Java 也因为这股需求而拥有了大量的使用者，而大量用户的需求反馈也对 Java 语言的发展产生了无与伦比的促进作用。可以说 Java 构筑了相当一部分的网络世界，而网络世界带来的时代浪潮又成就了 Java 的王位。Java 经久不衰的第二个推动力就是安卓系统，这款为了与苹果 iOS 系统对抗而被谷歌公司开发的移动开源系统所使用的技术语言就是 Java，这也使得哪怕时代从台式机变到移动终端，Java 仍旧被广大开发者所追捧。可以说网络时代是 Java 的天时，不断改良的 Java 自身是它的地利，海量从网络时代的程序员到移动时代的 App 开发者则是 Java 的人和。

最后说 Python，Python 语言的解释器也是基于 C 开发的，当然也是为了追求速度。虽然在工业和就业领域，Python 暂时没有它在人工智能等相关领域那么具有人气，但是作为新手入门学习编程的首选语言，此处还是更推荐 Python。

2. 丰富的代码库

从技术角度，我们评价一个编程语言的好坏，需要考量其代码库（Library）的丰富程度，代码库（官方+第三方）的丰富程度从一个侧面上反映出了该语言的受欢迎程度和对应任务的种类广度，而 Python 庞大的代码库也正反映出了这两个特征。

丰富的代码库就像是众多的零件供应商，如果你想制造一辆汽车，从供应商那里集齐配件并按照自己的想法组装肯定要比自己建造更快捷方便。尤其是在人工智能和大数据方面，Python 可以让整个课题的进展速度翻上几番。例如，在图像处理方面，面对不同格式的图像文件，如何高效地把它们读取进程序就是一件麻烦的事情，但在 Python 看来，只要调用 OpenCV 或 Pillow 代码库，读取图像可能只要一行代码就可以搞定，代码库内部已经针对不同的图片格式做了对应和优化。

但这里希望读者不要误会，Python 的执行速度绝对称不上快，至少在现有版本上，可以说是比较慢的。但正是因为 Python 的众多代码库是借由 C 编写的，反而加快了 Python 自身的执行速度。这里比较明显的例子就是负责数学演算的 NumPy 代码库，在线性计算方面能做到不输给 C 或 FORTRAN 这些以高速著称的语言。

除了数值计算代码库 NumPy，还有为科学计算设计的 SciPy，为符号计算设计的

SymPy，为机器学习设计的 Scikit-learn 和为人工智能设计的 PyTorch 和 TensorFlow 等代码库。此外，还有为大数据、可视化、文件管理、文本和文字处理、下载视频、编曲、绘制地图、收发邮件、提取网页数据、开发游戏等设计的代码库，覆盖面之广，几乎各行各业都能或多或少找到适合自己尝试利用的代码库。

近年 Python 作为人工智能首选语言而被大众熟知，并不是因为 Python 本身如何适合人工智能编程设计，而是因为上述种类繁多又高效实用的代码库的存在。科学家和技术研发者发现利用 Python 就能像写公式一样写代码，而不用额外为公式中的每个计算符号编写对应的程序，这种解脱一般的快感和随之而来的便捷性、高效性才是选择它的原因所在。

6.3　以 TensorFlow 和 PyTorch 为代表的人工智能框架

6.3.1　种类繁多的人工智能框架语言

上文提到，Python 作为一个拥有大量便捷代码库的编程语言，对于想用程序实现及测试新想法和创意的人是非常友好的。这也是在人工智能引爆话题的头几年，Python 越来越受到开发者和科研人员的喜爱的原因。

事实上人工智能领域的科研和工业也不是一开始就看中了 Python，像所有计算机相关的新兴领域一样，初期的人工智能框架语言可谓是群雄割据。既有现在还广为熟知的 TensorFlow 和 PyTorch，也有现在已经很少听到的 Caffe、Deeplearning4j、Theano、Chainer 等语言。各大高校、公司仿佛都在摸索中寻找和开发着自己理想中最棒的深度学习框架，但最后用谁的框架、使用哪种语言作为编程工具的选择权并不在开发者手中，而是取决于后来的学习者和使用者的倾向。

伯克利视觉和学习中心开发的 Caffe（Convolutional Architecture for Fast Feature Embedding）作为早期比较成熟的深度学习框架，在多 GPU 并行支持和计算速度上体现了它强大的优势，这与它使用了C++作为底层开发代码不无关系。其后来也提供了以Python为操作界面的版本，但因为更趋向于C++那种嵌入式语言的开发风格，学习难度和使用复杂度是它很难回避的劣势（相较于后来的"胜者"）。该框架的主要开发者后入职Facebook并助其开发了Caffe2，但最后在2018年3月结束了框架开发，整个框架并入PyTorch。

Deeplearning4j像它的名称所显示的，是基于Java语言开发的深度学习框架，在开发初期被广泛用于金融行业的欺诈检测、制造业的异常检验、广告推荐系统等场景，现在仍在维护，但使用者相比同类产品并不是特别多。

6.3.2 广受热捧的TensorFlow的PyTorch

TensorFlow是谷歌开发的深度学习框架，底层代码是C++，在多GPU和CPU的并行计算方面表现突出，还提供了运行时的监控工具TensorBoard。原本TensorFlow是作为谷歌内部的一款研究人工智能和逻辑运算的工具被开发出来，想要通过它构建神经网络，训练机器学习类人的思考方式，解决模型分类等问题。后作为开源框架面对大众推出，成为一款"智能引擎"一样的产品。TensorFlow对应的语言种类十分丰富，C/C++、Python、Java、Go语言版本都有，但鉴于Python的API对于反向传播等功能的支持更丰富，大多数使用者都开始使用Python来进行模型设计和训练，在进行应用推理时再考虑使用其他语言。同时也有移动版本的TensorFlow Lite提供。

现今，TensorFlow已经广泛被应用部署在众多商业产品中，谷歌自家的产品，如搜索、广告、相册、地图、翻译、YouTube推荐系统等都有TensorFlow的贡献。也是由于谷歌的大力支持和众多人工智能从业人员的学习使用，在2018年，TensorFlow力压当时其他的机器学习框架，在GitHub活跃度、网络搜索热度、相关书籍和博客数、论文利用数中都以绝对优势领跑。在网上的求职自述中，提及TensorFlow的能力展示也不在少数。

PyTorch是一款由Facebook人工智能团队基于Torch开发的Python机器学习代码库，底层由C++实现，并使用Python作为编程界面语言。相对于上述的其他框架，

PyTorch 出现在大众面前是 2016 年下半年的事情，相对而言算是比较年轻的框架。但是近年来 PyTorch 在学术圈的人气增长极为迅速，尤其在 2019 年的各大人工智能相关顶级会议（CVPR、NAACL、ACL、ICLR、ICML）中，提及 PyTorch 的论文数都多于提及 TensorFlow 的论文数，在 IEEE 国际计算机视觉与模式识别会议（CVPR）中，这一比例更是达到了 280∶125，差距达到了 2 倍以上。

科研人员偏爱 PyTorch 不是没有理由的，相比于 TensorFlow，PyTorch 在语法设计上更符合 Python 风格，同时借由其后发优势，不用考虑兼容很多试错期创建的冗余命令。试想如果实现同一功能可以用多种不同表述，那么无疑会增加很多学习和使用成本，阅读代码的感受颇似读一篇由普通话、文言文混写而成的文章，能读懂吗？能，但阅读体验肯定不会很好。

当然，科研领域的推崇暂时还没有反映到工业领域。谷歌和其 DeepMind 研究所的科研项目仍旧会使用并支持 TensorFlow。同时，后发有后发的好处，作为先发的 TensorFlow 也会有先发的红利，就是它对工业领域的渗透远超同类，作为早期评价最好最成熟的框架，很多企业，尤其在欧美地区的公司的代码都是基于 TensorFlow 搭建或优化的。一方面，工业界对新鲜事物的追求总是显得迟钝而缓慢，考虑到"工业惯性"，大量企业"趁热"迁移到 PyTorch 上的可能性并不高。另一方面，谷歌当初打造 TensorFlow 时就是为了谷歌内部使用，换言之，其本身是作为一款工业级软件而被创造的，在工业落地的合适性上要优于以"易用"为创建目标的 PyTorch。最显而易见的区别，工业应用对于软件的服务器负载会有更苛刻的要求，这一点正是 Python 的弱项。另外，在移动端的部署上，TensorFlow 有 Lite 版本专门对应移动部署，而 PyTorch 暂时还没有与之匹敌的利器。

国内在框架开发上也有发力，但相比来说影响力比较本地化，如百度的飞桨、阿里的 MNN、小米的 MACE 框架，在移动端部署方面都表现了不俗的性能。在国内工业界和商业服务方面的利用率也在逐年提升。

6.4 编程语言的更迭

当下，不少人认为，Python 是人工智能编程的首选，甚至是唯一。其实，纵观人工智能历史，一门语言可以用"其兴也勃焉，其亡也忽焉"来形容。本节内容以 Prolog 为例，说明一门语言是如何在历史长河中从兴到衰的。

在 20 世纪 80 年代到 90 年代，日本曾经发起过一个国家战略计划，准备耗资 570 亿日元，研发第五代计算机，计划通过划时代的技术开发出基于并行处理和逻辑推理回路的智能计算机。那个时代认为神经网络并不是人工智能的主流，由逻辑推导和专业数据构成的专家系统才是王道科研路线。为了实现第五代计算机的开发，推动逻辑推论专用机器的问世，日本专家组注意到了 Prolog 语言，经过他们的评估，Prolog 被认为是最符合人工智能定位的一种汇编语言，新一代逻辑计算机应该建立在这种语言的基础上。他们最终选择了专家系统作为人工智能技术的研发方向，为了支持这一计划，日本需要一批知识工程师和与其对应的人才教育支持。

Prolog 是这一系列计划的中心。在当时 Prolog 已经是一种十分有名的逻辑编程语言，世界各地都有很多相关的书籍著作，被当时的学界认为是最适合人工智能的编程语言。上文已提到，在当时，专家系统被认为是可以广泛应用于商业领域的基础技术，但另外，该系统尚未在底层开发领域被充分证实过有效与否，在缺乏先例的情况下，Prolog 并未在底层开发领域得到过多的重视。除了专家系统，当时另一个受到重视的人工智能科研方向是自然语言处理，更具体地说，应该是文本翻译。20 世纪八九十年代正是全球互通加速的开始，文本翻译可以说是最受关注的、最被期待攻克的课题。但是 Prolog 最擅长的语句构造分析功能对于计算资源的消耗之大超过了预计。为了达到更高的分析精度，Prolog 需要一个规模庞大的"词典"，但鉴于构建词典和 Prolog 本身并无关联，用 Prolog 去调用"词典"这个课题方向就渐渐不再被看好。当时有学者从统计学角度分析，Prolog 语言在统合处理等计算上会消耗大量算力，随着数据量的增加，暴增的算力消耗会让研究计划陷入困难。因此，哪怕是在当时很多语言处理的书籍都是用 Prolog 作为示例语言，但其不适合实际场景应用的问题让该语言的人气开始不稳。

而随着第五代计算机计划无疾而终，逻辑编程语言和其代表 Prolog 的关注度也随之一路下滑。很多相关研究都止步于科研成果范畴而迟迟无法落地。而 Prolog 语言过于严苛的逻辑学语法也在很大程度上限制了研究人员用它来实现一些跨学科或者非逻辑的设计或尝试。这也是 Prolog 语言人气下降的原因之一。加之时代变化，相比于人工智能，20 世纪 90 年代中叶更受关注的无疑是新一代个人计算机系统和拥有更美好前景的互联网技术，与之相关的程序语言受人追捧关注，Prolog 作为过去时的产物，在网上论坛中也很少被人提及，反而是因为操作系统的开发而火热的面对对象编程技术得到了广泛的关注和讨论。与这些轻量级又执行快速的语言相比，Prolog 在"过时"之外又被赋予了运行缓慢、功能缺失等印象标签。

时至今日，Prolog 仍被一些高校作为逻辑学的教学资料之一，在日本，有关 Prolog 的讲座也仍有一定的人气。虽然不适合应用于实践应用领域，但世界范围内仍旧有很多人懂得如何使用这门语言。也仍旧有很多程序员出于兴趣或自我挑战等目的，在学习其他编程语言时为 Prolog 语言添加一些跨语言的调用支持，颇似古文爱好者在书写自己的文章时尝试将一些名言警句有机地插入文字之中。

6.5　中小学编程热下的反思

前文提到了近年来中小学编程教育的火爆现状，除了一些外部因素的促进，如政策的利好，生活水平的上升等，编程教育市场火爆还有一个不可忽视的内因，就是入门门槛的降低。经过多年的市场实践，以 Scratch 为代表的面对小学生的可视化编程和以 Python 为代表的代码式编程语言正在逐步趋向成熟。无论是 Scratch 还是 Python，不可否认的是二者现在的教学都已经具备上手快、门槛低、趣味性强的特点。

低门槛不仅降低了学生的学习难度，也在一定程度上降低了教师教学的难度。

然而，Python 作为目前人工智能领域最火的语言之一，虽然门槛低，但上限较高。较高的难度跨度也使得"入门易却精通难"。因此，在学习编程时，由简到难、循序渐进的课程体系及教学方式的改善才是应该关注的重点。

Scratch 和 Python 外在表现差别很大，那么如何从前者向后者迁移，换言之，如何解决学习衔接问题就成了家长和教师应该关注并思考的问题。在学习编程时，建议牢记"语言在变，算法和思维不变"。毕竟，当今流行的编程语言有数十种，未来还会有新的语言出现，无论现在中小学阶段学习哪种语言，将来都有可能面临转换语言的状况。因此，在学习编程时要注意着重培养学生的设计思维和编程逻辑，明白算法和解题思路的本质，不拘泥于用什么语言去表述。例如，"循环语句"的意义在于其能够省去重复性操作，而不是单纯记忆"for"和"while"等命令。隐藏在表达方式下的思维逻辑和创新能力，会为学生从一个编程语言迁移到另一个编程语言时提供助力。

鉴于人工智能又一次兴起带来的编程学习热潮，相关教育也走上了普及化和低龄化的推广道路，很多校外培训机构甚至将目标瞄准了幼儿教育阶段。不可否认，随着编程环境的简易化、低门槛化，接触学习的起始年龄正在逐渐降低，但也要认识到，不是所有的学生都需要将编程培养到专业级别。

对于如计算思维等提升自身素养的内容，无论以后的人生规划如何，都应该重点培养，这些是信息时代不可或缺的。与之相对的，如某种编程语言的学习等提升技能的内容，应该作为提升素质的强有力补充，让素养和技能互为表里，相得益彰。

第 7 章
智能机器

2000 年前后,中国的中小学阶段机器人教育开始起步,至今已有 20 年。当时,北京市景山学校以科研课题的形式率先将机器人教育纳入信息技术课程中,本书后文中的北京景山学校原信息技术教研组组长、信息技术高级教师沙有威老师,就从 2000 年开始向学生普及机器人教育试验工作,是我国中小学机器人普及教育的开拓者,曾编写出版多册信息技术教材和机器人教材。

从官方文件可以看出,机器人设计与制作等相关内容与人工智能的划分不同,前者属于通用技术,而后者属于信息技术。然而,两者既有差别也有联系。在具体的学习过程中,机器人设计与制作更多的是让学生在实践中学习,培养动手能力、人机协作能力等。然而在理解机器人三定律的内涵,了解机器人对人类生活的影响,体会机器人与人、机器的关系上,它们又是异曲同工的。计算思维、编程能力是机器人设计与制作的基础,而学习人工智能也有必要适当了解电路、机械等方面的基础知识。

尽管中小学阶段机器人教育工作已经开展了 20 年,但还存在一定的不足。主要体现在没有权威的官方指导教学、教育目的主要面对竞赛及教育资源失衡等方面。2017 年,国家出台了《新一代人工智能发展规划》,人工智能普及上升为国家战略,随着一系列官方政策颁布的利好,机器人培训市场也迎来了春天。

现在市面上充斥着很多种类的机器人,但是,机器人教育与教育机器人不同,前者是向学生教授机器人相关知识与技能,而后者是赋能教师、课堂辅助教学。如无特别说明,本章内容主要围绕机器人教育相关的内容展开论述。

7.1 机器人

"机器人"一词源自捷克语"robota",就是劳役、苦工的意思。最初制造机器人的目的就是让它们做一些危险活、脏活、累活。机器人已经越来越多地出现在人们身边,在很多情况下,机器人都会提供一些功能性服务,如扫地机器人、护理机器人、救灾机器人等。

詹姆斯·奥格(James Auger)在《与机器人生活》(*Living With Robots: A Speculative Design Approach*)一文中提出,机器人称为家用产品是迟早的问题,并将机器人与约花 1.5 万年才驯化的狗之间进行了对比。詹姆斯·奥格认为机器人是一种提供特定服务的产品,而且这种服务只有两种:被使用和被拥有。另外,被使用和被拥有两者之间是成反比的。

詹姆斯·奥格将对机器人的适应过程分为以下 3 种:
- 针对机器人行为的功能适应。
- 针对机器人外观的形态适应。
- 针对机器人与人之间交流的互动适应。

功能适应主要从功能的角度出发,满足人们特定的功能需求。形态适应是指人们仿佛对人性的机器人更为看重,这与初期的机器人不同,随着机器人的发展,人们变得开始看重机器人的形态。

然而,机器人外观与人的外观越发接近,有时也可能产生反作用。1970 年,日本机器人专家森政弘提出恐怖谷理论(Uncanny Valley)。它告诉人们,制作的机器人越逼真,人们的内心就会越难受。

7.1.1 作品中的智能机器

得益于作品的传播,"机器人"的出现远远早于"人工智能"。前文中对机器人的历史进行了简单的介绍，读者已经知晓早在公元前，就有关于机器人的文字记载。教师可以利用这些内容，给学生讲解关于机器人的知识，培养他们学习人工智能的兴趣。

在这些文字记载中，最精彩的内容之一要属春秋战国时期的《列子·汤问》中关于机器人的一个故事：

……翌日偃师谒见王。王荐之，曰："若与偕来者何人邪？"对曰："臣之所造能倡者。"穆王惊视之，趋步俯仰，信人也。巧夫！领其颅，则歌合律；捧其手，则舞应节。千变万化，惟意所适。王以为实人也，与盛姬内御并观之。技将终，倡者瞬其目而招王之左右侍妾。王大怒，立欲诛偃师。偃师大慑，立剖散倡者以示王，皆傅会革、木、胶、漆、白、黑、丹、青之所为。王谛料之，内则肝胆、心肺、脾肾、肠胃，外则筋骨、支节、皮毛、齿发，皆假物也，而无不毕具者。合会复如初见。王试废其心，则口不能言；废其肝，则目不能视；废其肾，则足不能步。穆王始悦而叹曰："人之巧乃可与造化者同功乎？"诏贰车载之以归。

从这个故事中可以看出，当时的人们已经开始勾勒出人形机器人了，并且从外观上看，与人应该无异，使得周穆王完全看不出来是机器人。加上机器人的唱歌、跳舞甚至对妃嫔挤眉弄眼来看，放到现在也是不可想象的。另外，机器人的制作材料非常考究，由皮革、木头、树脂、漆和白垩、黑炭、丹砂、青腾之类的颜料等多种物质构成。机器人不但有筋骨、肢节、皮毛、齿发，还有肝胆、心肺、脾肾、肠胃，最关键的是，作品中还指出了机器人不同部位的功能控制，如"心脏"控制说话，"肝脏"控制眼睛，"肾脏"控制双腿等。想象之妙堪称经典。

19世纪欧洲开始出现科幻小说，现在，这些科幻小说中描述的内容部分已经成为现实。在科幻小说中，机器人往往占据了不少戏份，使得人们对于这些机器人成为现实的事情既期待又恐惧。不少科幻作品被陆续搬上荧幕，其中不乏一些令人深思的与人工智能相关的作品。

据笔者所知，现在有一些中小学，已经开设了像人工智能电影赏析这样的课程，就是利用一些影视作品，如《攻壳机动队》《她》《人工智能》《超验骇客》和《机械姬》等，一边给学生们欣赏电影片段，一边讲述人工智能相关知识，同时灌输正确的价值观。

7.1.2 生活中的智能机器

20世纪50年代初期,威廉·格雷·沃特(William Grey Walter)就已经制造出一种乌龟机器人(见图7-1)。当充满电后,机器人自己会从插座拔出来,在地面上四处爬行;当电快用光时,机器人就开始爬到离自己最近的插座那里自动充电。当人们还在为扫地机器人感慨时,不妨想想约70年前,那个时代就已经制造出这样的机器了。

图7-1　20世纪50年代的乌龟机器人

在讨论人工智能教育和机器的关系之前,先介绍一下人工智能技术本身对硬件及机器人相关产业的影响。

首先需要明确的是,现下高人气的人工智能主要指的是借由大数据支持,通过神经网络技术实现的预测、分类、识别功能的突破。那么智能机器和人工智能的关联在哪里呢?笔者认为最主要的关联,在于智能机器是让人工智能拥有实体的桥梁。如果将人工智能比作人类的大脑,那么智能机器或者更具体地说"机器人"就是人类的肢体。

近年来人工智能技术的进步就相当于智力的提升,能够计算更难的问题,能够理解更复杂的文章,能够进行更精准的预测,能够认知更多种类的事物和场景。这些都是脑力增强带来的能力提升。

为了让智能机器人表现出足够的"灵性",在装载智能"大脑"之后,大部分智能机器人都会搭载各种各样的"传感器",这些传感器起到的作用就像是人类的五感,赋予大脑认识、分析、理解世界的入口。再搭配上诸如机械臂之类的传动装置来实现对外界的影响,甚至加上一个触摸屏来提供与人类的交流交互界面,组合搭配出来的就是一个智能机器人。

这样的智能机器人已经逐渐走进了人们的现实生活。例如,索尼在2018年推出的宠物狗型家用智能机器人aibo,搭配了摄像头(视觉传感器)、触摸传感器、麦克风(声音传感器)和预先设计好的宠物型人工智能,使得aibo可以在3个月左右的时间学会分辨家人的长相,并学会使用什么样的动作更容易让它的主人高兴。除了这些智能属性,aibo也具备一些基础信息技术功能,如通过双眼中内置的摄像头拍摄一些照片,并上传到网络相册中。

除了家用机器人,智能机器人在农业辅助方面也开始发挥作用。一款名为OPTiM Agri Drone的无人机产品已经被应用于农药喷洒等实际工作。内嵌的人工智能程序能自动发现被害虫噬咬的农作物,并定点喷洒农药。不同于家用机器人的通用摄像头,无人机搭载了红外线摄像头或热成像仪,这使得无人机能在高空直接通过红外线成像和热成像图来发现害虫的具体分布位置。这种定点清除害虫的方式,可以显著减少农药的使用量,在保证农作物健康成长的基础上,降低对环境的影响和经济负担。类似的智能机器人还可以用于除草,人工智能程序在图像分类精度上提升得很快,通过摄像头来区分农作物和杂草,就能实现自动除草,大大减轻了农业工作的负担。在更需要专业性的果农劳作方面,通过图像识别成熟果实,再用机械臂精细采摘的智能机器人也正在研发试验中。

相比于农业和服务业,工业方面更早开始使用智能机器人。数字化生产线、自动化制造等名词想必已经不是那么陌生。在从传统以人为主的生产模式转型为数字化生产线的过程中,其实已经导入了很多智能机器人。例如,汽车产业和一些轻工业生产中使用的机械臂就可以归为工业智能机器人的一员。在新型智能生产线中,只需要工程师输入一些代码,生产线就能自动搞定从原材料运输到涂装、组装、包装的一连串工作，在大大提高生产效率的同时也削减了用工成本。

另外，在环境保护方面，生活垃圾的一大部分是可回收垃圾，就算现在国家大力推广垃圾分类，但是这种垃圾粗分类和后期再利用之间仍旧隔着一个精细分类的工作。而这些精细分类往往最耗费人力，并伴随着对身体健康的影响。而通过人工智能对垃圾进行分类，辅以机械臂实施高效无停顿的分拣，无疑是一个极具可行性的发展方向。不远的未来，这类不知疲倦、无惧危险的智能垃圾分拣机器人，会让垃圾回收更加安全高效。

还有一些仍旧处于研发和创想阶段的智能机器人，如智能厨师机器人、智能调酒机器人、智能手术机器人、智能安保机器人等。不难想象，现有的高风险、长工时、高精细的岗位上会渐渐出现智能机器人的身影。

7.2 中小学机器人教育

7.2.1 机器人教育的独特性

我们看到了越来越多的岗位被人工智能机器人取代，也预见到一些岗位和职能会被新的智能机器人占领。当然，科技发展会剥夺人类的工作岗位这个议题由来已久，"张开怀抱积极学习新知识就不用害怕被社会抛下"这个结论也是每次科技升级都会被拿出来反复宣传的结论。但无论人工智能还是智能机器人，其核心都是新一代人工智能技术，新一代青少年需要了解人工智能相关知识并对人工智能时代生活的到来有相应的心理和知识准备。那么，在学习人工智能的同时学习智能机器人的知识的必要性有多高？

这首先应该从机器人教学能带来的独特性说起。如果说人工智能技术发展的土壤是数学、信息学和计算机科学，那么机器人技术的土壤就是物理学和工程学。同物理学和工程学一样，机器人科学是一种离不开动手操作的学问。

大家知道，如果一味给孩子灌输知识，在填鸭式的学习过程中，孩子会始终处于一种被动式的接受状态，久而久之，就习惯于伸手等待，而错失了主动去探索创造的经验，更遑论在探索发现中获得成就感和乐趣。这种错失，也使很多刚上大学的大学生会感到迷茫，面对突然多出来的自主时间不知所措、无所事事。

我们并不强求所有学生都像硅谷的创业者一样，一边上大学一边创业，但创造什么、发现什么的念头或想法才是年轻人对社会进步的最大贡献。改革开放初期，相比于发达国家，我们可以说是一穷二白。老一辈人靠着一股拼劲，去探索，去学习，去创造，去建设。而到了物质极大丰富的当代，仿佛一切需求都很容易被满足，这种外在困境带来的创造动力在快速下降。丰富的物质环境缺乏创造的土壤，但学生不能失去创造的习惯和空间。机器人教育或许就是打破这种矛盾的一个值得尝试的方法和手段。当自己制作的机器人动起来的时候，那种创造的快乐和成就感会是书本之外的重要体验。

同时，各国对于机器人教育也表现出了相当程度的重视，种类繁多的面向青少年的机器人竞赛就是一个例证。

7.2.2 中小学机器人教育现状

截至 2019 年 5 月，在中国举办的机器人相关竞赛就多达 20 种。其中有"中国青少年科技创新大赛""青少年机器人设计大赛"等国内组织的创新性项目，也有"RoboCup 机器人世界杯中国赛""世界机器人奥林匹克 WRO 常规赛"等国际比赛的中国区赛事。除了各个赛事的出题方向和比赛规则的区别，使用的机器人零件要求也有所不同。国际赛（主要由美国发起）中多数会指定使用的零件，从 2019 年的赛事来看，多为乐高的机器人组件。国内发起的赛事相对而言更灵活一些，多数不会限制使用的组件厂家。

当然，现下的机器人教育仍旧存在一些问题。最直接的一个就是市面上相关的产品过多过杂，缺乏统一的标准，彼此之间兼容性差，蛋糕做大之前就在圈地搞产品生态，反而互相制约了发展。而一些教育机器人产品本身价格昂贵，再计算上相关课程的付费，进一步缩小了用户群体。同时，各类竞赛活动的组织形式很多都是由相关制造商独立承办或联合举办的，既然是教育机器人，在赛事相关的监管上，教育部门也理应在监管层面进行一定程度的把控，避免名为教育的机器人赛事过度商业化，失去了教育的本意。另外，相比于编程，机器人教育的初期教育投资成本更高，也进一步限制了师资培养速度，在机器人教育越发产业化的今天，相关的人才培养和师资培训也应该是值得关注和重视的要点之一。

7.2.3 中小学机器人课程资源

中小学机器人课程资源在建设方面可以分为中小学教师团队建设和企业导师合作共建。目前机器人课程的设计主要有以下几种模式。

第一种模式是由企业依据本企业的产品进行设计，再将课程引入学校。这些企业一般都会在企业内设置教研、教学设计、课程开发等岗位，同时承担课堂教案的开发及相关教材的编写。企业研发的课程多注重课程的趣味性及动手能力，应用场景主要是中小学的综合实践类课程，或者是正常课时之外的"三点半课堂""四点半课堂"等，进行课程授课的师资也以企业导师为主，学校提供教学场所，同时对学生进行考勤。该类课程的特点是具有普遍性，一个企业的课程特色在各个学校中的应用基本类似。

第二种模式是由学校组织教师自主进行机器人课程的开发。学校通过采购相关机器人组件，组织有相关经验的信息技术教师、创客教师，依托机器人相关教具，设计可以应用于教学的课程案例。此类课程为本校的特色课程，结合了本校学生的学习特点与本校教师的教学经验。

第三种模式是企业和学校依托企业的产品，进行课程的合作开发，企业提供相关产品，组织教研人员进行普遍性的课程开发，各个学校依托各自的学校特色，负责课例制作和课程的设计优化，目前该模式仍在探索过程中。单个机器人产品在实际应用中强调手脑并用。在机器人产业发展比较发达的地区，企业产品进入中小学之后，可以安排企业导师和学校教师在同一时间段共同研发，然而在欠发达地区，

第 7 章　智能机器

局限于本地区人工智能与机器人教育产业的滞后,企业导师投入到中小学进行共同课程开发的成本过高,会对当地顺利开展机器人教育造成延后。

7.3　智能硬件

机器人教具的价格不菲,因此成本因素相对而言对普及推广形成了一定的制约。机器人教学设备可连接硬件设备的数量是多少?教学设备是否可连接扩展系统?这些问题如果没有考虑清楚,将会限制机器人的教学内容和教学效果,因此大部分学校在展开初级教学时采用的都是开源硬件。以下两款就是国内一些机构和学校使用较多的开源主控板。

1. 树莓派

树莓派(Raspberry Pi)是基于 Linux 的单片机(见图 7-2),与银行卡大小相仿,由英国树莓派基金会开发,目的是以低价硬件及自由软件促进学校的基本计算机科学教育。

图 7-2　树莓派开源硬件

树莓派从 2012 年问世至今已经发展到第四代,除了使用 SD 卡替代了"硬盘",它与传统家用计算机一样可以胜任很多不同种类的工作,很多树莓派的爱好者甚至利用树莓派来制作"私人订制"的家庭多媒体中心。

2. Arduino

Arduino 是一家制作开源硬件和开源软件的公司,项目始于 2003 年,作为意大利伊夫雷亚地区伊夫雷亚交互设计研究所的学生项目,其目的是为新手和专业人员提供一种低成本且简单的方法,以创建使用传感器与环境相互作用的设备执行器。此类设备适用于初学者,常见示例包括简单机器人、恒温器和运动检测器。Arduino 的软件可以运行在 Windows、MacOS 和 Linux 操作系统上,跨平台的优势使得该硬件的受众更为广泛。

图 7-3 所示为 Arduino 开源硬件。

图 7-3　Arduino 开源硬件

通过学习开源硬件,学生可以直观地理解这些硬件的工作原理。例如,输入与输出的概念、数字量信号与模拟量信号的区别,以及各类传感器的使用方法和工作原理,这为之后的高阶课程奠定了知识基础。

7.4 教学用智能机器人

在具体的教学方面,机器人教学设备应与人工智能相结合,人工智能的学习需要有一定运算和处理能力的控制系统,它可以运行人工智能的相关程序,执行人工智能的相关任务,让学生制作机器人去完成各种各样的人工智能的任务。

因此,在完成初级机器人教学后,就可以使用一些较为智能的硬件来作为教学工具,比较有代表性的就是人形机器人和模块化机器人。这两种类型的教具直接将开源的硬件集成化,为学生节省更多的时间去学习编程算法和项目创新。

人形机器人拥有与人类类似的外形构造(双足、双手等),这类机器人可以启发学生更好地理解人类的运动模式,同时因为类人化的外形,往往更具有趣味性,能够激发学生的接触、学习欲望。

相比于人形机器人,模块化机器人的外形不受限制,在拼装和功能实现上更加自由,在对学生的入门提出了一定要求的同时,对学生的创造力和想象力的刺激更为明显,同时也因为高度的自由化,更容易接驳进其他人工智能相关课程内容之中。

这两类机器人在国内市场上竞品众多,下面简单介绍几款常见的产品。

7.4.1 人形机器人

1. 优必选机器人

优必选是一家聚焦人工智能人形机器人研发制造的科技企业,其研发的机器人曾经登上 2016 年春晚舞台献舞。Alpha Ebot 是优必选公司于 2018 年推出的人形智能教育机器人(见图 7-4),其具备语音交互、习惯管理、中英翻译和百科知识等功能,同时还搭载了可视化编程课程供孩子由浅入深地学习机器人编程。

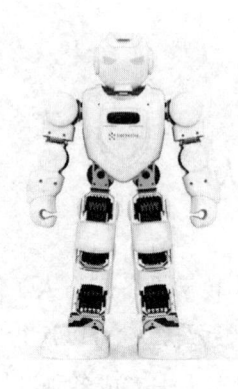

图 7-4　Alpha Ebot 机器人

Alpha Ebot 中装有 16 个伺服舵机来保证其丰富的运动性能，头部两侧是 3W 的双声道立体扬声器，胸口处则配有双语音处理麦克风，配合扬声器用以实现对话功能。同时自带陀螺仪和红外传感器，并搭配一个胸前的传感器扩展槽，可以针对不同任务设计来更换传感器，以丰富机器人的能力。同时优必选和编程猫达成合作，由编程猫教师团队开发了适合 6~12 岁儿童的编程课程，孩子可以在对应的 App 上通过视频教程学习编程，并通过机器人来展示编程效果。另外，Alpha Ebot 还搭载了腾讯叮当助手，能够提供天气查询、时间查询、新闻播报等查询功能，也能够作为计算、汇率换算等工具使用。同时机器人还搭载了针对不同年龄儿童设计的时间模板以供家长针对自己的孩子进行定制化调整。调整设置后，机器人会在预设时间开始提醒并给孩子推送合适的学习内容，并在孩子的学习过程中记录学习完成状况，自动生成一份报表，供家长明确孩子在哪些部分学习效果良好、哪些部分有待提高。

2. 乐聚机器人

乐聚机器人技术有限公司于 2016 年创立，是一家专注于人工智能人形机器人研究开发的公司。总部位于深圳，核心成员是来自哈尔滨工业大学的博士团队。该公司开发的人形机器人曾在 2018 年春晚倒计时节目上用街舞向全国观众拜年，并在之后的平昌冬奥会闭幕式上于"北京 8 分钟"节目中挥舞奥运会会旗亮相。

Aelos 教育版机器人及 Aelos 1S 科学启蒙机器人是乐聚机器人技术有限公司在 2017 年年底针对教育领域推出的优势产品。其中 Aelos 1S 是 Aelos 教育版机器人的强化版，加强了对可视化编程、手柄控制等方面的功能。二者都具备灵活度高、扩展性强、竞技能力好等特点。

图 7-5 所示为 Aelos 教育版智能机器人。

图 7-5 Aelos 教育版智能机器人

学生通过配套的教材，从学习机器人结构开始，层层递进地学习机器人的基础编程、动作设定、传感器扩展等知识，并综合所学完成各式项目课题，来达到提高分析问题、解决问题能力的目的。乐聚教育机器人的核心技术是双足步态算法，该算法保证了乐聚机器人在行走时的动作举止、摆臂抬腿都与人类高度相似。这一优势使得乐聚人形机器人极其适合竞技比赛，如在人形机器人足球比赛中，该算法能有效地加强机器人的移动速度，使得进攻和防守动作完成效率提升，同时也增强了竞技趣味性，对青少年学习机器人相关知识起到兴趣吸引作用。

7.4.2 模块化机器人

1. 乐高机器人

乐高机器人（见图7-6）作为模块化机器人具有较长的历史，其最初版本于1998年上市，现在市场上的最新版本是 2013 年发售的 Lego Mindstorm EV3（以下简称EV3）。乐高机器人的核心理念就是"机械+传感"，通过类似于积木的模块来进行高自由度的机器人创作。EV3 中包含了一个可编程的主控模块，它是整个机器人的控制和能源中心，用来给其他模块供电并完成程序指令。

图 7-6 乐高机器人

此外，EV3 还有颜色传感器、触觉传感器、红外传感器和大与小两种型号的电机。其中，颜色传感器可以感知外界颜色或光照强度，该传感器提供了颜色模式、反射光强度模式和环境光强度模式 3 种模式以实现不同项目要求；触觉传感器模块上有一个红色按钮，传感器通过检测该按钮被按下或松开来实现对外界"触碰"的感知；红外传感器可以检测从物体上反射回来或从远程红外信标发射来的红外光信号，作为颜色传感器的补充，二者构成了 EV3 的视觉传感系统。EV3 中搭配的两种电机都是"智能电机"，其内部设置了转速传感器，可以分辨精度为 1° 的转动，从而实现精确控制，相比较大型电机的强劲力量，小型电机胜在个头小、质量轻，拥有更快的响应速度。乐高机器人还提供了对应的编程软件，既可以在计算机中编程并通过数据线导入主控模块，也可以通过移动版的 App 来直接编程，省去连接数据线的步骤。另外，主控模块自带一个 178 像素×128 像素的屏幕，可以用来查看传感器的数据，这也方便了学生对机器人进行调试，其还自带 Wi-Fi 和蓝牙装置，可用来进行无线数据连接。通过学习各种传感器的原理和编程方法，并在拼接搭建的过程中体会齿轮组等物理知识，学生能够在编程的同时锻炼逻辑思维和解决问题的能力。

2. ClicBot 机器人

ClicBot 机器人（见图 7-7）是北京可以科技有限公司在 2020 年推出的第二代消费级模块化机器人产品，ClicBot 机器人采用了最新颖的直插式卡扣拼接设计，解决了创造过程中结构件的复杂挑选过程,实现了想法的快速搭建,同时配备了线上分享功能,让每个使用者都能够自由分享作品,搭建交流平台。通过在课程上设置不同梯度,引入最前沿的人工智能知识点,同时培养学生解决问题的能力和创造力,以数学、物理、机械结构、控制系统、自动化为切入点,利用炫酷的外观、封装精致的模块化单元和千变万化的构型,通过不同形式的课程、实验、综合/开放型任务及机器人比赛,综合培养不同年龄层次的学生的计算思维、基于项目的执行能力和团队协作能力。

图 7-7 ClicBot 机器人

其核心 Brain 包含一个广角摄像头,可以进行人脸识别并进行相关交互,配置的一个红外激光传感器能够让机器人感知障碍物和距离,并识别使用者的手势,通过震动识别算法,使用一个低成本的 IMU 识别用户不同角度、不同力度、不同频率的触摸交互,让机器人有触觉;ClicBot 机器人提供了各种功能性模块,快速实现机械手臂、爬行机器人、行走机器人等复杂构型,提供的适配器模块和统一开放接口,将各类传感器、驱动器模块、舵机及用户自定义硬件模块快速接入机器人体系中,真正意义上帮助使用者实现从无到有的全过程创意平台。

木

第 8 章 知识工程

知识是智能的根基,是人类在改造客观世界的事件中对客观事物规律的认知和理解,通过感知、发现或学习而获得的经验或教育。知识可以按照不同的维度进行划分。按照专业性划分,可以分为常识和专业知识。按照确定性划分,可以分为确定性知识和不确定性知识。按照知识获取的方式不同,可以分为显性知识(Explicit Knowledge)和隐性知识(Tacit Knowledge)。

显性知识是指可以利用一定的媒介载体,通过语言文字、图形声音等形式传播的知识。显性知识可以很容易地表达、整理、存储和访问,也可以很容易地传播给他人。隐性知识则与个人的经历、经验密切相关,是一种很难通过记录或口述的方式传递给他人的知识。尤其是很多专家,往往依靠直觉进行判断决策,其实这也是一种优于常人的隐性知识。

人工智能要想模拟人类行为,就必须具备知识。然而,人类的知识如何才能保存到计算机中并被应用,是一个非常重要的课题。

8.1 专家系统

8.1.1 专家系统的含义

专家通常是指具备专业领域知识及技能的人士。那么什么是专家系统呢?爱德华·费根鲍姆给出的定义是:运用知识和推理步骤来解决只有专家才能解决复杂问题的计算机程序。专家系统摆脱了硬编码（Hard Coding），以一种更加灵活的方式解决问题。①

专家系统其实并不是真正的专家，它们的知识并不是自己学习得来的，而是从人类专家身上采集信息而来的，它们是一种将外在知识进行转化的过程。

根据定义可以看出，专家系统有两个组成部分，一是知识库（Knowledge Base），二是推理机（Inference Engine）。知识库是一种用于存储计算机系统使用的复杂的结构化和非结构化信息的技术。知识库通过"IF-THEN"的规则建立集合。推理机则是通过布尔逻辑运算，如"与"（AND）、"或"（OR）、"非"（NOT），利用 TRUE 或 FALSE 的条件组成的推理。

专家系统是由一系列的如果（IF）和那么（THEN）层层嵌套组成的，因此可以不断排除很多分支结论，同时也有助于人机交互。知识库用来存储在求解问题时所用到的专业领域知识。推理机的作用是对知识库中的知识进行推理。推理机将逻辑规则应用到知识库中，推导出新的知识。这个过程将不断迭代，因为知识库中的每个新事实都可能触发推理引擎中的其他规则。

推理的方法可以分为正向链接（Forward Chaining）和反向链接（Backward Chaining）。正向链接从已知的事实开始，断言新的事实。反向链接从目标开始，将目标视为假设，查看哪条规则可以支持假设。

8.1.2　专家系统的简单实例

专家系统的最大优势在于可以让人们以可读的形式进行操作，从而可以知道结果是如何产生的，便于日后综合审查。当然，人们也可以增加新的规则或修改旧的规则。

为了说明专家系统的工作原理，这里给出一个简单而经典的案例。

假设你带着孩子在动物园里玩，当你家小孩看到一个动物并询问它是什么动物

---

① 硬编码是将数据直接嵌入程序或其他可执行对象的源代码中，而不是从外部来源获取数据或在运行时生成数据的一种软件开发操作。

时，你并不知道。因此你给一位研究动物的专家打了电话，专家会问你一些关于动物的特征。

专家：你看到的这个动物有毛发吗？

你：有。

专家：你看到的这个动物吃肉吗？

你：吃肉。

专家：动物的颜色是黄褐色的吗？

你：是。

专家：动物身上有黑色条纹吗？

你：没有。

专家：动物身上有暗斑点吗？

你：有。

专家：动物是金钱豹。

在上面的案例中，专家先判断该动物是否为哺乳动物。当确认是哺乳动物后，再判断是否为食肉动物。在得知是食肉动物而且为黄褐色时，专家进一步确认是否有黑色条纹。当得知该动物没有黑色条纹时，专家确认了该动物是金钱豹。

这种已知初始的条件，即毛发、食肉、黄褐色及暗斑点等特征判断动物，是推理机利用规则的前提与数据库中的数据进行匹配的过程，这种先给专家系统提供事实然后推导得出结论的方式也称为正向推理（Forward Reasoning）。

如果走反向链接的路线，人们提出了一种假设，专家系统对这些假设验证真假，那么这种方式就是反向推理（Backward Reasoning）。这里仍以上面的案例为例，假如此时看到动物后，假设它就是老虎，那么就需要验证其前提条件"哺乳动物"且"食肉"且"黄褐色"且"身上有黑色条纹"。

首先，验证是否属于"哺乳动物"，发现数据库中没有相关信息，所以查找含有"哺乳动物"的规则，前提是"有毛发"。结果在数据库中也没有相关信息，专家系统此时向人们提出是否有毛发，当得到肯定的答复时，可以判断该动物属于哺乳动物，并将结果加入数据库。其次，检验第二个条件"食肉"。此时数据库中也没有规则可以辨别，依然是专家系统向人们提出问题是否"食肉"，得到人们肯定答案后将"食肉"加入数据库。再次，验证是否为"黄褐色"，如果是，则将"黄褐色"加入数据库。最后，验证"身上有黑色条纹"，此时得到的是否定的答案，因此将"身上没有黑色条纹"加入数据库。因为前提不能被满足，所以老虎的假设不能成立。因此，此时的前提条件为"哺乳动物"且"食肉"且"黄褐色"且"身上有暗斑点"。因为此时的数据库中已经有了"哺乳动物"且"食肉"且"黄褐色"，所以直接验证"身上有暗斑点"，在得到肯定的答复后，专家系统得出结论，动物是金钱豹。

要想创建像动物专家一样的专家系统，就要将关于动物的知识全部梳理出来并存入计算机中，并用规则表达。

来思考一个问题，上述的规则非是即否，也就是说这些规则都是确定性的。但是，世上绝大部分事情其实是非确定性的。这就好比黑天鹅事件，谁说天鹅就一定是白色的。因此，我们需要引入一个能够衡量确定性大小的指标——可信度（Certainty Factor）。

可信度的取值范围为-1~1，当取值为 1 时，说明事情是完全可信的，如果为-1则完全不可信。如果取值为 0，就说明规则和需要判别的事实之间没有关系。当有了可信度的概念后，专家系统就能够实现不精确推理（Inexact Reasoning）。

另外，规则可以是复合的。当得出一个结论的规则不止一个时，就需要考虑规则之间运算合成的问题。

20 世纪 70 年代，根据美国斯坦福医学院的调查，MYCIN 专家系统的诊断正确率可达 65%。虽然没能达到"专业医生诊断"的正确率（约 80%），但是已经比那些"不是细菌感染专家"的医生成绩优秀了。

图 8-1 给出的就是 1972 年 MYCIN 专家系统的工作原理示意图，其中菱形代表经验的适用条件（If），矩形则代表结论（Then）。图 8-1 仅代表一个简化的原理图，真实情况远比图中示意复杂很多。

专家系统的目标是用一种直观、易于理解、易于审查，甚至由领域专家编辑的格式来制定规则。这种显式知识表示的好处是能够实现快速开发且易于维护。另外，专家系统的开发速度很快，可以输入一些规则并在几天内开发出原型，这与需要几个月或一年及以上的项目相比具有很大优势。

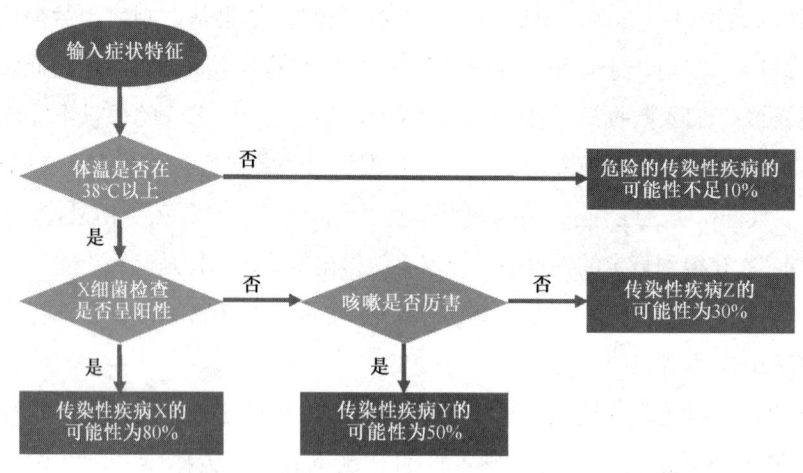

图 8-1　MYCIN 专家系统的工作原理示意图

然而，在现实中，随着专家系统从实验室进入实际的业务领域，专家系统集成和维护变得非常困难。而且，当知识库的规模增大时，专家系统的复杂性会显著增加。随着规则的增多，验证它们之间的一致性也会变得非常困难。随着数据的海量增长，无法快速有效地更新知识库也是专家系统的一个劣势。制约专家系统的还有知识的获取，一方面专家的知识获取成本相对很大；另一方面专家很多时候很难将自己的经验总结成知识。尤其是在大数据时代，这种人工制定规则建立系统的效率太低，远远跟不上知识更新的速度。最后，基于特定领域知识的专家系统只能用在该领域，几乎没有通用性，就连常识问题也不能处理。

8.2　知识表示

知识表示（Knowledge Representation）是人工智能的一个领域，重点在于利用计算机获取、存储及应用人类的知识，将人类的知识形式化或模型化。

第 8 章　知识工程

随着脑科学研究的不断深入，人类对大脑学习利用知识的基本原理有所了解。当人们去认知一个事物时，往往会通过多维度。例如，当我们第一次吃酸梅时，先会观察，然后拿在手上掂量掂量再去吃它，梅子的外观、质量、手感和口感等这些特征信息都会进入我们脑海中。

当曹操说到梅子时，士兵们的回忆再次激发了这些信息，仿佛再次品尝着梅子，口水直流。但是，如果士兵们未曾见过梅子，不具备这些知识信息，曹操这种望梅止渴的做法就会失效。

然而，计算机目前还不能以人们的这种方式去认识世界，它需要人们对其进行各种信息的输入。这就得将知识信息表述为计算机能够理解的形式。

下面通过一个简单的案例来说明同一信息对人和计算机是如何描述的。

一位农民带着一只狗、一只鸡和一袋米要过独木桥。每次农民只能带一样东西过桥。显然将狗和鸡单独放在一起，或是将鸡和米放在一起是不行的，没有农民的看护，鸡会被狗吃，米会被鸡啄。那么，如何才能将这些东西全部顺利带到桥的另一端呢？

这道题有很多解题版本，读者很快能够想到答案：

第 1 步：农民带着鸡到对岸，此时狗与米在岸边。

第 2 步：农民独自回到岸边，此时鸡在对岸，狗与米在岸边。

第 3 步：农民带着狗到对岸，此时米在岸边，狗与鸡在对岸。

第 4 步：农民带着鸡回到岸边，此时狗在对岸。

第 5 步：农民带着米到对岸，此时鸡在岸边。

第 6 步：农民独自回到岸边，此时狗与米在对岸。

第 7 步：农民带着鸡到对岸，此时农民、狗、鸡和一袋米均到对岸。

如果要将这段描述转化成计算机能够理解的语言，就需要进行知识表示。首先要先对这 4 个对象分别用字母进行表示，假设农民用 F 表示，狗用 D 表示，鸡用 C 表示，米用 R 表示，那么 (F, D, C, R) 可以表示成一种状态。再假设岸边用 A 表示，对岸用 B 表示。

使用了这样的假设后，我们就可以对状况进行描述了。假设最初农民、狗、鸡和米均在岸边，问题求解的初始状态为(A,A,A,A)，因为需要将东西都顺利带到桥的另一端，所以问题的目标状态为(B,B,B,B)。

进一步，假设农民带着鸡到对岸用AB（1,0,1,0）表示，农民带着鸡从对岸回到岸边则用BA（1,0,1,0）表示，其中1表示人或物完成过桥这个行为。根据题意，每次过桥，只可能存在（1,0,0,0）、（1,1,0,0）、（1,0,1,0）和（1,0,0,1）4种情况，这4种情况称为操作约束。

由于人或物均有两种状态，即在岸边或对岸，那么4个对象的总状态数就是$2^4=16$种。然而，不是每种状态都是可行的，有些状态一旦出现，就结束了。因此，无论如何也不能出现以下几种状态。

(B,A,A,A)这种状态说明农民独自过桥，鸡啄了米，狗吃了鸡。像这样的危险状态还有(A,B,B,B)、(A,A,B,B)、(B,B,A,A)、(A,B,B,A)和(B,A,A,B)，共计6种危险情况。这6种情况构成了状态约束。

第1步：$(A,A,A,A) \xrightarrow{AB(1,0,1,0)} (B,A,B,A)$

第2步：$(B,A,B,A) \xrightarrow{BA(1,0,0,0)} (A,A,B,A)$

第3步：$(A,A,B,A) \xrightarrow{AB(1,1,0,0)} (B,B,B,A)$

第4步：$(B,B,B,A) \xrightarrow{BA(1,0,1,0)} (A,B,A,A)$

第5步：$(A,B,A,A) \xrightarrow{AB(1,0,0,1)} (B,B,A,B)$

第6步：$(B,B,A,B) \xrightarrow{BA(1,0,0,1)} (A,B,A,B)$

第7步：$(A,B,A,B) \xrightarrow{AB(1,0,1,0)} (B,B,B,B)$

当然，除了上述方法，还有其他的行动方案也可以实现目标。在对问题求解进行了表示后，上述过程可通过代码编写转化为计算机可以接受的形式。

8.2.1 一阶谓词逻辑

一阶谓词逻辑（First-Order Predicate Logic）是数学、哲学、语言学和计算机科学中使用的一套形式系统的集合。命题逻辑只能处理简单的陈述命题，在陈述命题基础之上一阶谓词逻辑还包含了断言（Predicates）和量化（Quantification）。谓词逻辑是表达人类思维活动的最精确的形式语言，不但可以让人类很好地理解，也有利于计算机的存储与处理。

一阶谓词逻辑的个体既可以是常量，也可以是变量。例如，用 Eco(X) 表示 X 是经济学家的事实，这个 X 就是一个变量，公式为

$$\text{Eco}(X) \to \text{Sch}(X)$$

表示若 X 为经济学家，则 X 为学者。其中，符号"→"是一个条件连接词，左边代表假设，右边为结论。

如果要表述所有的经济学家都是学者，那么需要引入量词这个概念。如果涉及"所有""一切""凡是"等表述，那么需要引入全称量词（Universal Quantifier），如

$$\forall X(\text{Eco}(X) \to \text{Sch}(X))$$

表示所有的经济学家都是学者。

如果要表示"存在""有些"或"至少有一个"等概念，那么需要引入存在量词（Existential Quantifier），如

$$\exists X(\text{Eco}(X) \to \text{Sch}(X))$$

表示有的经济学家是学者。

在一阶谓词逻辑中，除了有量化符号 $\forall$ 和 $\exists$，还有逻辑连接词等，如"且"（∧）、"或"（∨）、"条件"（→）、"双条件"（↔）和"否定"（¬）。

8.2.2 产生式规则

美国数学家埃米尔·利昂·波斯特（Emil Leon Post）于 1943 年提出的产生式规则（Production Rule），是人工智能领域使用最多的知识表示法之一，有利于表达专家领域的启发式知识和经验。8.1 节的动物专家系统中的知识表示方式，就是利用这种方式表示的。例如：

$$\text{IF} \quad P \quad \text{THEN} \quad Q$$

其中，P 是产生式的前提条件，Q 是产生式的结论或应该执行的操作。

例如：

　　　　　　　　IF　某动物吃肉　THEN　它是食肉动物
　　　　　　　IF　发现可疑人物　THEN　立刻打电话报警

在有些情况下，P 和 Q 也可以由逻辑运算符且（AND）、或（OR）和非（NOT）组成的表达式构成。例如：

　　　　　　　IF　某动物能飞　AND　能下蛋　THEN　它是鸟

前文在介绍专家系统时，还介绍了可信度问题，在进行表述时也可以添加可信度。例如：

　　　　　　IF　食肉动物　AND　黄褐色　THEN　它是金钱豹（0.5）

上面这句话表示当前提中这些条件都满足时，结论"它是金钱豹"可以相信的程度为 0.5。这里的 0.5 就代表知识的强度。

8.2.3　框架表示法

框架是一种人工智能数据结构，用于通过表示"刻板印象的情况"，将知识划分为子结构。框架理论是在 1974 年马文·明斯基的文章《表示知识的框架》(*A Framework for Representing Knowledge*) 中提出的。

人们对事物的认识以一种类似于框架的结构存储在记忆中，这也是框架理论的来源。当看到一个新事物时，人们就会从记忆中寻找一个新的框架对新事物加以修改、补充。例如，当一个人准备去另一个学校听课时，就会根据之前的印象，想到这个学校的校门、围墙、教学楼、办公楼、食堂、操场等。这种框架表示，会让人们很方便地描述人脑中关于事物的抽象模式。

显然，框架表示法是一种结构化的知识表示法。一个框架由一些槽（Slot）组成，每个槽下又有若干侧面（Facet）。框架的一般形式如图 8-2 所示。

<框架名>			
<槽名$_1$>	<侧面名$_{11}$>	值$_{11}$	……
	<侧面名$_{12}$>	值$_{12}$	……
	⋮	⋮	
<槽名$_2$>	<侧面名$_{21}$>	值$_{21}$	……
	<侧面名$_{22}$>	值$_{22}$	……
	⋮	⋮	
<槽名$_n$>	<侧面名$_{n1}$>	值$_{n1}$	……
	<侧面名$_{n2}$>	值$_{n2}$	……

图 8-2 框架的一般形式

框架表示法和产生式规则均可以表示因果关系。然而，框架表示法更适合结构性知识的表达，可以很好地将知识结构和知识联系表示出来，相比而言，产生式规则就缺乏这样的优势。另外，框架表示法还可以通过位置值为另一个框架的名称实现不同框架间的联系，建立更为复杂的框架网络。

8.2.4 状态空间表示法

状态空间（State Space）是所有可能状态的集合。形式上，状态空间可以定义为四元组（N, A, S, G），其中，N 是一组状态组成的集合；A 是一组操作算子的集合，操作算子让一种状态转化为另一种状态；S 是 N 的非空子集，包含初始状态；G 是 N 的非空子集，包含目标状态。

从 S 到 G 节点的路径称为求解路径（Solution Path），如通过一系列操作算子，让状态空间从 S 转换为 G，并称这组序列操作算子为状态空间的一个解。例如：

$$S \xrightarrow{A_1} N_1 \xrightarrow{A_2} N_2 \xrightarrow{A_3} \cdots \xrightarrow{A_n} G$$

那么，$A_1, \cdots, A_n$ 为状态空间的一个解。在绝大部分情况下，解不是唯一的，比如前面农民过桥的例子，就存在其他解。

下面介绍一个经典的八数码问题（8-Puzzle Problem），以加深对状态空间的理解。

八数码问题是由编号从 1 到 8 的 8 块可移动薄片组成的，它们被放置在一个 3×3 的方格盘上。这个方格盘有一个单元格总是空的。八数码问题就是要找到如何把初始状态变成目标状态的解，如图 8-3 所示。

2	8	3
5	6	4
7		1

（a）初始状态

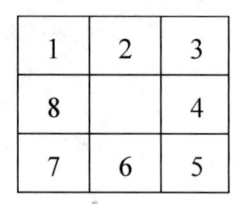

1	2	3
8		4
7	6	5

（b）目标状态

图 8-3　八数码问题

图 8-3（a）所示为问题的初始状态，若需要将这个初始状态转变成如图 8-3（b）所示的目标状态。解决的方法是进行一系列适当的移动，如向下移动 6，再向下移动 8 等。根据上面的描述，解决问题的解有很多，如何利用人工智能算法找到一个优质的解，是后文要细谈的内容。在这里仅用八数码问题加深对状态空间的理解。

8 个数的任何一种摆放方法都是一种状态，因此所有的摆放方法构成了状态空间 N，状态数为 9!（362880）。操作算子共有 32 个（8 个数，每个数字 4 个方向）。

状态空间表示法是一个重要的概念，在后面的内容中还会反复提及。

8.3　知识图谱

8.3.1　知识图谱的历程

如今，网络给人们提供了海量的信息，知识图谱（Knowledge Graph）以一种智能高效、结构化的形式，帮助使用者迅速找到自己所需要的信息。搜索引擎、社交网站、电子商务网站也使用知识图谱来存储和检索有用的信息。

尽管知识图谱近几年发展迅猛，然而至今没有一个公认的定义。知识图谱最初是由 Google 公司在 2012 年提出的，其目的是在发现正确的事情、得到最好总结及走得更深更广三个方面助力谷歌搜索，然而当时并未给知识图谱一个明确的定义。百度百科给出的定义是：知识图谱是通过将应用数学、图形学、信息可视化技术、信息科学等学科的理论和方法与计量学引文分析、共现分析等方法结合，并利用可视化的图谱形象地展示学科的核心结构、发展历史、前沿领域及整体知识架构，达到多学科融合目的的现代理论。

正如谷歌知识图谱负责人阿米特·辛格哈尔（Amit Singhal）所说，知识图谱能理解现实世界中的实体及其相互之间的关系："事物，而不是字符串"。

知识图谱的出现，标志着知识工程正式进入大数据时代。尽管知识图谱是在 2012 年才提出的概念，然而如果追溯历史，就会发现它最初出现在 20 世纪 50 年代。1955 年，尤金·加菲尔德（Eugene Garfield）在《科学》杂志上发表了一篇文章《科学引文索引：一个通过思想联系的文献记录的新维度》(*Citation Indexes for Science: A New Dimension in Documentation through Association of Ideas*)，文中提出了引文索引的概念，希望利用文件计量学的工具帮助学者识别他们感兴趣的文章。

在计算历史中，命题演算的"语义网"（Semantic Nets）最早是由剑桥语言研究部门的 Richard H. Richens 于 1956 年在计算机上实现的，被称为"国际语"（Interlingua），用于自然语言的机器翻译，当时并未意识到这项工作的重要性。

20 世纪 60 年代语义网络（Semantic Network）作为知识的一种表示方式被提出，并引起了很多的关注。德里克·德·索拉·普莱斯（Derek J. De Solla Price）于 1965 年在《科学》杂志上发表了《科学论文网络》一文，提出了一种将已发表的论文与和它直接相关的其他论文联系起来的网络方法。这种网络方法形成了科学的知识图谱。1968 年，奎利安·罗斯（Quillian M. Ross）提出了语义网络，其本质是利用图描述知识的结构化方式，即存储知识的图的数据结构。

20 世纪 80 年代，哲学的本体（Ontology）概念引入人工智能领域。在知识表达上，借由本体论中的基本元素，即概念和概念间的关联，形成描述真实世界的知识模型。1989 年，英国科学家蒂姆·伯纳斯·李（Tim Berners-Lee）发明了万维网（World Wide Web）。①1998 年，蒂姆·伯纳斯·李进一步提出了语义网（Semantic Web）的概念。2010 年前后，谷歌在语义网方面完成了一系列收购；2012 年，谷歌正式推出了知识图谱。

8.3.2 知识图谱的构成

知识图谱的最初形态是知识卡片（Knowledge Card），传统搜索引擎仅反馈给用户包含关键词的网页，而知识卡片却给用户呈现了更多与关键词相关的信息。

知识图谱的本质是一种大规模的语义网（Semantic Web），旨在描述真实世界中实体（Entity）或概念（Concept）及它们之间的各种语义关系，构成一张巨大的网络。

从这里可以看出，知识图谱的两个关键点，一是语义网，二是大规模。不少学者认为，大规模是区分知识图谱与传统语义网的根本标志。

由于知识图谱是一种网络，是由不同知识点相互连接而成的，而网络则是由节点与边构成的，因此，知识图谱也是由节点和边构成的。

知识图谱中的节点（Node）有两种，一种是实体（Entity），另一种是概念（Concept）。实体有时也被称为对象（Object）或实例（Instance），它是指具备可识别性且独立存在的某种事物。例如，某商品、某动物、某人、某城市或某国家，也可以是某时刻甚至某数字。实体是知识图谱中最基本的元素，每个实体具有全局唯一 ID。概念也被称为类别（Type）、类（Class）。顾名思义，概念指代的是具有共同属性实体的集合，不是特指某个事物，而是一类事物。

知识图谱中的边（Edge）有两种，一种是属性（Property），另一种是关系（Relation）。属性是指对实体特征进行描述，不同的特征对应不同的边，具有不同的值，是描述及认知实体的基础；关系构成了不同实体之间的边。关系的种类有很多种，在知识图谱中，关系可以表示为一个函数，取值的不同反映关系的不同。

基于上述定义对知识图谱中的资源描述框架（Resource Description Framework,

---

① 蒂姆·伯纳斯·李于 2016 年获得了图灵奖。

RDF）进行简单的描述。三元组（Triple）是一种直观、简洁的表示方式，方便计算机对实体关系进行描述。现实中的任何实体都可以表示成三元组的资源。资源的某个属性及属性值，或者其与其他资源的关系都可以表示成三元组。三元组包括 3 个元素：主体（Subject）、谓词（Predicate）和客体（Object）。

知识以事实（Fact）作为单位存储。当描述某个实体的属性时，三元组的基本形式主要为（实体—关系—实体）和（实体—属性—属性值），这是事实的一种基本表达方式。利用属性和关系，不同的实体就被连接成一张大网，形成知识图谱数据。

近来，谷歌提出的知识图谱越发受到关注。知识图谱的价值体现在它与认知的紧密关系上。知识图谱是认知智能的前提，如果要让机器具备人类的认知能力，那么知识是无法回避的问题，知识图谱能够促进机器对语言的认知，加快对可解释人工智能的发展。通常认为知识图谱具有以下优势。

（1）知识图谱使得从大数据中提取结构化知识成为可能。

（2）知识图谱能够促进机器对语言的认知，加快对可解释人工智能的发展。

（3）知识图谱相比文字信息更为直观，便于人们理解，有道"字不如表，表不如图"。

（4）思维导图是从人们自己已有的知识体系出发，对知识进行结构化梳理；然而知识图谱则是从知识的原有体系出发，更为全面。

（5）数据驱动的瓶颈需要结合知识的推动来解决，知识图谱将发挥很大的作用。

未来，知识图谱将从不同层面彻底改善人们的生活与工作。在搜索方面，知识图谱将大大推动智能搜索和智能推荐，能够以更细化的粒度精准理解用户意图，能够应对不同的个性化场景，为用户提出更加全面、精准及有价值的结果。

知识图谱还能助力专业领域，有时也称为领域知识图谱（Doman-Specific Knowledge Graph）。[①]例如，在金融领域中存在大量的机构、个人的相关数据，通过对这些数据的分析，构建一个金融知识图谱，这对智能投顾、风险防范、反欺诈等都会起到很大的作用。

---

① 领域知识图谱构建是一个热门的研究领域，近来由于机器学习和深度学习等技术的发展与应用，其也取得了令人瞩目的进步。

知识图谱对教育领域的助力体现在，对海量的教育资源整合后，打造专门的知识网络体系，结合使用大数据分析，提供智能内容推荐及适合不同人群的学习方法，可以实现千人千面。

在医疗领域，知识图谱通过对大量医疗书籍、文献、病例、大数据等进行整合，弥补优质医生匮乏的难题，为医生临床诊治病患提供决策支持。现在有些互联网公司也推出了"医疗大脑"，进军医疗行业，这背后也离不开像知识图谱这样的人工智能技术。尤其是在2020年年初，中国抗击新冠肺炎疫情的行动中，一些公司积极参与，构建新冠肺炎病毒的知识图谱为群众进行科普，为抗击疫情贡献力量。

知识图谱在安防、电商、电信等其他领域也在发挥着积极的作用。而且，不仅在行业领域，越来越多的企业对知识图谱助力企业战略发展、实现数字化转型带来的积极推动作用也是越发认可。这种针对企业建立的知识图谱称为企业知识图谱（Enterprise Knowledge Graph）。通过建立知识图谱，企业能够发现更多深层、隐藏的信息，有利于更好地了解企业自身，更好地洞察行业趋势，在企业竞争中取得领先优势。

传统的知识工程主要从专家身上获取专业知识。在网络飞速发展的今天，随着大数据的出现，知识的构建需要进行相应的调整和改变。从知识来源上来看，结构化、半结构化及非结构化数据的处理需要采用不同的方法；知识表示则用计算机能够了解的语言描述知识；知识提取可以分为概念、实体、关系、事件及规则抽取等多种方式，告别了传统专家系统的手工输入。

在知识图谱建设过程中，存在第三方库或已有的结构化数据，知识融合就是实现多个知识图谱中的数据融合。知识融合需要考虑知识的不同来源及不同形态，以及如何将海量或新增的数据高效、实时地融合。制约知识融合的另一点在于不同语种知识间的融合问题。

知识存储环节不仅是简单地存储知识，还需要考虑到知识的更新及提供更加高效的知识应用运转能力，便于海量数据的高效存储。知识管理是创建、共享、使用和管理知识和信息的过程。知识推理是指通过计算机分析问题、解答问题的环节，根据已知条件得出结论。知识检索主要包括语音检索和智能问答。最终，用户可以通过知识图谱的方式对数据进行分析，建立各种数据分析模型。

图 8-4 所示为知识图谱技术要素示意图。

知识来源 > 知识表示 > 知识提取 > 知识融合 > 知识存储 > 知识管理 > 知识推理 > 知识检索 > 知识分析

图 8-4　知识图谱技术要素示意图

在人工智能时代，随着大数据、算力的发展，大规模自动化知识获取将发挥更强大的作用。2012 年，谷歌在发布知识图谱时，它还只是一个涵盖 5 亿个实体之间关系的数据库，其中包含 35 亿个事实。在不到 7 个月的时间里，知识图谱就涵盖了 5.7 亿个实体和 180 亿个事实。2016 年 10 月，谷歌声称知识图谱拥有超过 700 亿个事实。

总之，知识图谱是人工智能中的一个重要的研究领域，会对未来人工智能的发展起到积极的促进作用。知识图谱是一系列技术的综合，它的成功应用一定会推动各行各业的发展。

第 9 章 搜索算法

人的思维，甚至人生，就是搜索。首先，你要确定一个目标，没有目标，思维发展就不能聚焦，没有目标，人生也将迷失方向。其次，搜索是在约束中完成的，如时间、精力、资本等，经济学原理告诉人们，资源是有限的。最后，在满足约束的前提下，如何找到那个最优的答案，是人们关心的问题。

搜索技术涉及的是(最)优化问题。它要做的就是如何在一个解空间（Solution Space）中寻找到那个能满足目标函数的解，而目标函数通常转化成一个最大值（或最小值）问题。除了搜索技术涉及优化，机器学习、深度学习无一不是优化问题。

9.1 图搜索策略

先从图搜索策略（Graph Search Strategies）开始介绍搜索技术。后面提到的如盲目搜索和启发式搜索等搜索策略，都是基于图搜索策略的。图搜索（Graph Search）也称为图遍历（Graph Traversal），是指访问遍历图中每个顶点的过程。

不少搜索问题都能够用图搜索形式来表示。8.2 节知识表示中提到了农民过河问题，这里我们看看用图搜索如何表述。

假设初始状态是农民、狗、鸡和米均在岸边，目标是在满足问题的约束下最终全部到对岸。如果农民用 F 表示，狗用 D 表示，鸡用 C 表示，米用 R 表示，那么四元组（F, D, C, R）则可以表示成该问题的任何一个状态，其中 F、D、C 和 R 分别表示它们的位置状态，0 为在岸边，1 为在对岸，则问题的初始状态为（0,0,0,0），目标状态为（1,1,1,1）。所有满足约束条件的状态构成了图 9-1 所示的状态图。从图 9-1 中初始状态到目标状态的路径就是图搜索策略。

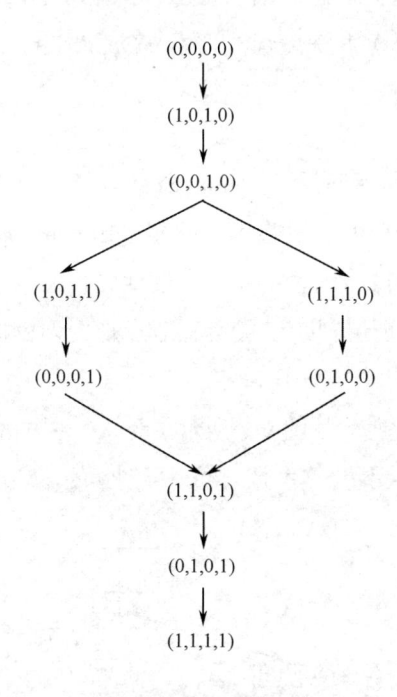

```
                (0,0,0,0)
                    ↓
                (1,0,1,0)
                    ↓
                (0,0,1,0)
                ↙       ↘
        (1,0,1,1)       (1,1,1,0)
            ↓               ↓
        (0,0,0,1)       (0,1,0,0)
                ↘       ↙
                (1,1,0,1)
                    ↓
                (0,1,0,1)
                    ↓
                (1,1,1,1)
```

图 9-1　状态图

　　图搜索是一边搜索，一边生成图，直到发现一个符合条件、到达目标状态的路径。因此，在生成图时，当然希望无效的路径越少越好。不同的图搜索策略由不同的路径选择方式所构成，如果在路径生成时考虑到了问题的信息，那么这种搜索也被称为启发式搜索（Heuristic Search）；如果没有利用与问题有关的信息，那么这种搜索称为盲目搜索（Blind Search）。

9.1.1 盲目搜索

盲目搜索也称为无信息搜索，除将目标状态与所有其他目标状态区分开来之外，不包含有关搜索空间的任何信息。盲目搜索中最常见的两种方法是广度优先搜索（Breadth-First Search，BFS）和深度优先搜索（Depth-First Search，DFS）。

1. 广度优先搜索

广度优先搜索是康拉德·楚泽（Konrad Zuse）在1945年博士论文中提出的，但直到1972年才发表。1959年，爱德华·摩尔（Edward F. Moore）对其进行了再创新，用它来找到走出迷宫的最短路径。广度优先搜索以逐层方式探索空间，也就是说，从初始节点开始，逐层判断该层所有节点是否为目标状态。在某一层节点没有全部判别完成之前，不进行下一层。

八数码问题的广度优先搜索如图 9-2 所示。图 9-2 中方格上的数字给出了节点的扩展顺序。如图 9-2 所示，广度优先搜索是一层一层搜索的，其中，解的路径用粗线标注。

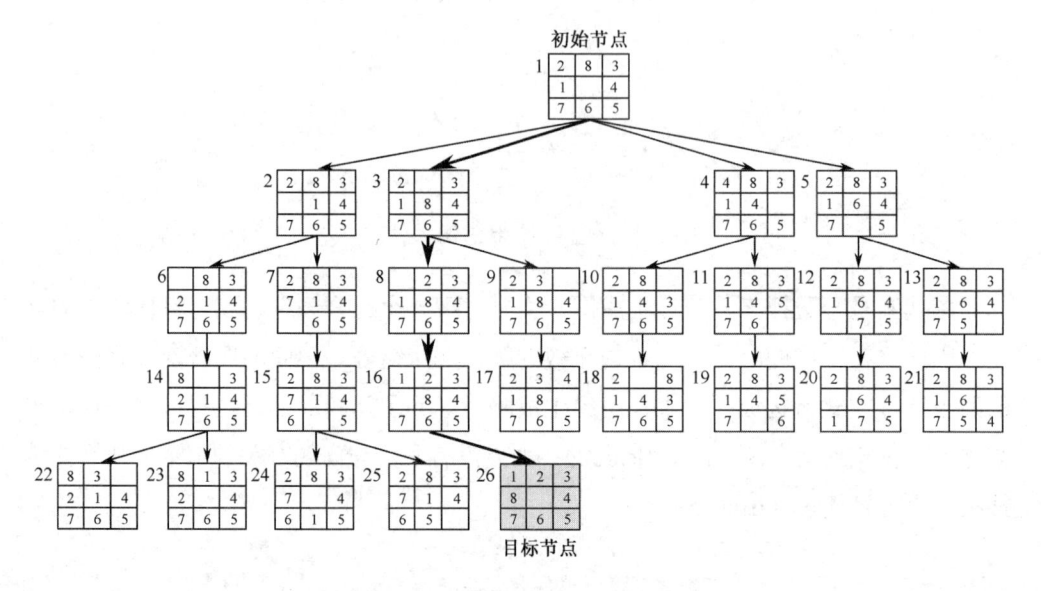

图 9-2　八数码问题的广度优先搜索

如果每次移动的代价相等，如上例中八数码问题中每次只能按照左、上、右、下的顺序移动一步且不能走回头路，那么在有解的情况下，广度优先搜索一定可以找到最优解。因为广度优先搜索在搜索过程中需要对搜索结果进行保留，所以搜索结果占用大量存储空间的问题非常突出，随着搜索深度增加而成指数级增加。

2. 深度优先搜索

深度优先搜索是许多与图形相关算法的基础。它的基本原理是优先扩展深度最深的节点，也就是说，它会先探索任何特定路径的深度，然后再探索其广度。该算法以选定的"根"顶点开始，一条路走到底，然后开始回溯，直到找到与更多未知领域连接的顶点。约翰·霍普克洛夫特（John Hopcroft）与罗伯特·塔扬（Robert Tarjan）在1986年共同获得图灵奖的原因之一就是提出了深度优先搜索算法。

如图9-3所示，从初始节点开始，一路走完节点2下的子节点直至找到目标节点为止。如果没有发现目标节点，则开始进行回溯，即寻找初始节点的其他子节点并一路走到底，如此反复。图9-3中用粗线给出了解的路径。

深度优先搜索无法保证找到最优解，但是与广度优先搜索相比，可以在很大程度上节省存储空间，所需存储空间与搜索深度之间是线性关系。

9.1.2 启发式搜索

盲目搜索范围大，搜算效率比较低，既费时又费力。尽管盲目搜索确实提供了解决路径问题的方案，但是通常很难在现实中应用，因为在找到路径之前扩展节点太多。所以，找到一种更有效的盲目搜索替代方案至关重要。

为了解决问题，可以使用与任务相关的信息来加快搜索过程。这种信息称为启发式信息。换句话说，启发式搜索是一种有根据的猜测，目的是在减少搜索工作量的同时不牺牲寻找最短路径的保证。在实际应用中，人们通常希望在搜索成本与成效之间实现最大限度的平衡。

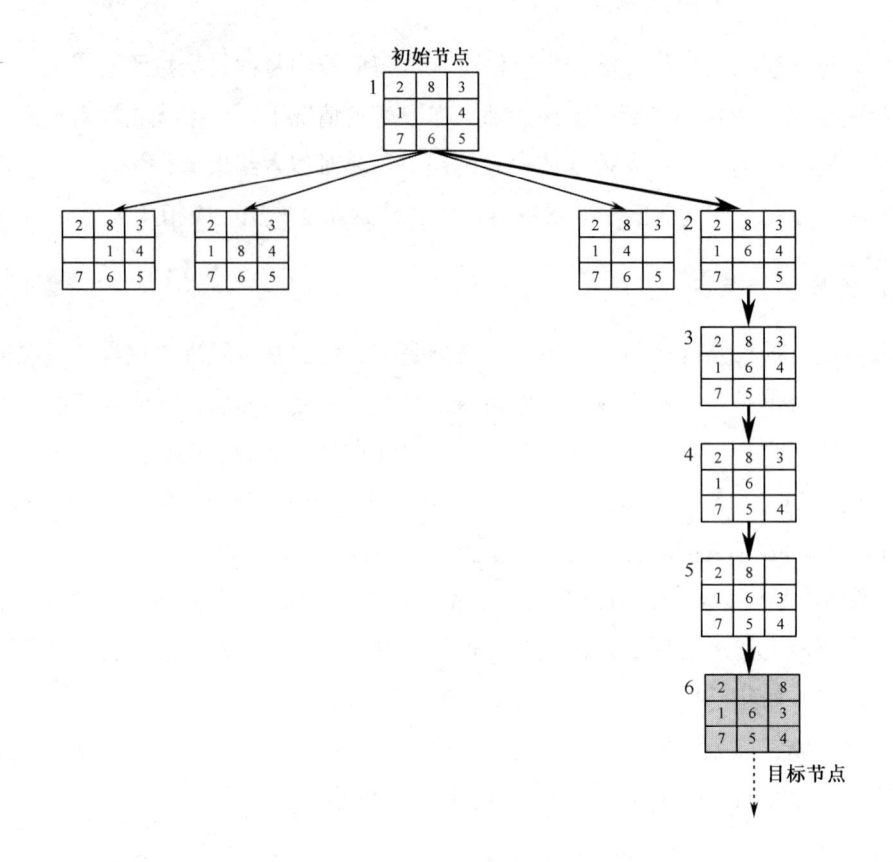

图 9-3 八数码问题的深度优先搜索

启发式搜索很多是由深度优先搜索改进的，不同之处在于当有多条路径可以选择时，会给出一些指导建议，因此，启发式搜索的状态空间小、效率高。但是，它仍然不能保证找到最优解。启发式搜索方法有多种，这里介绍最佳优先搜索（Best-First-Search Algorithm），仍以八数码问题为例。

假设在八数码问题中存在一个评价函数：

$$f(n)=g(n)+h(n)$$

其中，$g(n)$表示节点 n 的搜索深度，$h(n)$表示节点 n 与目标节点对比时数字不同位置的数量。如图 9-4 所示，对比左侧的某节点与目标节点，共有 3 处数字不同，也就是该节点的 h 值为 3。这里存在一个假设，即不同的数字越小，则该节点与目标节点的距离可能越近。

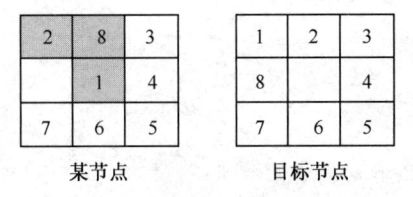

图 9-4　某节点与目标节点对比图

最佳优先算法如图 9-5 所示，每个节点左上角的数字代表 $h(n)$ 值，左下角的数字代表节点的深度 $g(n)$ 的值。根据公式 $f(n)=g(n)+h(n)$ 可以计算出评价函数的值，再参考该值进行搜索，求解路径如图 9-5 中粗线所示。

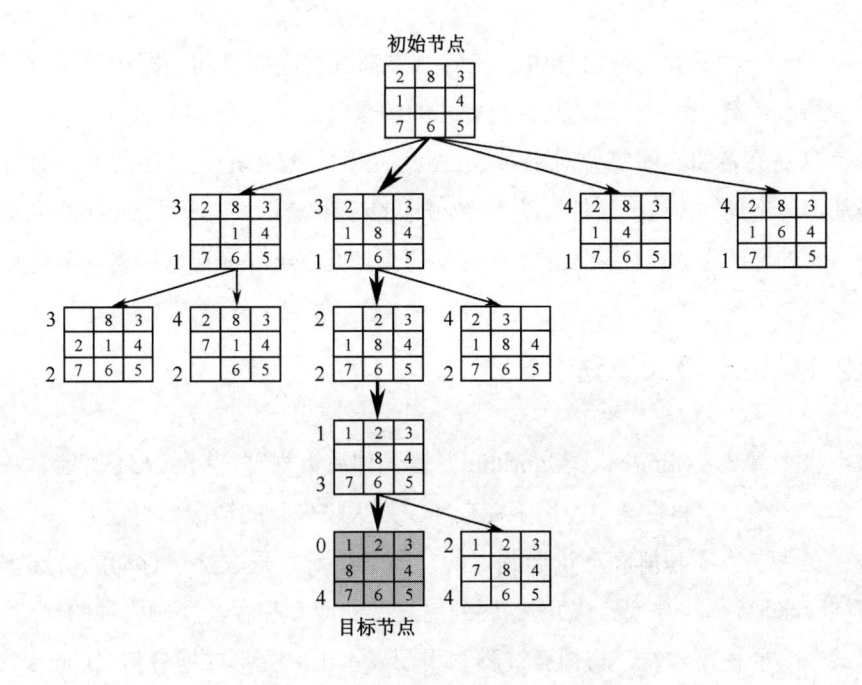

图 9-5　八数码问题的启发式搜索

9.2 博弈搜索

1997 年，深蓝战胜加里·卡斯帕罗夫。

2016 年，AlphaGo 战胜李世石。

2017 年，AlphaGo 战胜柯洁。

人们一直认为下棋是一种高智商的活动，因此早在人工智能还未诞生时，就有不少先驱们在积极探索。现在，人工智能在一些棋局上已经所向披靡、无人能敌了。人工智能下棋背后的原理是什么呢？这就涉及博弈（Game）搜索的内容，也称为对抗搜索。

下棋属于一种博弈，在博弈中，任何一方都有明确的目的，即战胜对方，因此只有 3 种情况：赢、输、平局，是游戏者之间的零和游戏（Zero-Sum Game）。另外，博弈中信息是完备的，即每位对手对过去到现在的信息都是充分了解的。每位对弈方都是基于一定规则（约束条件），从多个可选的行动方案中选择对自己最有利而置对方于最不利的行动方案。如果不考虑失误等原因，几乎不存在运气因素，全凭实力。

9.2.1 极小极大算法

极小极大算法（Mini-Max Algorithm）是一种决策规则，用在人工智能、决策理论、博弈论、统计学和哲学中，用于在最坏（最大损失）的情况下将损失尽可能最小化。最初是为二人零和博弈理论而制定的，既包括玩家采取交替行动的情况，也包括玩家同时采取行动的情况，它还扩展到更复杂的博弈和存在不确定性的一般决策。

以某一方的视角出发，将博弈过程利用图表示出来会形成博弈树（Game Tree）。这里利用《人工智能：一种现代方法》（*Artificial Intelligence: A Modern Approach*）中的案例对极小极大算法进行简要的说明。

如图 9-6 所示的两层博弈树，△代表 Max 节点，此时作为行动方是以最大化为目的决策的；▽代表 Min 节点，在终点显示的数字是 Max 的效用值。B 节点下面的值分别为 3、12、8，因此在 B 节点根据极小极大值原则，Min 的最佳行动方案是 b_1，同理可得 C 节点是 c_1，D 节点是 d_3。回到 A 节点，由于此时要考虑极大值的方案，因此在 A 节点会选择 a_1，该方案就是最高的极小极大值。

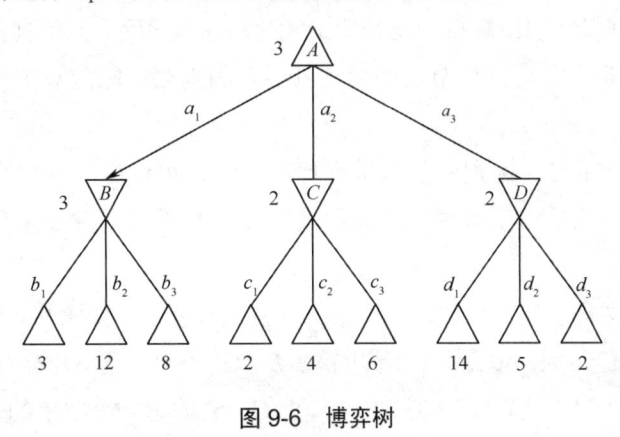

图 9-6 博弈树

9.2.2 Alpha-Beta 剪枝法

极小极大算法类似于广度优先搜索，状态的数量随着博弈的开展成指数级增长。因此，需要考虑一种更巧妙的方法，尽可能将无效的状态剔除。Alpha-Beta 剪枝（Alpha-Beta Pruning）就是一种这样的方法。

Alpha-Beta 剪枝也称为 $α\text{-}β$ 剪枝，是一种搜索算法，它试图减少搜索树中由极小极大算法计算的节点数量。它是一种对抗性搜索算法，通常用于两人游戏（井字游戏、国际象棋、围棋等）的机器游戏。当发现至少有一种可能性证明某一举动比之前检查过的举动更糟糕时，它就停止评估该举动。

约翰·麦卡锡在 1956 年的达特茅斯研讨会上提出了该算法，这个算法不断受到其他学者的广泛关注。约翰·麦卡锡后来还曾在《人类水平的人工智能比 1955 年看起来要难》（*Human-Level AI Is Harder Than It Seemed in 1955*）中回忆：$α\text{-}β$ 剪枝是人类游戏的特征，但早期的国际象棋大咖们，如艾伦·图灵、克劳德·埃尔伍德·香农等人却并没有注意到这点。

该算法保持了两个值，α 和 β 分别表示确保最大化玩家的最小分数和确保最小化玩家的最大分数，也就是说，α 代表了迄今为止路径上发现的对 Max 来说的极大值，而 β 则是对 Min 上的极小值。最初，α 是负无穷大而 β 是正无穷大，也就是说，两个玩家都从他们最差的得分开始，然后在搜索中不断更新 α 和 β 的值。每当最小化玩家（β 玩家）得到保证的最高得分变得比最大化玩家（α 玩家）得到保证的最低得分（$\beta<\alpha$）低时，玩家无须考虑该节点的后续延展，因为在实际游戏中将永远不会接触到它们。

α-β 剪枝法利用已经搜索的状态进行剪枝，这样可以进一步提高搜索效率。深蓝的主要参与者许峰雄博士曾说，如果不采用 α-β 剪枝法，深蓝下每步棋可能需要 17 年的时间。

继续通过上文极小极大值的案例对 α-β 剪枝进行介绍。如图9-7所示，先看 Min 节点 B 下的效用值，因为取最小，所以节点 B 取值不会大于 3，当观察完节点 B 下的 3 个选择时，B 的值就确定为 3。再看节点 C，它的第一个节点的效用值是 2，也就是说，无论节点 C 的其他分支如何，节点 C 的取值不可能超过 2。再加上 B 值已经确定为 3，最大化玩家不会选择 C，因此节点 C 的其他两个分支就可以剪掉了。

节点 D 的第一个效用值 14，这个值比刚才的 3 要高，所以需要继续检查其他分支，在发现 d_2 产生的效用值为 5 后，还要进一步搜索，直到发现 d_3 的效用值为 2，确定了节点 D 的值为 2。所以，最终是从节点 A 走到节点 B 的 b_1 处。值得注意的是，如果 d_3 与 d_1 互换位置，那么当检查到 2 时，节点 D 下的另两个节点就可以直接被剪掉，而不需要再搜索了。图9-7中节点左上角方括号内给出的分别是 α 和 β 的值。

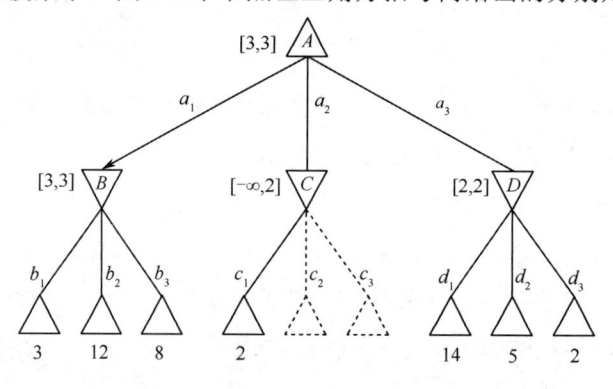

图9-7 α-β 剪枝

9.3 蒙特卡罗树搜索

尽管 α-β 剪枝法能够在象棋这样的棋局中发挥出巨大的作用，但是对于围棋这样的棋局，它却变得"水土不服"。究其原因，还是由象棋与围棋的区别所致。围棋相比象棋，状态更多、情况更为复杂，围棋棋子之间的联系紧密。另外，围棋并不具备象棋将军那样明确的获胜标志可以用以评估棋局。因此，人们开始将目光转向另一种搜索方法——蒙特卡罗树搜索（Monte Carlo Tree Search，MCTS）。它也属于一种启发式搜索算法，在游戏中经常可见其身影。

1992 年，蒙特卡罗树搜索算法首次被用于围棋比赛程序中。2006 年，9 路（9×9 大小的棋盘）蒙特卡罗围棋程序战胜了人类，奠定了蒙特卡罗树搜索算法在围棋领域的地位。2013 年，计算机已经可以在 19×19 的棋盘上下棋，被认为已经达到了业余围棋五六段水平。2016 年，一种将蒙特卡罗模拟与价值策略网络相结合的搜索算法击败了欧洲的围棋冠军。

蒙特卡罗树搜索算法聚焦在最有前景的行动上，基于搜索空间的随机抽样来扩展搜索树。如果围棋的棋局很难估计，那么就可以利用蒙特卡罗随机模拟的方法去估计，通过大量的模拟算出每种状态的概率，选取获胜概率大的状态作为目标。

每轮蒙特卡罗树搜索包括 4 个步骤，如图 9-8 所示。

- 选择（Selection）：从根节点开始，自上而下选择一个子节点，直到到达叶子节点（Leaf Node），在这个过程中，可以利用像上限置信区间（Upper Confidence Bound，UCB）这种既考虑过去又考虑未来的选择规则，来选择的最有前景的节点。
- 扩展（Expansion）：在选择的叶子节点上随机创建一个未被访问的节点，并选择该节点作为后续的子节点。
- 模拟（Simulation）：从后续的子节点出发，利用蒙特卡罗树搜索算法进行模拟，直到结束。

- 反向传播（Back Propagation）：使用模拟的结果更新从子节点，到根节点的路径上的节点中的信息。有时，这个过程也称为更新（Update）。

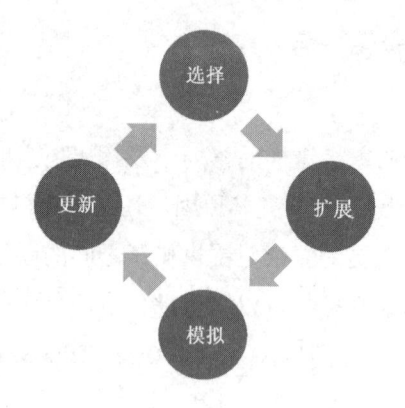

图 9-8　蒙特卡罗树搜索步骤

下面通过一个实例来说明蒙特卡罗树搜索。以围棋为例，假设根节点是白子，图 9-9 所示的每个节点都代表一种下棋的对局，每个对局都有两种值，分子表示白子赢得的次数，分母表示总的次数。

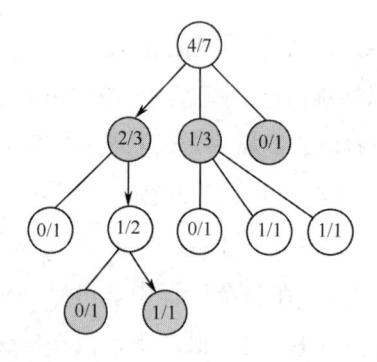

图 9-9　蒙特卡罗树搜索（选择过程）

为了选择后续的节点，需要利用 UCB 规则进行计算。根据计算结果，根节点下左起第一个子节点的 UCB 的值最大，因此选择 1/2 这个节点，同样的方法，可得到下一步向节点 1/1 移动。在节点 1/1 下随机扩展出一个新的节点，因为该节点从未被访问，所以定义为 0/0，如图 9-10 所示。下一步要做的工作就是在这个 0/0 的节点下进行大量的模拟。

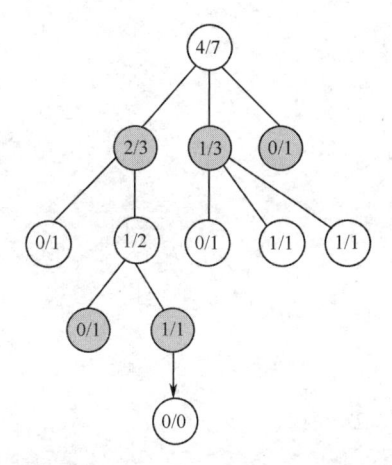

图 9-10 蒙特卡罗树搜索（扩展过程）

假设经过大量的模拟后白子获胜，下一步就是根据模拟的结果更新每个节点的数值，一直回溯到初始节点，更新情况如图 9-11 所示。

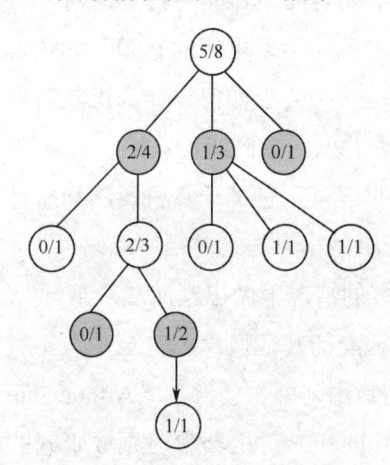

图 9-11 蒙特卡罗树搜索（模拟及更新过程）

总之，蒙特卡罗树搜索是一种基于仿真抽样的方法，它提供了优于 α-β 剪枝和类似算法的一些优势，使搜索空间"变得更小"。

第 10 章 机器学习

10.1 机器学习概述

10.1.1 机器学习的含义

艾伦·图灵曾提到,不要再问机器是否能够思考,应该思考的是机器能做我们能做的事情。这是早期关于机器学习思想的起源。如今,机器学习早已是人工智能领域的核心领域之一,它是一种关于如何让计算机具有像人一样的学习能力,从海量的大数据中找到有用信息并做出预测或决策的一门学科。

机器学习是一门交叉的学科,它是计算机科学和统计学的交叉,同时也是人工智能和数据科学的交叉。① 机器学习与之前程序编码最大的区别之一,就是可以在没有明确编程指令来执行任务的情况下做出预测或决策。

机器学习与很多人工智能的其他概念,甚至是人工智能本身一样,并没有公认的定义。"机器学习"一词是由阿瑟·塞缪尔(Arthur Samuel)在 1959 年提出来的。汤姆·米切尔(Tom M. Mitchell)对机器学习领域研究的算法给出了一个被广泛引用的、更为正式的定义:"机器学习,就是一种从经验中学习关于某类任务和该任务

---

① 统计学的理论功底与计算机的计算能力珠联璧合,推动了机器学习的进一步发展。

执行性能衡量参数，并且性能衡量参数会随着经验的增加而提高的计算机程序。"

短短的一句话，道出了机器学习的核心概念：经验、程序和性能。什么是经验？就是过去的知识、信息和数据等。什么是程序？就是关于算法的种类及实现。什么是性能？就是算法处理经验的能力，并且随着经验的增加，性能也会同步增长。

10.1.2 机器学习的分类

数据是机器学习的重中之重，根据处理数据的类型不同，机器学习可以分为监督学习（Supervised Learning）、无监督学习（Unsupervised Learning）、半监督学习（Semi-Supervised Learning）和强化学习（Reinforcement Learning）等类型。

监督学习就像老师监督学生学习一样，学生学习知识并做作业，老师检查学生的作业是否正确及给出正确答案。通过不断的学习，该学生逐渐掌握了规律，具备了举一反三做对新题的能力，这种适用于新样本的学习能力，称为泛化（Generalization）。因此，可以看出，监督学习的数据既有输入数据，又有与之对应的输出结果，即有标注的数据集。无监督学习则无师自通，是自己摸索规律的过程。这让笔者联想到了当初学校发的教辅习题册，把习题册和参考答案一起发下来的是监督学习，只发习题册，取走参考答案的就是无监督学习。无监督学习的输入则是单纯的输入数据而无对应的结果。半监督学习介于二者之间，只有一部分数据被标注了正确答案。

强化学习是指通过一系列的学习步骤，等到考试后，才知道学习得好与不好。若将考试成绩优秀作为对学习结果的奖励，则在学习过程中，并不能知道是否某个步骤的好与坏，以及该步骤对最终考试的影响，仅能得到一个针对当前步骤的评价。因此，需要不断学习、不断考试，在学习与考试中不断探索，才能总结出考出好成绩的策略。

10.2 数据初探

10.2.1 数据的结构

为了更好地理解机器学习，这里首先对数据的有关知识进行简单的介绍。首先涉及的一个概念就是数据集（Data Set）。数据集可以用矩阵 X 表示。

$$X = \begin{bmatrix} x_{11} & \cdots & x_{1n} \\ \vdots & \ddots & \vdots \\ x_{m1} & \cdots & x_{mn} \end{bmatrix}$$

一个列向量的取值就代表所有样本下某一类属性的值，如果用列向量表示矩阵 X，则

$$X = [x_{\cdot 1}, \cdots, x_{\cdot n}]$$

而一个行向量则代表对每个样本一次的观察值，观察到了所有属性，如果用行向量表示矩阵 X，则

$$X = [x_{1 \cdot}, \cdots, x_{m \cdot}]$$

在上述两种用向量表示的矩阵中，x 下标中涉及的"·"是为了区别行向量与列向量。

这里以鸢尾花数据集（见图10-1）为例进行说明，它是在统计学和机器学习教学中使用得最多的数据集之一。数据集就是所有数据的一个集合，鸢尾花数据集中收录了 150 行数据。其中，每条记录，即每朵花都可以被看成一个样本（Sample）。

从图 10-1 的数据集中可以看到，每条记录都有花萼长度、花萼宽度、花瓣长度、花瓣宽度等反映鸢尾花的表现或性质的指标，将它们称为属性（Attribute）或特征（Feature），关于属性的取值称为属性值（Attribute Value）。由属性生成的空间称为属性空间（Attribute Space），也称为特征空间（Feature Space）。每个样本在特征空间是一个点，其对应一个坐标向量，称为一个特征向量（Feature Vector），图 10-2 所示为

选取花萼长度、花萼宽度和花瓣长度 3 个特征生成的特征空间，以及 5 个样本点及其特征向量。

序号	花萼长度	花萼宽度	花瓣长度	花瓣宽度
139	6.30	2.50	5.00	1.90
140	6.90	3.10	5.40	2.10
141	5.00	2.30	3.30	1.00
142	6.10	3.00	4.60	1.40
143	7.30	2.90	6.30	1.80
144	4.60	3.40	1.40	0.30
145	7.20	3.60	6.10	2.50
146	5.10	3.50	1.40	0.30
147	7.90	3.80	6.40	2.00
148	6.20	3.40	5.40	2.30
149	6.90	3.10	5.10	2.30
150	4.60	3.60	1.00	0.20

图 10-1　鸢尾花数据集（部分数据）

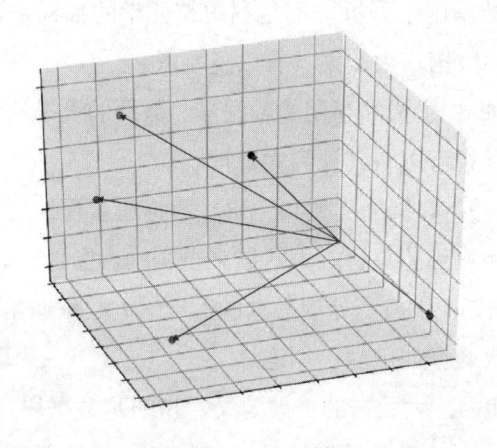

图 10-2　特征空间、5 个样本点与特征向量

按照矩阵的形式，鸢尾花的数据可以表示成一个 150 行 4 列的观测矩阵，其中，x_{ij} 代表第 i 个样本的第 j 个特征。

在后面的机器学习中，需要反复利用鸢尾花数据，为了表述方便，分别定义花萼长度、花萼宽度、花瓣长度、花瓣宽度的变量名称为 x_1、x_2、x_3、x_4，因为此时的鸢尾花具有4个特征，样本空间是4维的。

其实，在鸢尾花数据集中，还有一列反映花类别的的数据，也就是常提及的"标注"，后文中再做介绍。

10.2.2 大数据特征

鸢尾花的数据由150个样本组成，每个样本具有4个特征。这与人工智能要处理的大数据相差甚远。但是，万丈高楼平地起，利用鸢尾花的数据已经可以掌握不少机器学习算法的原理了。在学习原理阶段，分析鸢尾花这样的数据与分析很多大数据并无实质的区别。本书仅介绍大数据最基本的概念与特征。

大数据是指在特定时间范围内常规软件工具无法捕获、管理和处理的数据集合。它具有大量的决策、洞察力和流程优化功能，需要新的处理模型。一些学者认为，大数据意味着将所有数据用于分析，不是利用统计学的抽样及进行随机分析等，仅观察和存储已经发生的数据。大数据具有以下特点。

- 容量（Volume）：生成和存储的数据量。数据的大小决定了价值和潜在的洞察力，以及是否可以将其视为大数据。
- 多样（Variety）：数据的类型和性质。数据的多样性可以帮助分析数据的人有效地使用所得到的见解。大数据来自文本、图像、音频、视频等。
- 速度（Velocity）：生成和处理数据的速度。大数据通常是实时可用的，与小数据相比，大数据的产生更加连续。
- 真实（Veracity）：大数据的扩展定义，指的是数据质量和数据值。

大数据技术的战略意义不是掌握大量数据信息，而是专门研究这些有意义的数据。换句话说，如果将大数据比作一个行业，那么在该行业中实现盈利的关键是提高数据的"处理能力"，并通过"处理"来实现数据的"增值"。

因此，大数据既需要算力的支持，也需要算法的革新。大数据和人工智能相得益彰，缺一不可。人工智能，正是在大数据和算力的推动下，进入了迅速发展的时期。

10.3 监督学习

监督学习基于一个个成对的输入和输出的数据集,从一组训练例子组成的带标记的训练数据中推断出一个函数。在监督学习中,每个例子都是一组输入数据(向量)和一个输出数据组成的对。

监督学习主要分为以下步骤。
- 问题分析
- 指标选择
- 量化采样
- 收集数据
- 数据清洗
- 确定训练/测试数据集
- 确定算法
- 建模分析
- 评估模型

在监督学习算法中,输入数据称为训练数据(Training Data),通常以一个矩阵的形态出现,矩阵的每列(或每行)代表一个训练样本,这些训练样本通过算法计算出一个结果,把该结果和数据集中的正确答案进行对比,并在不断循环优化的过程中进行权重调节,让计算结果越发接近甚至等于正确答案,就像是在反复作答一张试卷,通过不断试错,让卷面得分越来越高直至满分。

监督学习算法的主要方向是回归和分类。回归算法所对应的数据集则不同,其正确答案往往以某一区间中的一个实数来表现,如"0 到 1 之间的一个小数",这很方便作为百分比(可信度)来解释。在分类算法对应的数据集中,其正确答案往往是离散的数据。例如,"是"或"不是","红色""蓝色"或"黄色"。

10.3.1 线性回归

线性模型的形式虽然较为简单,然而很多非线性模型都可以通过对线性方程做相应的处理而得到,所以线性问题是理解非线性问题及机器学习的基础。线性回归的目的就是通过对样本集合的分析,建立变量间的线性关联。

假设对 m 个样本的 n 个特征进行观测,因此 x_m 代表的其实是行向量,即一次观测时各个特征的数值,而 $x_{\cdot n}$ 则代表某个特征下所有样本的值。另外,此时每个样本还有另一个需要关注的 y_m 值,那么线性回归模型就是通过如下的方程,即

$$y_i = w_0 + w_1 x_{i1} + \cdots + w_n x_{in} + \varepsilon_i, \quad i = 1, 2, \cdots, m$$

建立因变量 y 与自变量 $x_{\cdot 1}$, $\cdots$, $x_{\cdot n}$ 之间的联系,其中, $w = [w_0, w_1, \cdots, w_n]^T$。

多元线性回归的目的就是通过模型的建立,估计出参数向量 w 的值。最小二乘估计(Least Squares Estimation)是估计 w 的一种经典方法。其实可以看到,这种参数估计也是一种求解优化模型的思路。假如共有 m 次样本观测。如果能够事先确定 w 的一组数值,那么针对每次的观测值都能够求出一个估计值,由此与实际值之间产生一个误差。

假设误差是一个关于权重的函数,那么这个问题变成在权重空间内寻找误差的最小点。如果将误差看成一个函数,那么首先需要定义何为误差。前面说到误差是实际的输出结果与已知的结果之间的差异。

当输出层存在多个节点时,是否可以简单地求和呢?答案是不能。例如,某节点的误差是一个很大的正值,另一个节点的误差恰好是与正值大小相等、符号相反的负值,那么它们的求和为 0,即没有误差,显然这样是不符合实际的。

还有一种测度方法,就是将每个节点误差的结果取绝对值,然后相加。这种方法可行吗?可行,但是不够好。因为在这种情况下,对梯度下降法有影响。这里,我们选择对误差的平方进行测度。相比于其他方法,它更适合梯度下降法。相比于前面误差的绝对值,此时的误差函数是一个光滑且连续的函数。①

---

① 为什么绝对值函数不光滑?这需要用到导数的相关知识。如果函数在某点处可导,那么在该点处的左、右导数必须相等,这是判断函数在某点处可导的充分必要条件。举一个简单的例子:

回到上面鸢尾花的例子，假设鸢尾花花瓣长与花瓣宽之间存在关系，可以建立一元线性回归找出它们之间的关系。①因此，此时的数据集为

$$D=\{(x_{1,3}, x_{1,4}), (x_{2,3}, x_{2,4}), \cdots, (x_{150,3}, x_{150,4})\}$$

利用 Python 进行一元线性回归（见图 10-3），可得方程为

$$x_4=0.42x_3-0.37$$

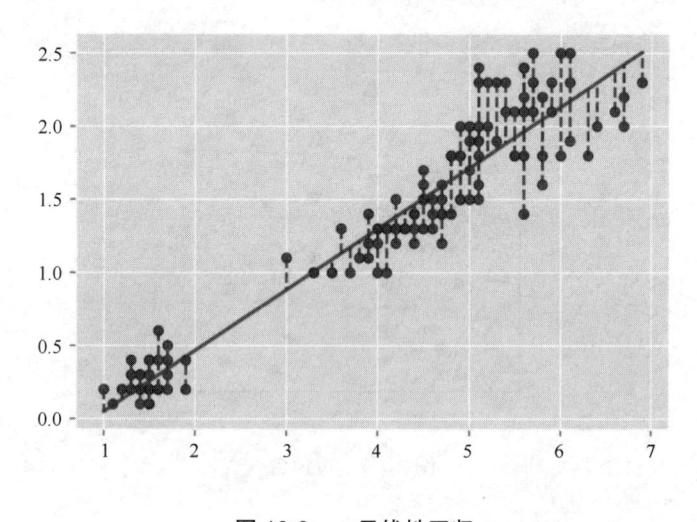

图 10-3　一元线性回归

通过线性回归对数据集进行学习，得到了一个线性回归模型，即通过对数据集的学习，拟合出一条线，就可以利用该模型进行预测。例如，当我们建立鸢尾花瓣宽与花瓣长之间的关系后，就可以根据花瓣宽尽可能准确地预测花瓣长。

在机器学习中，会涉及过拟合与欠拟合的问题，有时也分别被称为"过度训练"和"训练不足"。它们是两个非常重要的概念，很多方法的提出，就是为了防止学习时过拟合或欠拟合。

过拟合（Overfit）是指分析的产生与一组现有的数据密切相关（过分拟合当前数

对于绝对值函数 $y=|x|$，当 $x=0$ 时，函数的左导数为-1，右导数为 1，左、右导数不相等，因此该函数在 $x=0$ 处不可导。

① 一元线性回归与多元线性回归分析方法一样。

据），因此导致不能可靠地分析其他数据的一种情形。过拟合往往发生在为了得到一致性的假设，而对拟合变得非常严格的场合下，也就是事情（拟合）做过头了。当一个模型开始"记忆"训练数据而不是通过"学习"来概括一个趋势时，就会发生过拟合。如图 10-4 所示，一条本应该非常平滑的曲线，但为了迎合少量数据而变成其他函数的形式。

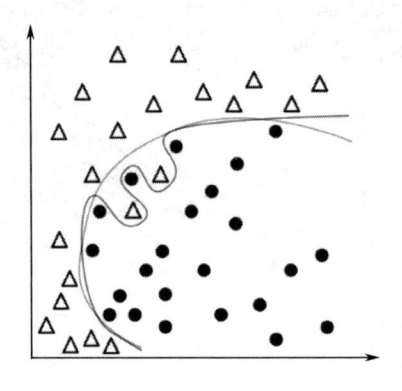

图 10-4　过拟合

　　根据某些拟合准则，从已有数据的拟合情况来看，模型往往得到了很好的拟合效果。但可能存在的一种情况是模型仅针对已有的数据，而对于新的样本数据拟合效果不尽如人意，因此模型失去了推广的能力。

　　必须始终意识到在有限的数据基础上过度拟合模型的危险性。例如，一个常见的问题是收集大量的历史数据，再通过所谓的学习发现预测非常精准的"模式"。然而，这都是在样本内部进行操作的。当应用到样本外的数据时，这个模式可能仅是一个过拟合。

　　另外，过拟合往往是由于对模型的描述太过复杂造成的。我们在建立一个模型时，恨不得把所有的变量参数都打包放在一个模型内，在这种情况下往往就会导致过拟合的产生。

　　造成过拟合的原因首先可能是样本太少。样本数量太少往往会造成模型不能准确归纳的问题，也就是上面所提到的模型不具备推广的能力。例如，如果参数的数量等于或大于观测值,那么一个简单的模型可以完全通过对数据的全部记忆来精确地预测训练数据。然而,这样的模型在预测时通常会失败。

很多技术手段都可以减少过拟合,如不要过度将模型复杂化,在一定程度上简化参数,或者通过对一组不用于训练的数据进行评估,来测试该模型的推广能力。

当通过学习无法充分获取数据的潜在结构时,就会发生欠拟合(Underfit)。例如,由于建模不当,将非线性的数据拟合成线性数据,如图 10-5 中的直线所示。由此产生了较大的误差,这样模型的预测能力将大打折扣。

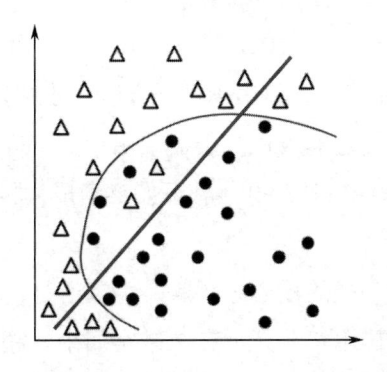

图 10-5 欠拟合

产生欠拟合的一个明显的原因就是变量选取得过少。另一个造成欠拟合的原因就是拟合不当,也就是模型的类型选择不当,欠考虑。如前面提到的,本来利用非线性模型拟合能得到更好的结果,却选择了线性模型。

如图 10-5 中样本点显示的结果所示,无论直线的斜率如何调整,都无法将直线下方的 5 个三角形的样本点与黑色实心样本点有效分开。而在图 10-4 中,为了能够让所有的样本点有效分离,使用了复杂的高阶多项式,若再有新的样本点,则可能会产生较大的误差。而如图 10-5 所示,尽管在曲线内侧包含了两个三角形的样本点,也可以认为这是介于欠拟合与过拟合之间的较好拟合。

10.3.2 支持向量机

支持向量机（Support Vector Machines，SVM）是机器学习中非常重要的一种分类方法（也可用作回归）。支持向量机算法是弗拉基米尔·瓦普尼克（Vladimir N. Vapnik）和亚历克塞·泽范兰杰斯（Alexey Ya. Chervonenkis）在1963年提出的。支持向量机与统计学习理论密切相关,该理论在20世纪70年代就已经成型。由于SVM的计算精度很高，并且有能力处理高维数据，因此被广泛应用于各个领域。

1992年，伯恩哈德·伯泽尔（Bernhard E. Boser）、伊莎贝尔·盖恩（Isabelle M. Guyon）和弗拉基米尔·瓦普尼克提出了一种方法，通过将核方法（Kernel Method）应用于最大边缘超平面来创建非线性分类器。由于支持向量机的理论基础夯实，并且在分类问题中性能卓越，20世纪90年代开始逐渐成为机器学习的主流，并在2000年前后达到高潮。

利用支持向量机进行分类的核心思想就是，基于样本集合，找到一个可以将它们有效划分的超平面，将样本点分开。在二维空间中，超平面是一条线；在三维空间中，超平面则是一个面。超平面用公式表示为 $w^T x + w_0 = 0$。$w^T = (w_1, \cdots, w_n)$ 为一个法向量，即方向向量，它决定了超平面的方向；而 w_0 为偏差（Bias），即截距项，它决定的是超平面和原点之间的距离。也就是说，只要确定向量 $w^T = (w_0, w_1, \cdots, w_n)$ 的值，就可以确定一个超平面，如图10-6中的虚线所示。

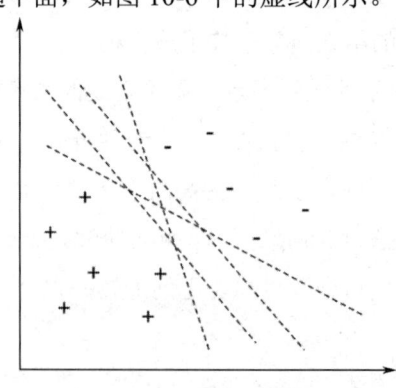

图 10-6 多个超平面划分样本

支持向量机是线性二类分类器的一个例子,即特征空间上间隔最大的线性分类器。例如,如图10-6所示中的一些已经打标好的数据点,用加号和减号表示,常用"+1"表示一类数据,用"-1"表示另一类数据。支持向量机的目的就是选择一个最合适的超平面将这些数据有效地分开,即两类数据分别位于超平面的两侧。因此,支持向量机的分类问题可以转化为求解参数向量的问题。

这种介于被分为正负区域的边界称为分类的决策边界。在这个例子中,边界是线性的,所以也被称为线性分类器(Linear Classifiers)。支持向量机的思想就是在训练样本点中找到一个合适的超平面将样本点分开。但是根据超平面的方程,可以得知存在无数个可以分开这些样本点的超平面。那么,如何找到一个最合适的超平面呢?

如图10-7所示,距离超平面(黑色实线)最近的几个样本点被称为支持向量(Support Vector),两个不同类别的支持向量到超平面之和称为间隔(Margin),如图10-7中的 d 所示,支持向量机的目标,就是要找到一个超平面,间隔最大。

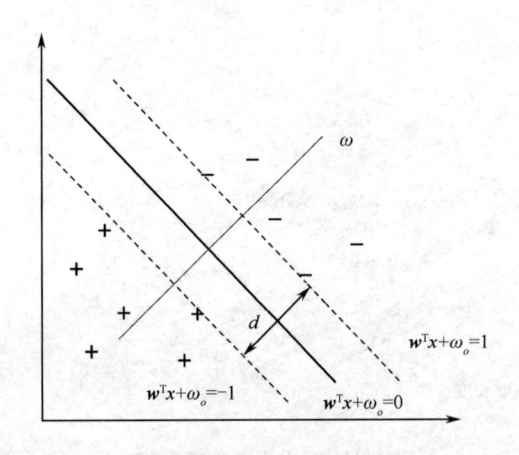

图 10-7 超平面划分样本

以上讨论的是边界为线性可分的情况。然而,在很多情况下,原始的训练样本空间并不能做到线性可分。很多学者提出了一些解决方案,其中一个重要的方法就是核函数(Kernel Function)方法。该方法可以通过将样本点从当前空间映射到一个更高维度的空间中,使得在原来(低维度)空间中无法线性可分的样本点在高维空间中变得线性可分,避免在原始空间上进行非线性分割的计算。

核函数的本质就是将那些在原始空间中线性不可分的样本全部映射到新的特征空间中,在特征空间中寻找一个超平面。虽然特征空间具有更高的维度,但是超平面方程实际上没有那么高的维度。想进一步了解核函数的读者,可以参考其他书籍,这里不再赘述。

下面介绍一个利用鸢尾花数据用支持向量机进行二分类的案例。因为鸢尾花数据集已经设置好了变量指标,并收集了每个样本的数据,而且不存在缺失值等问题,数据质量很好,无须进行清洗等数据预处理操作。

为了能够清晰地用图表示鸢尾花的特征,选取花萼长度、花萼宽度和花瓣长度3个特征构成一个特征空间。假设通过采样共采集到了 100 个样本的 3 种特征值,利用 Python 编程可以得到分类结果,如图 10-8 所示。一个超平面将 100 个样本分成了两类。

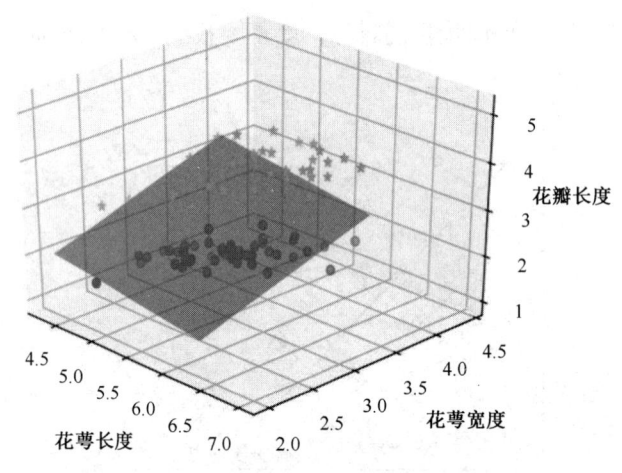

图 10-8 超平面二分鸢尾花

10.3.3 朴素贝叶斯

朴素贝叶斯分类器(Naive Bayes Classifiers),顾名思义,是以贝叶斯原理为前提的一种概率分类方法。贝叶斯学派和频率学派是统计学中的两大学派，不少学者认为，贝叶斯原理更加符合人们的认知习惯。

朴素贝叶斯在20世纪50年代开始流行，在20世纪60年代引入文本信息检索中，直到目前仍是一种经典的文本分类方法，如垃圾邮件检测等。

之所以称它为"朴素"，是因为假设样本的特征之间是相互独立的，不存在一个特征与其他特征相关的情况，称这样的假设为属性条件独立假设（Attribute Conditional Independence Assumption）。该假设使朴素贝叶斯分类器在处理问题时变得简便很多，而且还被证实在实际应用中能够取得很好的效果。它最大的优势是基于少量的数据就可以进行训练。

由于该部分内容涉及基本的概率知识，因此这里利用一个案例，一边回顾概率原理，一边讲述朴素贝叶斯的工作原理。

仍以鸢尾花为例，前文中已经将鸢尾花的4个特征，即花萼长度、花萼宽度、花瓣长度、花瓣宽度用变量 x_1、x_2、x_3、x_4 分别表示。假设表10-1中给出了某些特征下鸢尾花是否符合要求的数据集。其中，假设 $x_i = 1$ 表示该特征明显，$x_i = 0$ 表示该特征不明显（$i = 1,2,3,4$），$y = 1$ 表示符合要求，$y = 0$ 表示不符合要求。

表 10-1 鸢尾花数据集

花萼长度 x_1	花萼宽度 x_2	花瓣长度 x_3	花瓣宽度 x_4	符合要求 y
0	1	0	0	1
0	0	1	0	0
0	0	0	1	1
1	1	0	0	0
0	1	1	0	0
0	0	0	1	1
1	0	0	1	1
1	0	1	0	1
0	1	0	0	0
1	0	1	1	1

在数据集中，共有10个样本，其中符合要求的有6个，因此可以得到先验概率 $P(y)$。

$$P(y=1)=3/5$$
$$P(y=0)=2/5$$

花萼长度特征明显的鸢尾花的概率为

$$P(x_1=1)=2/5$$

在花瓣宽度特征明显且符合要求情况下的概率可以表示为

$$P(x_1=1, y=1)=3/10$$

那么，在花瓣宽度特征明显的条件下，符合要求的概率可以表示为

$$P(y=1|x_1=1)=\frac{P(x_1=1, y=1)}{P(x_1=1)}=3/4$$

在一个事件发生条件下，另一个事件发生的概率被称为条件概率（Conditional Probability）。根据条件概率，也可以得到

$$P(x_1=1|y=1)=\frac{P(x_1=1, y=1)}{P(y=1)}=1/2$$

在上述概率情况下，引出两个重要的概念，全概率公式（Law of Total Probability）和贝叶斯公式（Bayes' Law）。

假设 x_1、x_2、x_3、x_4 为一组事件，并且有 $x_i x_j = \phi$（$i, j=1, 2, 3, 4$），而且 x_1、x_2、x_3、x_4 构成了全部的样本空间，则全概率公式为

$$P(y)=P(y|x_1)P(x_1)+P(y|x_2)P(x_2)+P(y|x_3)P(x_3)+P(y|x_4)P(x_4)$$

贝叶斯公式为

$$P(x_i|y)=\frac{P(y|x_i)P(x_i)}{\sum_{j=1}^{4}P(y|x_j)P(x_j)}, \quad i=1,2,3,4$$

有了这些关于贝叶斯的概念，利用表 10-2 中的数据就可以训练一个朴素贝叶斯分类器对以下的样本进行分类。

表 10-2　某样本是否符合要求

花萼长度	花萼宽度	花瓣长度	花瓣宽度	符合要求
1	1	1	1	?

为每个特征估计条件概率，有

$$P(x_1 = 1 \mid y = 1) = 1/2$$
$$P(x_1 = 1 \mid y = 0) = 1/4$$
$$P(x_2 = 1 \mid y = 1) = 1/6$$
$$P(x_2 = 1 \mid y = 0) = 3/4$$
$$P(x_3 = 1 \mid y = 1) = 1/2$$
$$P(x_3 = 1 \mid y = 0) = 1/2$$
$$P(x_4 = 1 \mid y = 1) = 2/3$$
$$P(x_4 = 1 \mid y = 0) = 1/4$$

$$P(y=1) \times P(x_1=1 \mid y=1) \times P(x_2=1 \mid y=1) \times P(x_3=1 \mid y=1) \times$$
$$P(x_4=1 \mid y=1) \approx 0.017$$
$$P(y=0) \times P(x_1=1 \mid y=0) \times P(x_2=1 \mid y=0) \times P(x_3=1 \mid y=0) \times$$
$$P(x_4=1 \mid y=0) \approx 0.009$$

因为 0.017>0.009，所以朴素贝叶斯分类器将上述实验样本归为符合要求一类。

由于朴素贝叶斯样本的特征之间相互独立的假设太为苛刻，在现实中基本无法成立，不少学者进行了改进。例如，将独立性假设弱化后，衍生出半朴素贝叶斯分类器（Semi-Naive Bayes Classifiers）和贝叶斯网络模型（Bayesian Network）。

10.4 无监督学习

由于无监督学习中的数据不需要进行事先标注，机器学习的目标就放在了数据自身的数据特征上。另外，相比于有标注的数据，无标注的数据获取成本更低，数据规模理论上也更大。

ImageNet 项目是一个大型的可视化数据库，设计用于可视化对象识别软件的研究。ImageNet 官网首页显示，截至 2019 年 3 月，已经有 1400 多万幅图像被手工注释，以指示所描绘的对象，并且在至少 100 万幅图像中提供了边界框。可以想象如此规模的数据集要花费多少时间、人力和物力，并且相对于互联网巨头公司来说，这些标注数据仅是冰山一角。

因此，无监督学习算法更倾向于将目光放在数据间的共性上，提炼这些共性，并在有新的数据样本输入时参考这些共性进行进一步的分析。深度学习三巨头杨立昆、约书亚·本吉奥和杰弗里·辛顿曾在《自然》中发表文章评论无监督学习："无监督学习在重新激发人们对深度学习的兴趣方面起到了催化作用，但此后被纯粹的监督学习的成功所掩盖。尽管我们在本评论中并未重点关注它，但我们希望从长远来看，无监督学习会变得更加重要。人类和动物的学习在很大程度上是无监督的：我们通过观察来发现世界的结构，而不是被告知每个物体的名称。"

杨立昆在 2016 年的知名学术会议 NIPS（Neural Information Processing System）上介绍了他现在著名的"蛋糕类比 1.0"："如果智能是个蛋糕，那么蛋糕的大部分是无监督学习，蛋糕上的糖衣是监督学习，蛋糕上的樱桃是强化学习（RL）。"

在 2019 年的 ISSCC（International Solid-State Circuits Conference）会上，杨立昆又提出了"蛋糕类比 2.0"，将上一版本中的无监督学习替换成了自监督学习（Self-Supervised Learning），即一种无监督学习的变体。从他的发言中可以看出其对无监督学习的认可。

自监督学习的核心思想是通过一些无标注的数据，发现数据本身的结构或特性（无监督学习），构造出标注后，就可以像监督学习那样进行训练了。

10.4.1　K-均值聚类

聚类分析是无监督分析中最重要的算法之一。在无标注的数据中，规律往往是未知的，通过聚类分析可以找到这些数据潜在的某种规律，并将数据划分成类，使得同一类中的样本尽可能相似，而不同类的样本尽可能不同，实现物以类聚。聚类的应用十分广泛，几乎在各个领域均扮演着重要角色。

聚类的方法种类繁多，其中最流行的方法是 K-均值聚类（K-Means Clustering）。"K-均值"这个词最早是由詹姆斯·麦克奎恩（James MacQueen）在 1967 年使用的，但是思想可以追溯到更早。在众多聚类分析方法中，K-均值聚类无论是在原理上还是实践上都比较容易实现。

K-均值聚类的目标是，当给定一组观测值（$x_1, x_2, \cdots, x_m$），其中每个观测值为 n 维实向量，K-均值聚类的目的是将 m 个观测值划分为 k（$k \leq m$）个集合 $S = \{S_1, S_2, \cdots, S_k\}$，从而最小化簇内平方和（Within-Cluster Sum of Squares），k 是提前设置好的参数值，因此也称为超参数（Hyperparameter）。①

第 1 步：确定需要分类的数，即确定 k 的值。

第 2 步：首先在原始数据中随机找到 k 个点，并将这 k 个点作为初始的聚类中心点。

第 3 步：对于每个样本点，分别计算它们到 k 个中心的距离。②

第 4 步：将这些点选择最近的一个聚类中心点作为分类依据。

第 5 步：对已经出现的 k 类，重新计算每类中新的平均值作为聚类中心点。

第 6 步：如果计算得出的新中心点与原中心点的值一样，那么结束，否则重新进行第 3 步。

根据以上的步骤，分别选取鸢尾花集中的花萼长度、花萼宽度（二维特征空间）及花萼长度、花萼宽度及花瓣长度（三维特征空间）变量进行 K-均值聚类，结果分别如图 10-9 和图 10-10 所示。

从 K-均值聚类算法来看，一是损失函数是非凸函数，这意味着找到的可能是局部最优解而不一定是全局最优解；二是如果要找到它的最优解，需要考察样本的所有分类划分，这已经被证明是一个 NP 难问题。另外，初始值的选择不同对结局也会

---

① 在机器学习中，有两种参数，一种是通过学习训练出来的参数，另一种是在训练前需要自行设置的参数，这类参数无法通过训练学会，称后者为超参数。例如，K-均值聚类中实现设置的分类群数（簇数），以及后文中涉及的神经网络的层数、隐藏层节点个数和学习率等。

② 距离是机器学习中一个非常重要的概念。常见的距离有欧氏距离（Euclidean Distance）、曼哈顿距离（Manhattan Distance）和切比雪夫距离（Chebyshev Distance）。假如存在两个点，坐标分别为（x_1, y_1）、（x_2, y_2），则两点的欧氏距离为 $\sqrt{(x_2-x_1)^2 + (y_2-y_1)^2}$；两点的切比雪夫距离为 $\max(|x_2-x_1|, |y_2-y_1|)$；两点间的曼哈顿距离为 $|x_2-x_1| + |y_2-y_1|$。

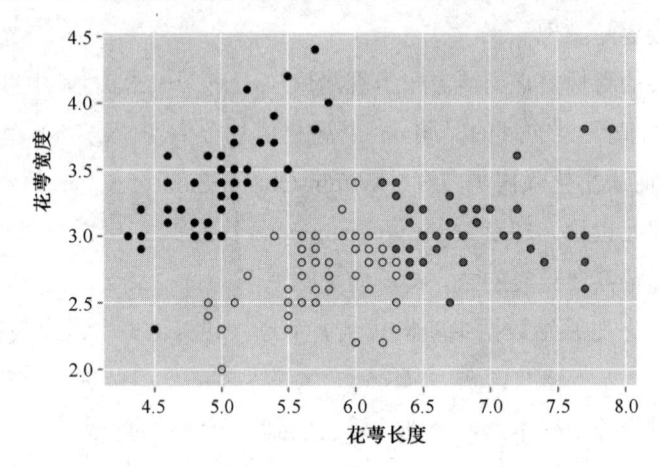

产生影响。最后，K-均值聚类算法显然还受到 k 值的影响。

图 10-9　两个特征下的 K-均值聚类

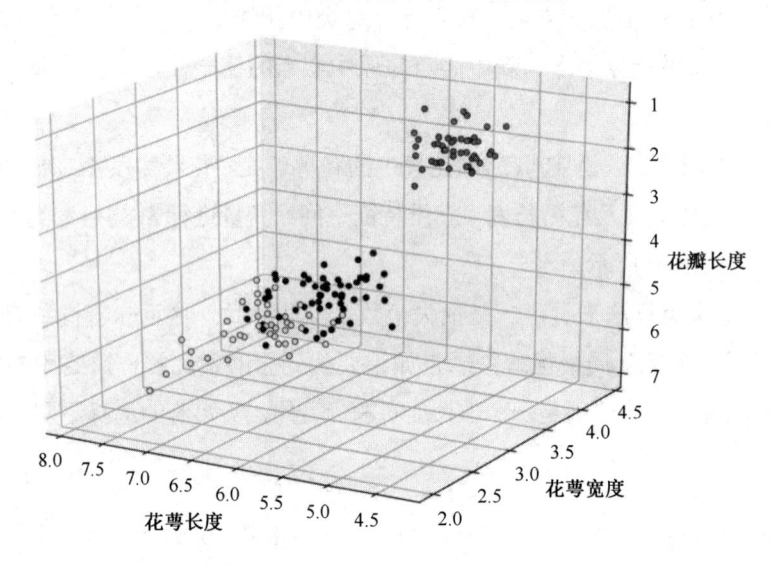

图 10-10　三个特征下的 K-均值聚类

10.4.2　主成分分析

在鸢尾花数据集中，每个样本的维数为 4，但是在实际应用中，一个样本的维度往往是非常大的，高维度空间会给计算带来很多问题，这也是机器学习中面临的一个困难，这种由维度引发的问题称为维数灾难（Curse of Dimensionality）。

解决维数灾难的方法之一就是降维（Dimension Reduction），通过数学变换将高维空间转化为一个低维子空间（Subspace）。有时，将高维空间转化成低维子空间后，就可以利用可视化的方式形象地展示出来。这也是为什么上文中利用四维的鸢尾花数据时，总是考虑两个或三个特征维度，就是为了利用图形形象展示。

主成分分析（Principal Components Analysis，PCA）是一种常用的降维方法，涉及协方差矩阵、相关系数矩阵、特征值、特征向量、奇异值等概念，它是卡尔·皮尔森（Karl Pearson）于1901年发明的，多用于探索性数据分析和预测模型的建立，现在被广泛应用在各种领域。

降维的一种简单方式是对高维空间进行线性变化，在给定 m 维空间的样本 $X = (x_1, \cdots, x_n)$，降维后一个 m'（$m' \leq m$）维的空间的样本为

$$Z = W^T X$$

其中，W 是一个 m 行 m' 列的矩阵，Z 是一个 m' 行 n 列的矩阵，构成了一个新的样本空间，这个新的样本空间是原空间的线性组合。

主成分其实就是利用 Z 中变量的方差大小来反映包含信息的多少，按照要求逐一提取变量形成第一主成分、第二主成分……

主成分的几何解释就是通过将原坐标轴进行旋转，生成新的坐标轴。如图10-11所示，通过旋转坐标轴，使这些点到新坐标轴横轴的方差变得更大。新坐标的横轴也被称为第一主成分。

利用 Python 进行主成分降维，分别将鸢尾花数据集中的四维数据降维至三维、二维和一维，如图10-12～图10-14所示。这样就将一个四维空间分别降维到了三维、二维和一维。注意，这里的二维、三维与前文聚类中图10-9、图10-10有所不同。聚类中考虑到可视化，直接删除了特征，而在主成分分析中则尽可能保留了四个特征的信息。

在进行主成分分析时，不同变量的量纲往往不同，而主成分分析会优先考虑方差大的变量，因此，为了消除量纲带来的不必要影响，往往需要将变量数据归一化

之后再进行分析。

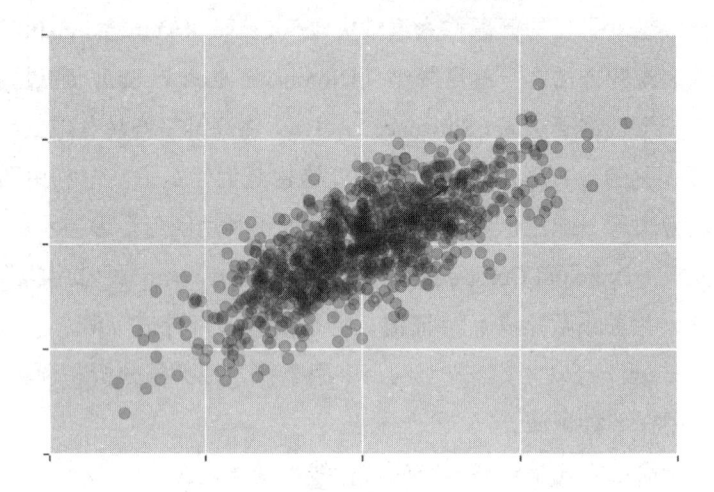

图 10-11 旋转坐标轴

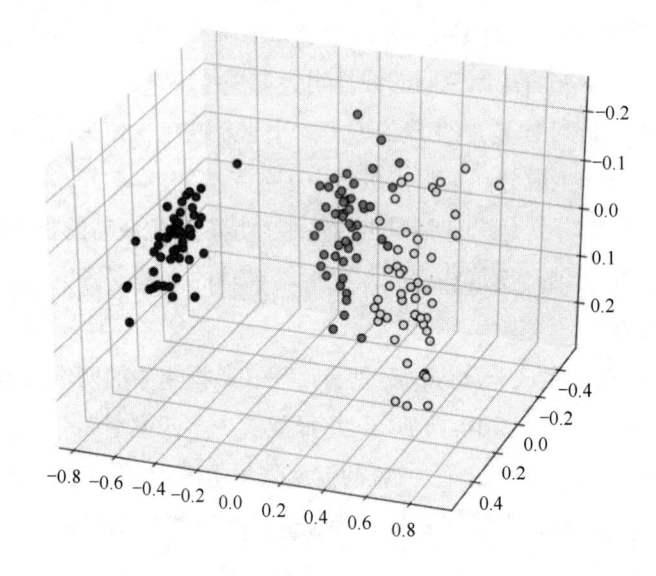

图 10-12 主成分分析——提取三个主成分

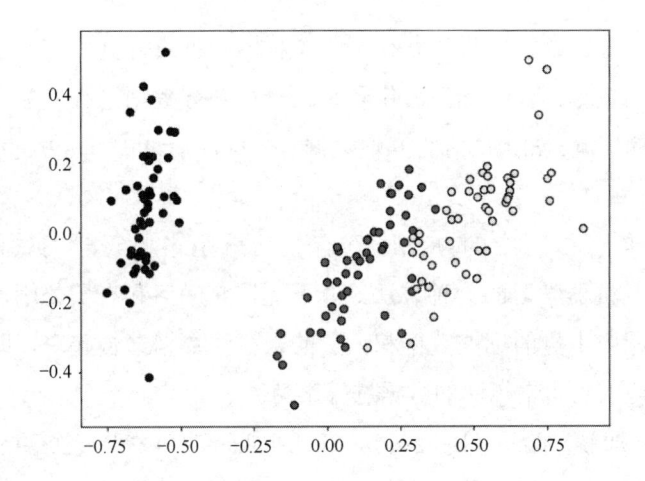

图 10-13 主成分分析——提取两个主成分

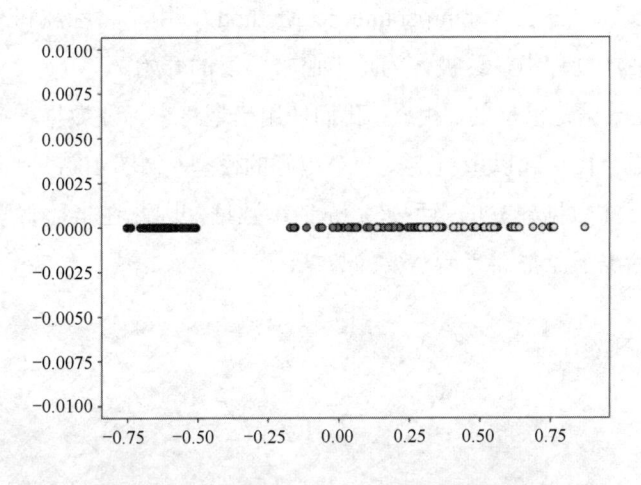

图 10-14 主成分分析——提取一个主成分

10.5 半监督学习

前文中已经介绍了数据对于机器学习的重要性,以及基于标注数据进行的监督学习和基于无标注数据的无监督学习。

现在考虑一个问题，如果你获得了一个样本数据集，其中有一小部分已被标注好，但是还有大量数据没有标注。仅利用这一小部分数据进行监督学习，可能出现训练样本不足的情况。如果此时将其他数据一一标注后再进行分析，那么就会耗时、耗资、耗力。

有没有一种可以折中的办法呢？有。这就是半监督学习（Semi-Supervised Learning），它是机器学习的一种方法，介于无监督学习和有监督学习之间。半监督学习将训练过程中少量的标注数据和大量的未标注数据结合起来，即便没有与外部进行交互，也可以利用未标注的数据进行学习。

贝赫扎德·沙赫沙哈尼（Behzad M. Shahshahani）和大卫·兰德格里伯（David A. Landgrebe）在1994年研究了如何使用未标注的数据来解决训练样本量较小的问题，提出了一种半参数的方法（Semiparametric Method），用于将标注和未标注的样本同时合并到参数估计过程中，这被认为是半监督学习的开始。

然而，标注数据是昂贵的。相反，我们使用模型将未标注数据转换为标注数据，并将所有数据组合在一起以重新定义一个更好的模型，如图10-15所示。半监督学习的目的是利用标注数据建立的模型来扩充训练数据，因此在半监督学习中需要的标注数据就会远远少于监督训练所需要的数据。

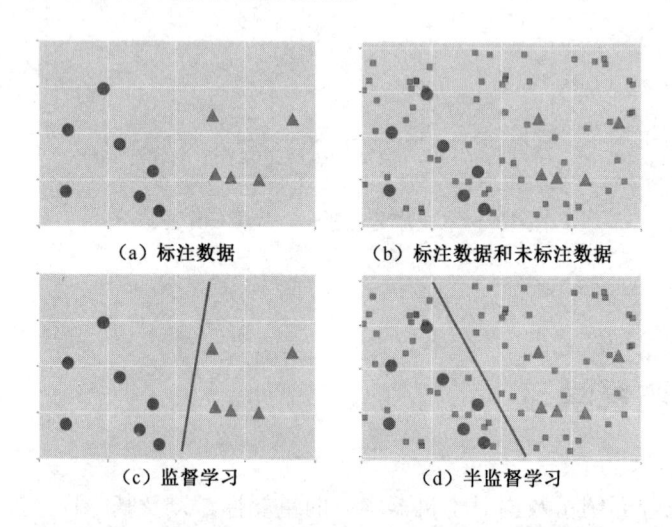

（a）标注数据　　（b）标注数据和未标注数据

（c）监督学习　　（d）半监督学习

图10-15　监督学习与半监督学习

人类的认知也与半监督学习非常类似。首先，一个小孩看到了狗，并从父母那里得到了这是一只狗的反馈标签，然后再经历几次不同种类狗的"监督学习"后，这个小孩还会看到各种各样的狗，此时不再有人告诉他，他也能够认出，当然，也可能会对一些罕见的品种判断错误，但那是极少数情况，这就是一种典型的半监督学习。

未来，数据量的急剧增加，势必给标注工作带来极大的挑战，那么如何利用半监督学习通过少量已标注的数据完成学习，是一个非常重要的课题。

10.6 强化学习

强化学习（Reinforcement Learning）是机器学习的一个领域，与智能体应如何在环境中采取行动使累积奖励的概念最大化有关。除了监督学习和无监督学习，强化学习也是三种基本的机器学习范式之一。

10.6.1 初识强化学习

学习就是一个主体与环境不断交互形成并完成一系列决策，最终完成目标的过程。用俗话来表达就是，"吃一堑长一智"，或者"不撞南墙不回头"。这就是在环境中学习的真实写照。

强化学习中有两个重要的概念，一个是智能代理，也称为智能体（Agent），它会根据策略（Policy）及观察（Observation）当前的状态（State）后，选择行动（Action）；另一个是环境（Environment），环境随机给出智能体反馈，而不同反馈结果会给智能体带来不同的奖励（Reward），奖励可能为正的、负的或零（没有奖励）。

表 10-3 所示为强化学习的关键词。

表 10-3　强化学习的关键词

关键词	内　　容
智能体	智能体，也就是在环境中探索和学习的主体
环境	智能体需要交互的环境
状态/观察	能够观测或感知到的环境信息
行动	智能体发出的行为或动作
奖励	环境对于智能体行动后给出的回报值

考虑生活中出现的如下序列场景。

（1）天气可能要下雨，小明不听劝告没有带伞出门。

（2）被雨淋成落汤鸡。

（3）感冒发高烧。

（4）关注天气预报并听人劝告，勤带雨伞。

在这个例子中，小明就好比智能体，当他观察或感知到了状态，即可能会下雨后，他还是从带伞与不带伞出门的策略中选择了后者并行动，环境给了他反馈，让他淋成了落汤鸡，感冒发高烧是对他的负向"奖励"。值得注意的是，小明面对的环境变化是随机的，既可能下雨也可能不下雨。

前面说到了监督学习，它是一种利用标注数据进行学习的方式，而且数据是之前就已经产生的，决策过程属于单次，即一锤子买卖。而无监督学习则利用已经给出的无标注数据探索数据结构、发现规律，不存在决策的问题。

强化学习的不同之处在于，它是基于环境评估策略下的行为进行学习的，数据是在与环境的交互中产生的，此时决策的过程由单次变为一个多次的序列。强化学习的目的是选择能够获得最大收益的一系列行为，是在探索（未知领域）和利用（当前知识）之间找到平衡，环境通常以马尔可夫决策过程（Markov Decision Processes，MDP）的形式表示，因此，强化学习本质上是一个序列优化的问题。

强化学习会涉及相当多的知识，如博弈论、控制论、运筹学、信息论、基于仿真的优化、多智能体系统、群体智能、概率论、统计学、随机过程和遗传算法等。

那么，如何描述一个强化学习的问题呢？

10.6.2 策略优化与评估

下文通过一个十分经典的游戏，1995 年由大宇出品的《仙剑奇侠传》对强化学习进行解释。如图 10-16 所示，假设游戏的男主角李逍遥（智能体）正在迷宫（环境）的入口处（图片右下角），这就是当前的"状态"（状态仅针对环境，这里的环境是游戏程序）。

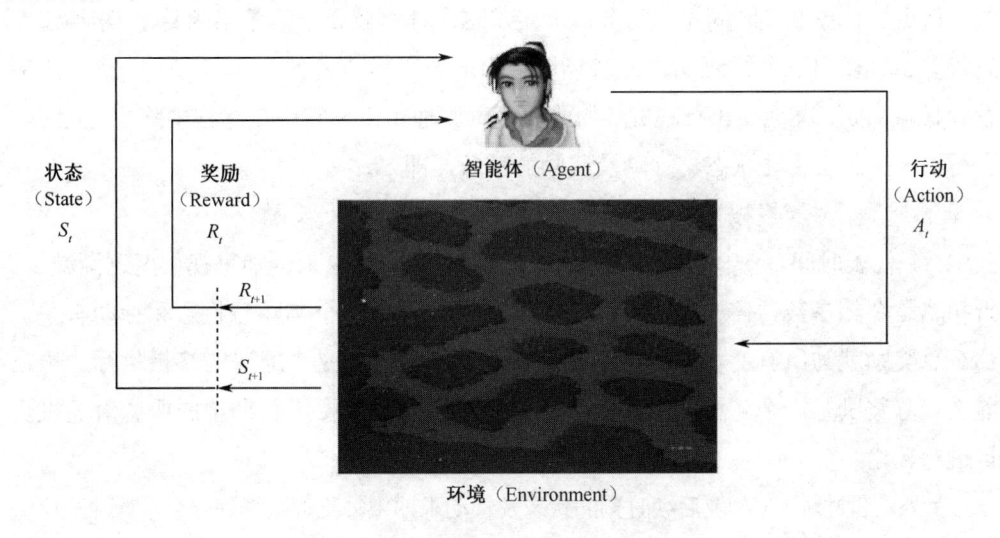

图 10-16 强化学习之李逍遥闯迷宫

李逍遥有 4 种"行动"的方式，即向前走、向左走、向右走及向后走，在这种状态下，李逍遥该如何走，就是一个策略，它根据观察的状态做出决策。

"策略"可以表达成一个概率质量函数（Probability Mass Function），也就是在某个状态下按照概率大小行动。例如，向前走的概率为 0.5，向右走的概率为 0.2，向左走的概率为 0.25，向后走（不进入这个迷宫）的概率为 0.05。强化学习学的就是不断尝试学习这个策略函数，利用策略函数就可以让李逍遥做出决策了。

李逍遥做出一个行为，游戏可能就会给出一个"奖励"，如发现很多不同的宝物（不同的宝物有不同的量化得分），或者最终走出迷宫（此时最大的正分），又或者碰到妖怪又被杀的可能（此时最大的负分），或者什么情况也没有（此时的 0 分）。奖励的好坏对结果影响很大，强化学习的目标就是让奖励尽可能最高。

"状态转移"（State Transition）是指李逍遥每走一步，就会出现新的状态。状态转移一般是随机的，因为即便李逍遥往前走，妖怪可能也会随机游走，有时看见妖怪了，李逍遥也可以进行躲避。

强化学习中的两种随机性来源，一种是李逍遥可以随机选择他的行为，根据策略随机抽样得到；另一种随机来源就是状态转移，因为环境也是随机创造的。李逍遥如何更快、更好（时间短且得分高）走出这个迷宫就要学习策略函数。[1]李逍遥看到状态 s_1，做出一个行动 a_1，此时环境会给出一个奖励 r_1 并生成状态 s_2，当李逍遥看到状态 s_2 后，又会做出行动 a_2，如此反复直到他走出迷宫或在迷宫中阵亡。此时，会得到一个关于上述状态、行动及奖励的链条，即

（累积）总奖励 = 奖励$_t$ + γ 奖励$_{t+1}$ + γ^2 奖励$_{t+2}$ ……[2]

其中，t 代表时间，γ 代表一个折扣率，表示李逍遥对未来奖励重视程度逐渐减少。折扣率是个超参数，需要人们帮助李逍遥决定。因为每个奖励与状态和行动有关，那么总奖励就与所有的状态和行动有关，总奖励最大化是李逍遥的终极目标。根据前文，总奖励是一个随机变量，为了评估随机变量，就要用到期望的概念对随机变量进行转化。

另外，通过对 t 时刻及后续时刻的状态及行动求期望，还可以得到一个"行动—价值函数"（Action-Value Function）来评价行动的好坏。[3]另外，可以在行动—价值函数的基础上使用最优价值—行动函数（Optimal Action-Value Function）。[4]因此，强化学习还可以表示成一个求解最优行动—价值函数的过程。[5]

---

① 用公式表示为：$\pi(a|s)$。

② 用公式表示为：$R = R_t + \gamma R_{t+1} + \gamma^2 R_{t+2} + \cdots$。

③ 用公式表示为：$Q_\pi(s_t, a_t) = E[R_t | S_t = s_t, A_t = a_t]$。

④ 用公式表示为：$Q^*(s_t, a_t) = \max_\pi Q_\pi(s_t, a_t)$，也就是让 Q_π 最大化的那个 π。

⑤ 可以利用深度神经网络 Deep Q-Network（DQN）逼近最优行动—价值函数，其中神经网络的输入是状态 s，神经网络输出的数值是对不同行动 a 的打分。随着李逍遥不断地进入迷宫适应环境，他最终会料事如神，如在哪个环节可能会碰到宝物或遭遇妖怪。

回到李逍遥和迷宫场景中，他在这里的任务是能够在得到全部宝物的情况下，尽可能快速走出迷宫，同时还要战胜那些他能够战胜的妖怪。此时，策略函数和行动—价值函数都可以作为李逍遥行动选择的依据。

强化学习与监督学习不同的是，它并没有对这些策略进行标注。也就是说，直到最后（走出迷宫或被妖怪杀掉），李逍遥才能回忆之前的那些行为是否合适。

10.6.3　强化学习的算法

因为强化学习是一个序列优化问题，所以可以考虑使用动态规划或蒙特卡罗方法进行求解。然而，动态规划要求满足马尔可夫决策过程前提，条件苛刻，而蒙特卡罗尽管对模型要求不高，也并不需要满足马尔可夫决策过程假设，但是也会出现估值严重偏离真实值的情况，而且通常是在一个序列之后才能返回一个状态的估算值。

因此，在强化学习中还有另一类方法，就是时间差分（Temporal Difference）法。时间差分法是指从当前的价值函数估计中进行自举学习的一类无模型强化学习方法。这些方法从环境中取样（类似于蒙特卡罗方法），并基于当前估计进行更新（如动态规划方法）。蒙特卡罗方法只在最终结果已知的情况下调整预测，而时间差分法在最终结果已知之前调整预测，也就是说，时间差分法可以做到一步一算。

在时间差分法中，SARSA（State-Action-Reward-State-Action）算法和Q-Learning是两种常用的算法。其实两种算法的公式差不多，唯一的区别在于公式中前者利用行动—价值函数进行估算，而后者利用最优行动—价值函数进行估算。Q-Learning是强化学习中使用最多、最有效的一种算法，它告诉智能体在什么情况下应该采取什么行动。[1]它不需要环境模型，并且可以处理随机转换和奖励的问题。

---

[1] "Q"指代强化学习中的最优价值—行动函数的名称，该函数返回用于提供增强的奖赏，并且可以表示在给定状态下所采取的动作的"质量"。

关于强化学习的总结如下。

（1）强化学习是三种基本的机器学习范式之一。

（2）帮助李逍遥发现在一段时间内哪种行为产生的回报最高。

（3）强化学习方法：基于价值的学习和基于策略的学习等。

（4）代理人、状态、奖励、环境、价值函数等是强化学习最重要的术语。

（5）强化学习的一个例子是，李逍遥是一个暴露在迷宫（环境）中的智能体。

（6）强化学习最大的特点是没有监督者，只有一个奖励信号。

（7）强化学习中广泛使用的学习算法之一是 Q-Learning。

（8）强化学习是一种与环境相互作用的学习方法，而监督学习是一种基于给定样本数据或实例的学习方法。

（9）强化学习实际应用落地的场景有工业自动化机器人、商业战略规划、金融投资和游戏等领域。

有些人一直不太了解人工智能、机器学习和深度学习之间的关系，如图 10-17 所示，人工智能与机器学习、深度学习通常不在一个维度。当然，还有些人认为人工智能就是机器学习，其实这都是些误解。

图 10-17 人工智能、机器学习与深度学习的关系

部分神经网络的内容本应该在机器学习中进行介绍，但是由于其与深度学习联系较为紧密，因此统一放在第 11 章进行说明。机器学习是一门非常重要的课程，是

人工智能中最基础的内容之一。目前，在一些有条件、学生素质好的中学，机器学习已经作为一门选修课开设了。关于学习机器学习，笔者有以下几点感悟与读者分享。

（1）几乎所有的机器学习最终都指向一个优化问题。

（2）没有数据不行，数据很重要，因此需要掌握数据分析的相关技术。在实际应用中，人工智能相关工作往往很大一部分时间是枯燥的数据处理工作，需要提前做好思想准备。

（3）从机器学习中可以看到，很多算法都涉及（多元）统计学的内容，因此，如果想更好地理解，需要有扎实的多元统计的数学知识，而这又建立在对微积分、概率论、线性代数等多门学科的深入理解基础之上。

（4）微积分、概率论、统计学、线性代数等多门学科只是基础，要想深入研究机器学习还需要掌握随机过程、图论、蒙特卡罗模拟等更高阶的数学知识。

（5）对计算机编程的要求较高，因此需要扎实的编程基础。

（6）对如 TensorFlow 或 PyTorch 等平台要有一定了解，这会让实际操作事半功倍。

第 11 章 深度学习

前文已经对人工神经网络（Artificial Neural Networks，ANN）及其发展的历史沿革做了一定的介绍。本章主要介绍神经网络及深度学习的原理。其实，神经网络，当然也包括深度学习，仍然属于机器学习的范畴。人工神经网络利用数据来"学习"执行任务，一般无须使用特定规则进行编程，它基于人工神经元原理开展"学习"工作。深度学习就是多隐含层的神经网络，利用多层逐步从原始输入中提取更高层次的特征。例如，在图像处理中，较低的层可能识别边缘，而较高的层可能识别出其他特征。

11.1 基本概念

11.1.1 神经元

人工神经网络是建立在一组被称为人工神经元的连接单元或节点上的，这些单元或节点对生物大脑中的神经元进行松散建模。每个连接，就像生物大脑中的突触一样，可以向其他神经元传递信号。一个人工神经元接收到一个信号，然后对其进行处理，并向与之相连的神经元发出信号。

理解人工智能，从 M-P 神经元开始。M-P 神经元在单个神经元的基础上进行了数学建模，通常满足下述功能。

(1)可以接收 n 个信号（输入）。

(2)可以给不同信号分配权重。

(3)可以将得到的信号汇总、变换和输出。

如图 11-1 所示的神经元模型，其中，x_i 表示输入的信号，共有 n 个输入。这些变量的样本值经过权重（Weight）w_i 进入神经元中，通过下面的公式向外输出。

$$y = f\left(\sum_{i=1}^{n} w_i x_i - \theta\right)$$

其中，y 表示节点的输出值，$f(\cdot)$ 表示该神经元中的激活函数（Activation Function），θ 表示阈值（Threshold）。

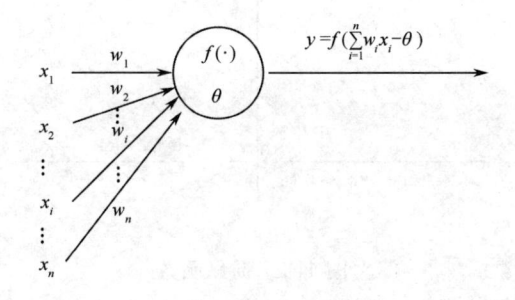

图 11-1 神经元模型示例

11.1.2 激活函数

神经元的工作机制是将输入的数值映射成"激活"（以 1 表示）和"抑制"（以 0 表示）。"忍无可忍，无须再忍"就是激活的最佳诠释。无论受到多大的刺激，只要没有触碰底线，都以沉默应对，一旦越线，就变得不再沉默而是奋力还击了。按照这样的思想，阶跃函数（Step Function）就是最形象的一个表现函数，如图 11-2 所示。

阶跃函数的公式为：

$$\text{sgn}(x) = \begin{cases} 1 & x \geq 0 \\ 0 & x < 0 \end{cases}$$

从图 11-2 中可以直观地看出，阶跃函数不光滑、不连续，这在数学上意味着无法连续可导。因此，人们找到一种替代阶跃函数的 Sigmoid 函数，它能够将输入值挤压到(0,1)，如图 11-3 所示。

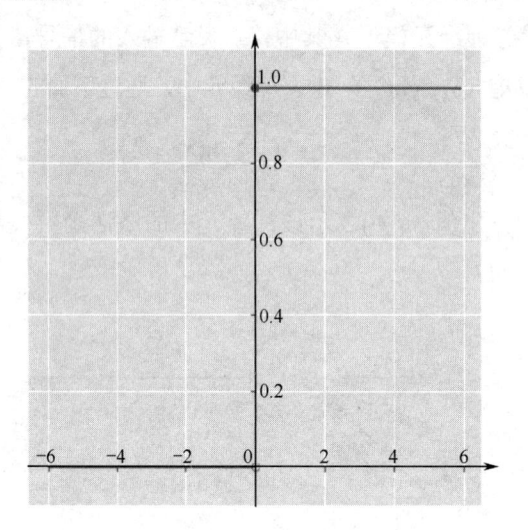

图 11-2　阶跃函数

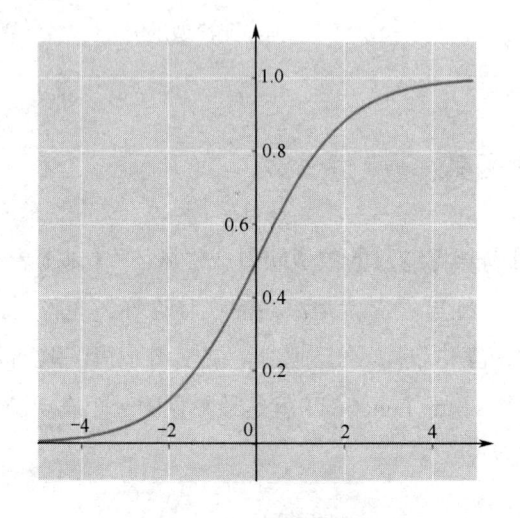

图 11-3　Sigmoid 函数

Sigmoid 函数的公式为

$$f(x) = \frac{1}{1+e^{-x}}$$

Sigmoid 函数是连续可导的,导数为

$$f'(x)=f(x)(1-f(x))$$

不同的问题,可能需要用到不同的激活函数,下面再介绍两种最常见的激活函数,一个是 tanh 激活函数,如图 11-4 所示;另一个是 ReLu 激活函数,如图 11-5 所示。

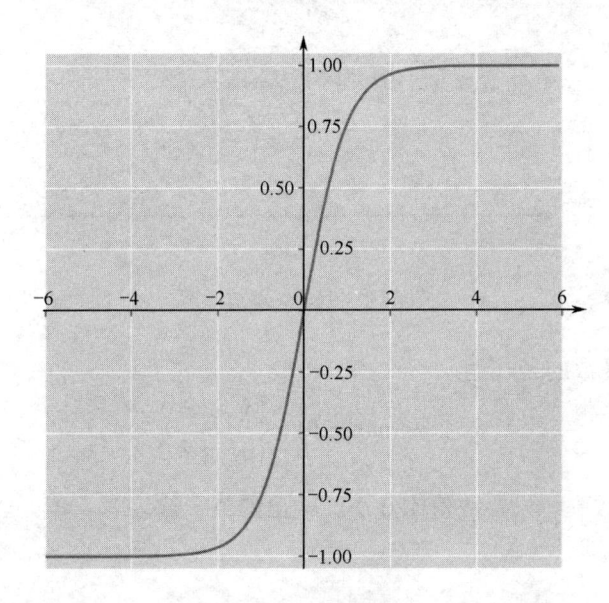

图 11-4　tanh(x)函数

tanh 激活函数的公式为

$$\tanh(x) = \frac{\sinh(x)}{\cosh(x)} = \frac{1-e^{-2x}}{1+e^{-2x}}$$

其中

$$\sinh(x) = \frac{e^x - e^{-x}}{2}$$

$$\cosh(x) = \frac{e^x + e^{-x}}{2}$$

从图形上可以看到，tanh 激活函数比 Sigmoid 函数的收敛速度更快，而且这个函数是以 0 为中心的（Sigmoid 函数不是以 0 为中心的，也就是当输入为 0 时，输出不为 0）。

ReLu 激活函数（Rectified Linear Unit）的图形如图 11-5 所示。

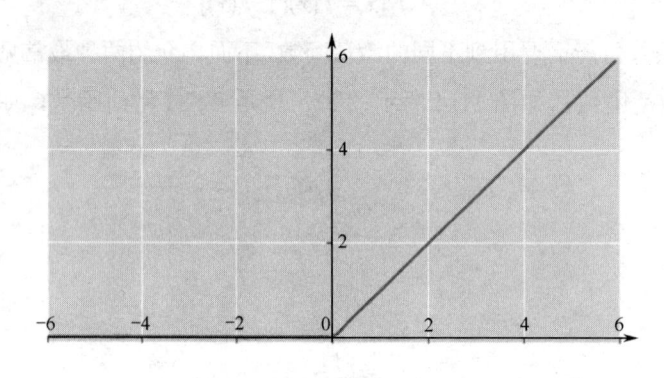

图 11-5　ReLu 激活函数

ReLu 激活函数的公式为

$$\max(x,0) = \begin{cases} x & x \geq 0 \\ 0 & x < 0 \end{cases}$$

在 ReLu 函数中，只要数值比 0 小，输出的值一律为 0，一旦过了这个点，输入值就是输出值。

11.1.3　感知机

感知机（Perceptron）的理论基础源于 M-P 神经元，它是由两层神经元组成的网络结构：①输入层负责接收外界的信息数据，然后传递给输出层，输出层就是 M-P 神经元。

---

① 所谓的两层其实并不是真正意义上的两层，在一般情况下，说到神经网络的层数，其实是不将输入层考虑进去的，因为并没有在输入层进行激活函数处理，所以，严格地说，这里的感知机只具备一层。

第11章 深度学习

在 M-P 神经元中,输入数据只是 0 和 1,而权重等参数无法通过学习数据得到,需要人们事先设置。而感知机中不再要求输入数据必须是 0 和 1,权重等参数可以从数据学习进行调整。

感知机的模型为

$$y = w_1x_1 + w_2x_2 + \cdots + w_nx_n - \theta$$

它其实就是一个线性方程,也就是一个超平面,能够实现逻辑与、或、非运算。前文中已经提到,感知机的局限性成为连接主义陷入低谷的原因,其实就是当时它无法解决异或问题,图 11-6 可以很好地说明这个问题。

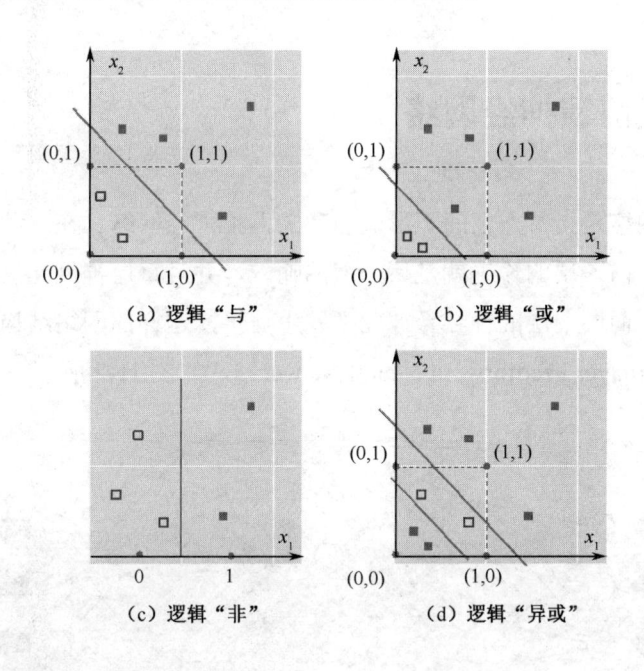

图 11-6 线性可分的"与""或""非"和线性不可分的"异或"

"与"($x_1 \wedge x_2$)、"或"($x_1 \vee x_2$)和"非"($\neg x_1$)等问题,如图 11-6(a)、图 11-6(b)和图 11-6(c)所示,存在一个超平面就可以将它们分开。马文·明斯基在 1969 年的《感知机》一书中提及它的局限之一就是一层神经网络无法解决"异或"($x_1 \oplus x_2$)这样非线性的简单问题。

正如图 11-6（d）所示，只要添加一层神经元，即不单纯输出层含有激活函数，添加的这个层也被称为"隐藏层"，具有激活函数，这样就可以解决"异或"问题。

1965 年，阿列克谢·格里戈里耶维奇·伊瓦赫内科（Alexey Grigoryevich Ivakhnenko）等学者就提出了多层神经网络的思想，这应该是深度学习的雏形了。马文·明斯基可能"没有做好"文献综述工作，人们也没有重视 1965 年那篇含有多层神经网络思想的文章，否则也就不会有神经网络失去的那些年了。直到 1975 年，异或问题才被学者解决。

11.2　多层前馈神经网络

前馈神经网络是指节点之间不形成循环的人工神经网络。在这种网络中，如果存在多层连接，前一层的输出就是后一层的输入，并且每层神经元只与下一层神经元进行全连接，而同一层的神经元彼此不发生连接，这样的网络结构称为多层前馈神经网络（Multilayer Feedforward Neural Network），如图 11-7 所示。

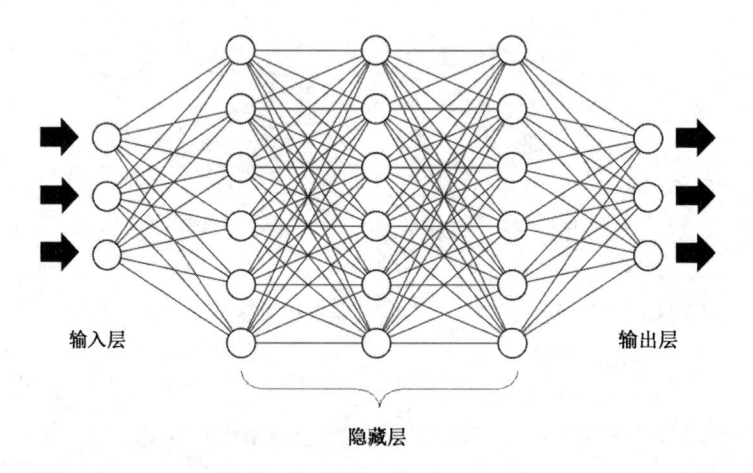

图 11-7　多层前馈神经网络示意图

前馈神经网络是最早也是最简单的一种人工神经网络。在这个网络中，信息只朝一个方向前进，从输入层节点，通过隐藏节点，再到输出层节点，这种发生与下文要介绍的循环神经网络截然不同。

在图 11-7 中有 3 个隐藏层，有的神经网络还有更多层。那么，神经网络的隐藏层需要设置为几层呢？关于隐藏层的层数，是多层前馈神经网络的一个超参数。1989年，库尔·霍尼克（Kur Hornik）、麦克斯韦·史汀科姆（Maxwell Stinchcombe）和赫伯特·怀特（Herbert·White）等学者发表论文，在满足一定的条件下，只要神经元足够多，一层隐藏层就可以逼近任何的函数，即一个隐藏层就足够了。

11.2.1 损失函数

前文中介绍了层、神经元、权重、阈值和激活函数等相关概念，下面介绍一个重要的概念——损失函数（Loss Function），也称为代价函数（Cost Function）或成本函数。将模型输出的值与实际值进行比较，通过损失函数得到"损失"，因此，损失函数的作用是衡量输出值与实际值二者的差距程度，拟合得越差，损失函数的值越大。

假如有一组观察数据为(X, Y)，利用多层前馈神经网络构建了一个模型 $f(\cdot)$，通过输入数据 X，由 $f(X)$ 给出一组输出值 $\widehat{Y}$，那么损失函数记为：

$$L(Y, \widehat{Y}) = L(Y, f(X))$$

常用的损失函数有绝对损失函数和平方损失函数。

绝对损失函数为：

$$L(Y, \widehat{Y}) = |Y - f(X)|$$

平方损失函数为：

$$L(Y, \widehat{Y}) = (Y - f(X))^2$$

11.2.2 网络结构

这里利用一个案例对多层前馈神经网络结构进行说明。数据来源为 MNIST

（Mixed National Institute of Standards and Technology database）手写数字数据集，来自美国国家标准与技术研究所（National Institute of Standards and Technology，NIST）。它是图像识别入门的一个最常见的数据集。该数据集广泛被用于机器学习领域的训练和测试。当然，它也经常被用作反向传播的训练和测试。

该数据来自 250 个不同的人的手写笔迹，其中一半是高中生，另一半是人口普查局的工作人员。该数据集可以从 http://yann.lecun.com/exdb/mnist/ 网站下载，一些主流神经网络架构（如 TensorFlow、PyTorch 等）也提供了单独的下载函数，方便入门使用。数据集分为训练集（6 万个数据样本）和测试集（1 万个数据样本），各自都包含图像和标签两个文件。文件名如下。

（1）训练数据图像：train-images-idx3-ubyte.gz。

（2）训练数据标签：train-labels-idx1-ubyte.gz。

（3）测试数据图像：t10k-images-idx3-ubyte.gz。

（4）测试数据标签：t10k-labels-idx1-ubyte.gz。

数据集中的图像是以 0～1 的数值形式存在的，每一个手写数字都由 28×28=784 个像素组成，其中黑色部分是背景（数值接近 0），白色部分是数字（数值接近 1）。这些数字已进行尺寸规格化，并在固定尺寸的图像中居中。

因为数据集的格式和数字图像格式（范围为 0～255）不同，所以读取后需要用程序转换为图像格式，转换后的图像如图 11-8 所示。

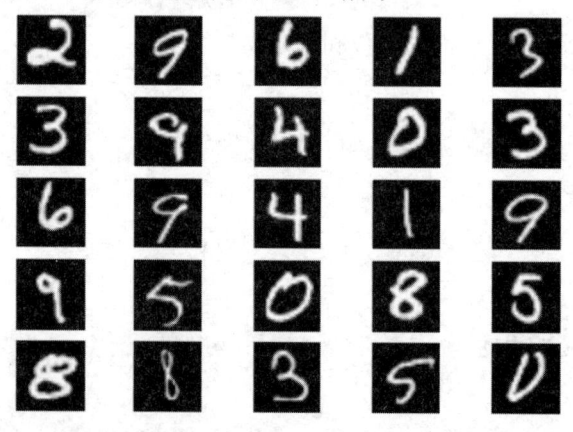

图 11-8　MNIST 测试数据集的示例图像

例如，图 11-9 给出的就是数字图像格式。这样，一个图像数字就可以由 784 个 0～255 的数字表示出来。

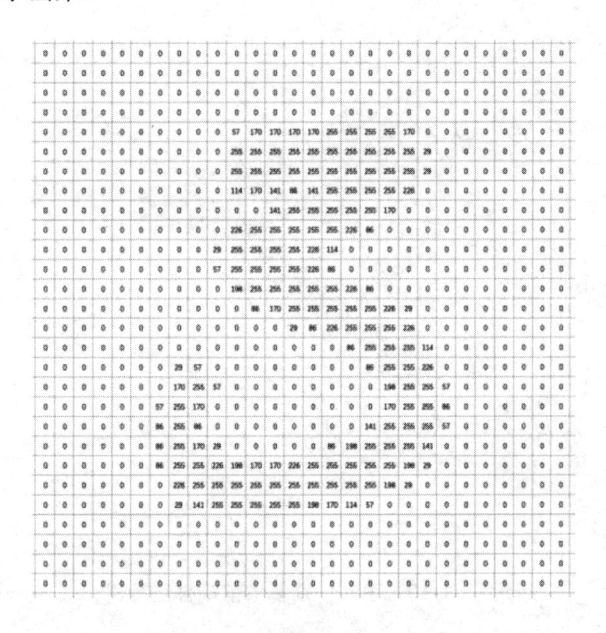

图 11-9　数字图像格式

如果将这个数字图像格式"拉"成一条，那么可以得到一个包含 784 个数值的向量作为输入值,因为需要辨别出手写数字是多少,所以输出的结果是 0～9 的数值。假设将隐藏层设置为两层，每层 18 个神经元，通过全连接，就构成了一个多层前馈神经网络，如图 11-10 所示，其中的连接线代表权重。

下面来看看这个多层前馈神经网络共有多少参数。

首先是层与层之间的权重数

$$784×18+18×18+18×10=14616$$

然后是各个节点上的阈值

$$18+18+10=46$$

因此，共有 14 662 个参数需要调整。

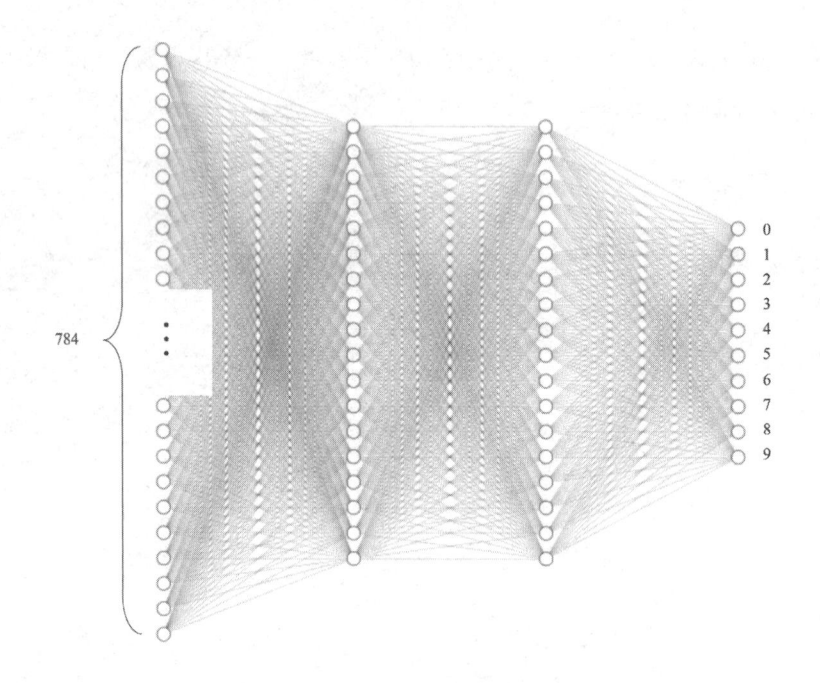

图 11-10　手写识别多层前馈神经网络

每给出一组输入值 x_i（784 个图像数值分别表示为 $x_1^i, \cdots, x_{784}^i$），就可以得到一组输出值 $\hat{y}_i$（10 个输出值为 $\hat{y}_1^i, \cdots, \hat{y}_{10}^i$），将其和实际值 y_i（10 个实际值为 $y_1^i, \cdots, y_{10}^i$）对比，得到一个误差值，该值越小越好。对于样本 i 产生的误差，可以表示为[①]

$$e_i = \frac{1}{2}\sum_{j=1}^{10}(y_j^i - \hat{y}_j^i)^2$$

对于含有 m 个样本的数据集，则平均误差为

$$E = \frac{1}{m}\sum_{i=1}^{m} e_i$$

因为输出值是由权重、阈值和输入值构成的，所以对于神经网络的学习来说，其实就是找到一组参数值，拟合给定的观察数据，从而让平均误差最小。因此，求解多层前馈神经网络的本质是一个优化问题。

从表面上看，神经网络是由输入值、实际值及输出值构成的，但实际上它的本

---

① 为了便于以后的求导计算，在等式右边加上 1/2。

质是将大量参数作为输入，并输出一个数字来反映偏差大小的函数。一种"笨"办法是穷举法，但是面对海量数据和复杂的函数结构，这种方法显然不可行。我们要做的是找到一种方法，在初始化参数值后，能够更好、更快地改变它们，从而找到最优的参数值。

11.2.3 梯度与随机梯度

上文中已经提及平均误差最小是目标，而它又可以表示成权重的函数，在这种情况下，就转变为数学中的求极值问题。

接触过微积分的读者应该马上想到，求极值的问题可以转化为求导数，如图11-11所示，函数在 A 点导数为 0，因此这个点就是极值点。

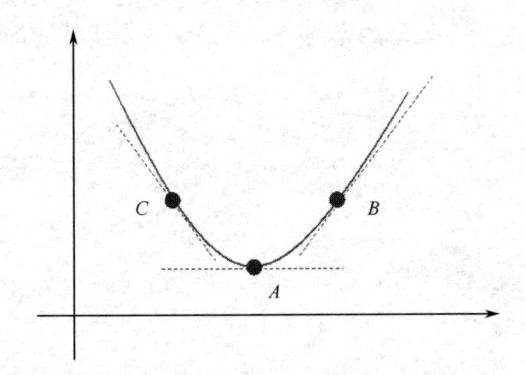

图 11-11　函数的极值

对于一些复杂的函数，会有很多极值点，此处涉及全局最优解（Global Optimum）和局部最优解（Local Optimum）的概念。如图 11-12 所示，D 点是全局最优解。

以上给出的是一元函数，梯度可以很容易理解为导数，当导数为 0 时，是一个极值点。多维空间的梯度概念稍微烦琐一点，涉及求偏导数（Partial Derivative）。

以二元函数 $f(\cdot)$ 为例，它的梯度 ∇f 可以表示为

$$\nabla f = \left(\frac{\partial f}{\partial x}, \frac{\partial f}{\partial y} \right)$$

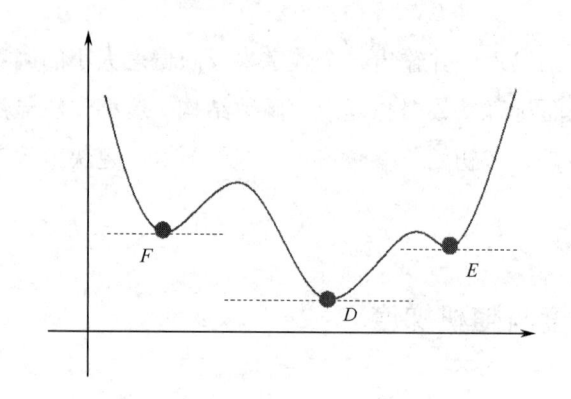

图 11-12 全局最优解与局部最优解

图 11-13（a）所示为一个二维曲面，图 11-13（b）所示为其投影到平面的等高线图，梯度的作用就是用来寻找多元函数的极值。梯度反方向是函数值下降最快的方向，因此每次移动沿着梯度递减的方向，就能最快找到函数的极小值。

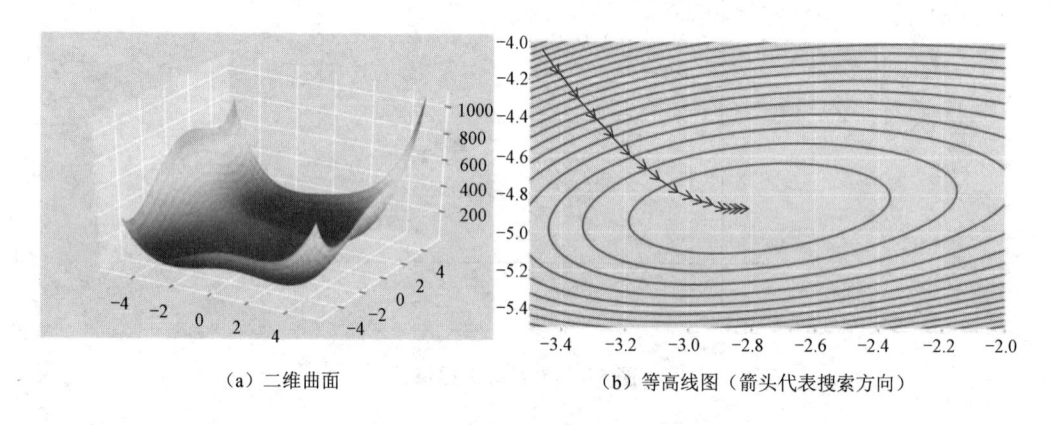

（a）二维曲面　　　　　　　（b）等高线图（箭头代表搜索方向）

图 11-13 二维曲面图形及其等高线图

沿着负梯度方向是一个方向问题，但是每次移动多少呢？这就牵涉另一个参数，称为学习率 η，它决定步幅的长度。若步幅太小，则移动太慢；若步幅太大，则有可能会跨越极值。

梯度下降算法每一次迭代，都需要遍历所有的样本，然后计算误差和各个权重的梯度等。这样的方式大大增加了计算的荷载，降低了收敛速度。因此，在梯度下降算法的基础上提出了随机梯度下降（Stochastic Gradient Descent，SGD）算法。

随机梯度下降是一种重要的优化算法，它随机选择数据子集的方式而不是选择全部数据集合，是梯度下降法的近似算法。这种方式最大的优势是在大数据应用中减轻了计算负荷，实现了更快的迭代。

11.2.4 反向传播

前文中已经说到杰弗里·辛顿和大卫·鲁梅哈特等学者简洁系统地提出了反向传播算法，它是用于训练前馈神经网络进行监督学习的一种广泛使用的算法。反向传播中一个重要的数学概念是链式法则（Chain Rule）。

基于这种算法的 BP 神经网络（Back Propagation Neural Network）是一种按照误差反向传播算法训练的多层前馈神经网络，是目前应用最广泛的神经网络之一。反向是指沿着输出层到输入层的顺序，逐次计算并且存储参数的梯度和中间变量。因此，在神经网络初始化时，交替地进行正向传播和反向传播，而且根据方向传播计算梯度的参数。

BP 算法是一种正向与反向交替传播的算法，正向传播中传递信息，给出分类参考，而在反向中传递误差，调整权重。它的算法步骤如下。

第 1 步：随机生成模型的参数（权重与阈值）。

第 2 步：根据参数和训练数据，计算神经网络中每个神经元的输入与输出。

第 3 步：根据反向传播算法，更新模型的参数。

第 4 步：判断是否满足要求，若满足要求则结束，否则回到第 2 步。

BP 神经网络注意事项如下。

1. 样本分类问题

如果样本足够多，最好将数据分为训练集（Training Set）、验证集（Validation Set）[①]和测试集（Test Set）。模型的调参是在训练集下完成的，无法评估模型真实的预测水

[①] 一般情况下，如果不是特别需要进行模型评估与选择，将数据划分为训练集与测试集即可。

平，因此才需要用到测试集。通过对数据进行 3 个集合的划分，更能得到泛化能力最好的模型。

2. 过拟合问题

因为 BP 神经网络的表示能力过于强大，所以过拟合是建模过程中需要思考的问题。过拟合目前没有一个公认客观的方法解决。通常的做法是：增加样本数量、早停法（Early Stopping）和正则化（Regularization）。

3. 容易陷入局部最优

采取多次运行的方式，可以改变初始的赋值，避免陷入局部最优。

4. 样本数据困扰

BP 神经网络建模的好坏还与样本数据密切相关，如果样本代表性差，就很难得到好的模型进行预测。

5. 算法模型存在一些主观因素

隐藏层的层数及每层神经元数的选择，以及激活函数等的选择，目前仍没有一个客观的定论，主观性较大，需要具体问题具体分析。每次运行后得出的参数可能存在一定差异。因为初始权值和阈值是随机产生的，所以每次运行后得到的参数可能会不同，可以多运行几次，从中找出更好的一组参数。

11.3 卷积神经网络

前文中提到了关于 BP 神经网络的一些缺点，如收敛速度慢、需要大量的数据、容易陷入局部最优解等，这些缺点制约了 BP 神经网络的层数，使其无法发挥出更好的性能。通过增加神经网络的隐藏层数量，从而达到性能优化的目的，这样的方法称为深度神经网络。

卷积神经网络（Convolutional Neural Network，CNN）是由具备不同功能的"层"连接组合而成的深层神经网络，是一种擅长应对图像处理方向的应用需求的网络模型。其主要特征是包含"卷积层"和"池化层"等具备特殊功能的"层"。随着研究的进展，近年来，卷积神经网络已经不局限于图像处理，也同样被广泛应用于如音频处理、自然语言处理等其他领域。

其实卷积神经网络最开始是作为应对图像中的物体识别这一课题而开发出的专项算法，但由于其远超其他算法的性能，后又被考虑用在迁移学习、强化学习等方面的研究。也由此，卷积神经网络得到了飞速的宣传和普及。

11.3.1 卷积核

提到卷积神经网络，首先需要搞清楚卷积的意义。从数学角度来说，卷积是将一种函数应用于另一种函数的运算，而在图像领域，卷积的实际意义就是用特定的矩阵将图片中的像素信息转化为特征信息，这种矩阵被称为卷积核（Kernel），或者称为滤波器（Filter）。

卷积核对图像处理的应用并不是近些年的新兴产物，很早以前，随着图像数字化的发展，数字化图像处理需求的增加，研究者就曾经使用卷积的思维对图像进行操作加工，只不过那时的处理技术并不能像卷积神经网络一样同时准备多种不同卷积核进行复杂处理，而是使用订制设计的单一卷积核对图像进行操作，如提取图像边缘、降噪、模糊化等。那时的思路源于信息处理技术方面的知识，因此当时将卷积核称为滤波器。滤波器和卷积核在本质上是同一种东西，下文统一使用卷积核指代。

卷积核的工作原理如图 11-14 所示，对 3×3 的原图（矩阵）用 2×2 的卷积核进行卷积计算，首先针对左上角 2×2 区间进行计算，对应位置乘积的总和为 37（1×1+2×2+4×3+5×4=37），之后依次计算右上角、左下角和右下角，相当于卷积核在原图中按照从左到右、从上到下的顺序依次滑动，得到了卷积输出结果（2×2 矩阵）。

人们在计算机或手机中常见的图像，与中学物理中所学到的通过人眼感受到的色彩是有本质上的区别的，后者是不同波长的光线被人类的视觉系统（眼→脑）感受到后形成的信息，而前者，因为需要保存在电子设备中，是通过数字化手段整合而成的一组数字。主流的数字化图像存储格式，是将图像中的每一个颜色通过红、绿、蓝三原色组成的数组来表达，如图11-15所示，将图像放大到一定程度，我们能够看到3种颜色构成的像素点。

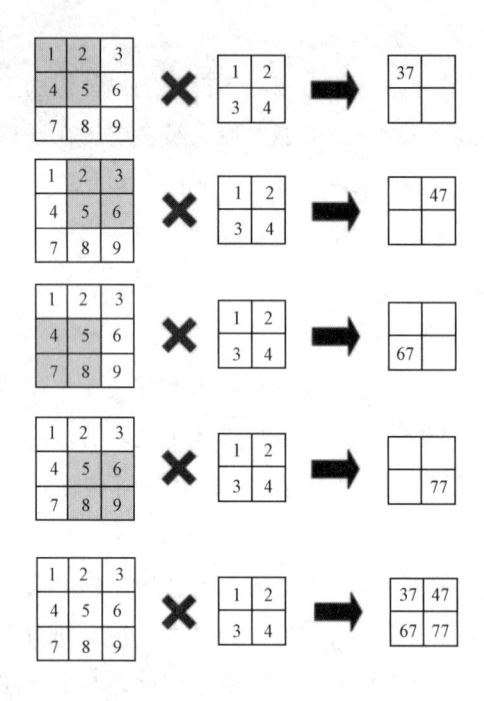

图 11-14　卷积核的工作原理

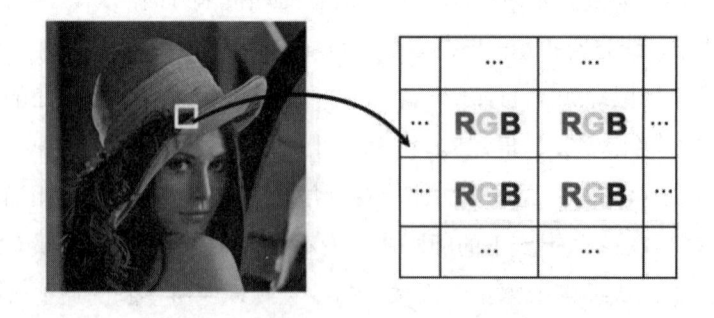

图 11-15　图像数字化的三原色

而其中三原色的数值表现则如图 11-16 所示，由一定范围的整数表示，如果是主流的 8bit 位图表现法，数值的取值范围就是 0~255（总共 2^8 个数字）3 种颜色就是 2^{24}（≈1670 万）种颜色，因此也被称为 24 位真彩色。近年来手机和显示器屏幕的技术在不断升级，对颜色的表现精度要求不断提高，有的屏幕已经可以展现 10bit 位图（2^{30}≈10.7 亿种颜色）甚至 12bit 位图（约 687 亿种颜色）。

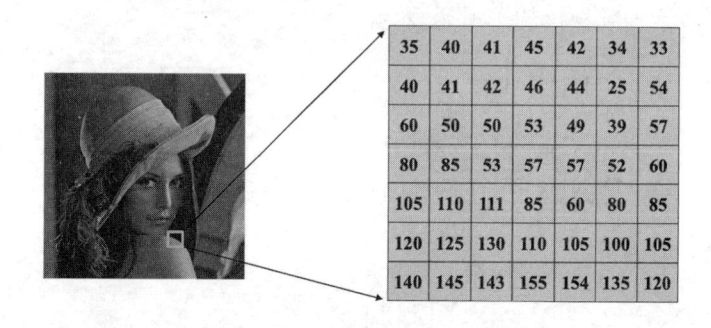

图 11-16　三原色的数值表现

一张静态图像本身是具有长和宽两个维度的，所以一张灰度图像在计算机中是以一个二维矩阵的形式展现的，如果是彩色图，则加入了"3 通道"这一维度，行成一个长×宽×通道数的矩阵。

卷积核对图像的计算，类似于人类使用单筒望远镜在视野范围内逐行扫视，每次通过单筒望远镜能看到的区域范围取决于望远镜的性能，这时单筒望远镜就相当于卷积核，所观望的区域经过相同的处理（放大），将处理结果投影到人眼中，这些结果随着扫视的范围扩大积累在脑中（特征信息的积累），于是我们在扫视结束后就能知道前方都有些什么。同时，随着卷积核内容（放大倍数、红外线成像、热成像）的变化，我们能看到的处理结果也不尽相同。

11.3.2　卷积核的应用

这里我们用均值模糊化卷积核来举例讲解。顾名思义，均值模糊化卷积核对其对应的处理范围（3×3）进行取均值，并将其结果作为特征输出到对应的坐标位置。

这个卷积核的设计思想非常容易理解：自然界的很多景象的色彩变化都是很"平滑"的，如天空、海面的渐变色，那么一旦图像中出现了噪点，就必然会破坏这种平滑，均值模糊卷积核通过局部取平均的计算，能够抹平噪点。当然，因为这种"平滑"仅仅是一种统计结果，很多颜色边界线等区域本身就不是"平滑"的，反而因为卷积运算变得"平滑"，视觉上呈现出一种近视却忘戴眼镜的"模糊"感。

图 11-17 所示为卷积核的平滑运算。

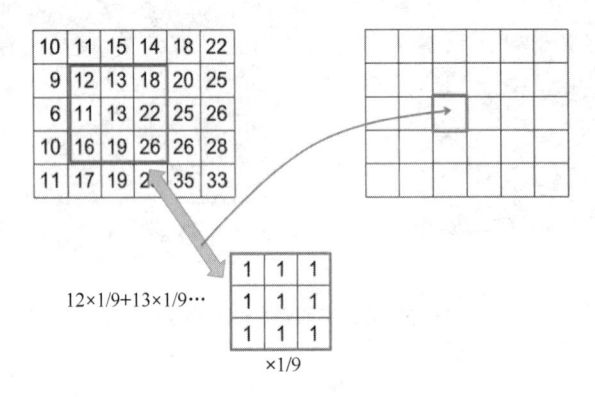

图 11-17　卷积核的平滑运算

现在用实际的图像来感受一下不同卷积核的作用效果，如图 11-18 所示为原始图像。

图 11-18　原始图像

同一化：

$$\begin{bmatrix} 0 & 0 & 0 \\ 0 & 1 & 0 \\ 0 & 0 & 0 \end{bmatrix}$$

同一化后的图像如图 11-19 所示。

图 11-19　同一化后的图像

横向边缘检测：

$$\begin{bmatrix} 0 & -1 & 0 \\ 0 & 2 & 0 \\ 0 & -1 & 0 \end{bmatrix}$$

横向边缘检测后的图像如图 11-20 所示。

图 11-20　横向边缘检测后的图像

纵向边缘检测：

$$\begin{bmatrix} 0 & 0 & 0 \\ -1 & 2 & -1 \\ 0 & 0 & 0 \end{bmatrix}$$

纵向边缘检测后的图像如图 11-21 所示。

图 11-21 纵向边缘检测后的图像

边缘检测：

$$\begin{bmatrix} -1 & -1 & -1 \\ -1 & 8 & -1 \\ -1 & -1 & -1 \end{bmatrix}$$

边缘检测后的图像如图 11-22 所示。

图 11-22 边缘检测后的图像

锐化：

$$\begin{bmatrix} -1 & -1 & -1 \\ -1 & 9 & -1 \\ -1 & -1 & -1 \end{bmatrix}$$

锐化后的图像如图 11-23 所示。

图 11-23 锐化后的图像

对比边缘检测，我们可以发展锐化的卷积核，就是在边缘检测卷积核的基础上加上同一化卷积核，卷积处理的结果也等同于在原图的基础上对边缘部分予以强化和凸显，使图像看上去更加鲜明。

均值模糊-1：

$$\frac{1}{9}\begin{bmatrix} 1 & 1 & 1 \\ 1 & -1 & 1 \\ 1 & 1 & 1 \end{bmatrix}$$

均值模糊-1 后的图像如图 11-24 所示。

均值模糊-2：

$$\frac{1}{25}\begin{bmatrix} 1 & \cdots & 1 \\ \vdots & \ddots & \vdots \\ 1 & \cdots & 1 \end{bmatrix}_{5\times 5}$$

图 11-24 均值模糊-1 后的图像

将均值平滑卷积核的大小从 3×3 扩展到 5×5 后，可以看到随着卷积核的扩大，处理后的图像更加模糊。

均值模糊-2 后的图像如图 11-25 所示。

图 11-25 均值模糊-2 后的图像

11.3.3 感受野

很多资料在解释卷积核的同时，都提及了"感受野"（Receptive Field，RF）的概念。那么，什么是感受野呢？感受野这个词来自神经科学，最早由英国生理学家查尔斯·谢灵顿（Charles Scott Sherrington）在 1906 年提出。

根据何塞-曼纽尔·阿隆索（Jose-Manuel Alonso）和姚琛（Yao Chen）的解释，感受野是感觉空间的一部分，当被刺激时会引起神经元反应。感觉空间可以以一维、二维或多维来定义。而且，根据他们的说法，霍尔登·凯弗·哈特兰（Haldan Keffer Hartline）在 1938 年，基于青蛙的视网膜，将该术语应用于单个神经元。

大家都知道人的神经遍布身体各处，仅以触觉而论，外界的刺激（冷、热、疼痛等）要通过负责感知的神经元将信号经由中枢神经传导至大脑，而人体表面积很大，需要很多神经元分别负责一部分区域的感受任务。人对外界光线的视觉感知也是类似的机制，眼球后方的视神经纤维分别对应着一部分区域的视网膜，这个神经所能感受到的空间区域被称为"感受野"，类似于不同的安保人员负责观察中央监控系统的一部分屏幕，如图 11-26 所示。

图 11-26 中央监控系统

卷积神经网络中的卷积运算和视觉感受野的工作机制极其相似，如果我们将输入图像类比成感知器官（皮肤、视网膜），将输出数据（特征值）视为对应神经元，那么输出值在原图像上对应的区域就是感受野，简单来说，感受野就是特征值所对应的原图上的区域，其大小受到卷积核和神经网络深度的影响。

感受野这个概念对评估卷积神经网络的功效具有重要的意义，要知道对于某一个特征值而言，其只受到它的感受野中的图像内容的影响，也就是说感受野之外的图像不在该特征值的参照范围内，那么能否控制好感受野范围，决定了网络最终能否从原图像全部像素中学习到相关信息。在图像分割和图像光流分析等需要精确分析的工作中，每个输出特征值都需要保证拥有一个足够大的感受野，以使参考的信息足够保证预测精度，或者不遗漏一些重要的图像信息。

那么感受野是如何得出的呢？在这之前，先了解几个新的概念。在图 11-14 中已经介绍了卷积运算工作原理，在卷积运算中，我们使用了高和宽均为 3 的原图与高和宽均为 2 的卷积核，以及高和宽均为 2 的输出。从以上可以看出，卷积层输出的大小是由原图的大小和卷积核的大小决定的，输出结果的形状大小即

$$(n_h - k_h + 1) \times (n_w - k_w + 1)$$

其中，n_h 和 n_w 代表原图的高和宽，k_h 和 k_w 代表卷积核的高和宽。

填充（Padding）是卷积层的一个超参数，它是指在输入高和宽的两侧填充一些数值，一般是 0。在图 11-14 中如果将原图的高与宽两侧均加入数值 0，也就是 p_h 和 p_w（分别代表在高和宽上一共填充的层数）均为 2，原图的高与宽均从 3 变为 5。输出结果形状的大小为

$$(n_h - k_h + p_h + 1) \times (n_w - k_w + p_w + 1)$$

在卷积核工作原理中考虑填充的情况如图 11-27 所示。

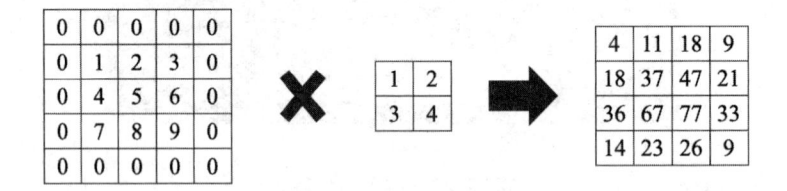

图 11-27　填充后的卷积运算

在以上的介绍中，卷积核每次移动 1 列或 1 行，称这种每次滑动的行数和列数为步幅（Stride），步幅也是卷积层中的超参数之一。在本书中，若无特殊说明，则默认步幅为 1。若将高与宽的步幅分别定义为 s_h 和 s_w，则输出结果形状的大小为

$$[(n_h - k_h + p_h + s_h)/s_h] \times [(n_w - k_w + p_w + s_w)/s_w]$$

最后还有一个重要概念——池化（Pooling）。池化层和卷积层都是对输入数据的一个固定形状大小的窗口进行计算。但不同的是，池化的计算是取最大值或平均值，分别称为最大池化和平均池化，如图 11-28 所示。

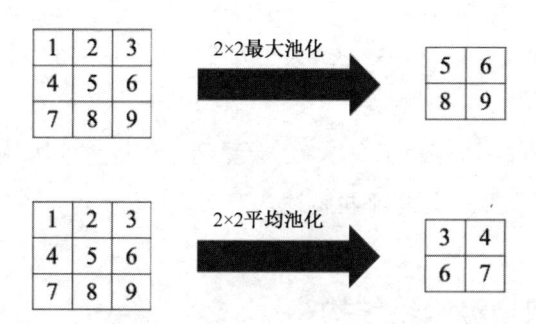

图 11-28 最大池化和平均池化

了解了这些概念后，下面通过一个例子对感受野进行介绍。如图 11-29 所示，对于原始大小为 10×10 的图像，我们用 3×3 的卷积核进行特征提取。经过第一次卷积，原图的大小会变成 8×8 的特征图 1。此时，对于特征图 1 上的每一个点，其感受野自然与卷积核大小相同，均为 3。

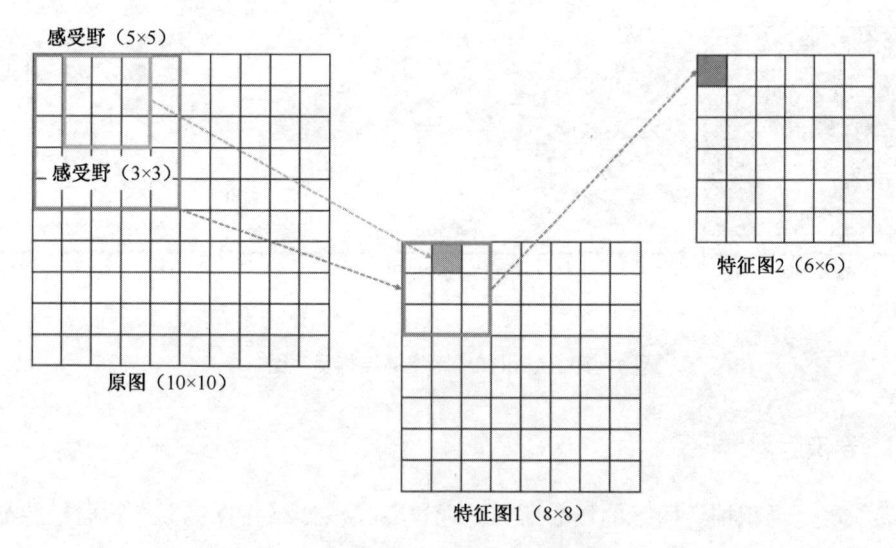

图 11-29 深层中的感受野

如果我们对此时的特征图再进行一次卷积运算（卷积核大小仍为 3），那么新产生的特征图 2 大小就是 6×6，其上每一个特征点在特征图 1 中对应的区域大小等于卷积核大小 3×3，而特征图 1 中的 3×3 在原图中对应的大小为 5×5，故而我们说经过两次卷积后，每一个特征点对应的感受野大小为5×5。因此，在卷积神经网络中，深层的神经元所能看到的输入区域更大。

感受野不仅受到卷积运算的影响，还会受到池化运算的影响，原理与卷积运算对感受野的影响基本类似，这里不再赘述。

11.3.4 卷积神经网络结构

在了解完卷积的相关概念及具体应用后，就开始了解卷积网络的结构。一个完整的卷积神经网络一般分为卷积层（Convolution Layer）、池化层（Pooling Layer）、和全连接层（Full Connection Layer），结构示意图如图11-30所示。下面对这几个层的特征做一些基本介绍。

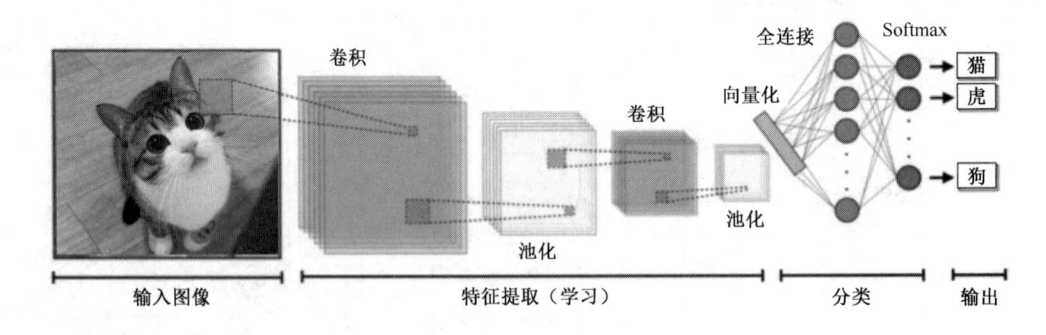

图11-30 卷积神经网络的结构示意图

1. 卷积层

卷积层是卷积神经网络的核心所在，通过卷积核计算并收集图像的局部特征，能够在压缩图像数据维度的同时提取图像的各类特征（如边缘、曲线等）。同时通过"参数共享"的设计，让卷积层对图像的位移具备鲁棒性，简而言之，就是哪怕图像有若干像素的错位，也不影响卷积神经网络对其内容的判别。图11-31所示为卷积核对图像数据的处理示意图。

2. 池化层

在有些研究中,池化层又称为"下采样层"(Down-Sampling Layer),是为了在卷积层运算的基础上进一步降低数据规模而存在的层,通常分为最大池化层(Max Pooling Layer)和平均池化层(Average Pooling Layer)。计算方式如图11-28所示。

(1)最大池化层:其处理并不复杂,就是从相邻 4 个特征数据中提取最大值,作为 4 个特征值的"特征值"。因为最大值的特征值可以理解为最具"特征"的数值,所以提取最大值的操作不会消除主要特征,保留了卷积层的位移鲁棒性(或称位移不变性)。

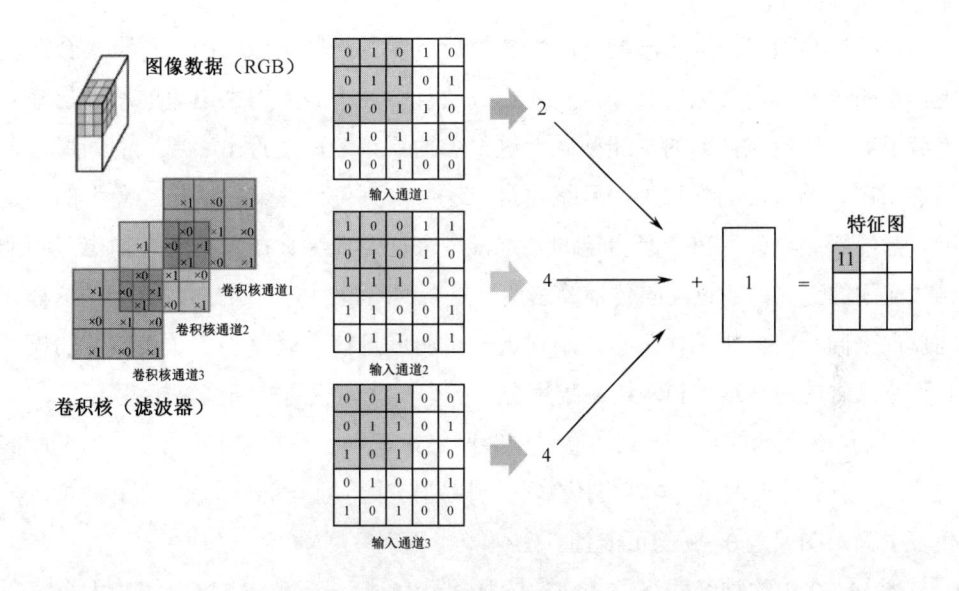

图 11-31 卷积核对图像数据的处理示意图

(2)平均池化层:不同于最大池化层,平均池化层提取的是相邻 4 个特征值的均值,均值下采样是信息处理的常用思路之一,相比于最大池化的方式,平均池化能够在一定程度上保留特征图的整体结构特征,以图 11-28 为例,平均池化能够稳定地保留特征值自左上到右下逐渐升高的广域分布特征,相对地,最大池化则更侧重极值强度的保留,对梯度消失问题有一定的抗性。

需要注意的是，池化层的主要作用是降低数据规模，其中并不包含学习概念，不涉及系数更新等操作。

3. 全连接层

全连接层是卷积神经网络最后负责图像判别的层，其形态和传统的多层感知机相同，因此数据在进入全连接层之前也需要变形成一个列向量。在经过卷积层和池化层的处理后，图像数据的规模得到了很大的压缩，其中蕴含的特征也得到了一定程度的显现。此时的数据无论从规模上还是特性表达上都满足使用多层感知机进行分类或识别的需求。

在经过卷积层和池化层的不断堆叠之后，图像已经从原始的数据点集合逐层向更抽象的语义方向变化，就如同盲人摸象故事中，不同人识别出象的不同部分，作为旁观者，则能在他们的描述基础上进一步抽象整合，完善出"象"的外形概念。当然，在训练阶段的卷积神经网络通常无法一步到位地总结归纳出"象"的判别基准，神经网络会计算出一套自己的判定模型来迎合训练数据，再通过输出值和期望结果之间的差异，通过反向传播算法逐层更新网络模型中的系数（权重），这样在正向反向来回反复修正下，就会逐渐逼近一个精度足够（误差小于预设值）的模型，我们称这时的网络结构和网络系数集合是一个训练完成的神经网络模型。

图 11-32 所示的是一个利用卷积神经网络来识别手写数字的例子。该模型能够将 32×32 大小的输入的手写数字图像转化为识别结果，即一个长度为 10 的向量，分别代表了输入图像是 0～9 的可能性。

图 11-32 中的神经网络首先对输入层进行了卷积计算，本层卷积核大小统一为 5×5，卷积层从输入图像中提取了 6 个 28×28 大小的特征图。随后对这些反映了原图局部特征的特征图进行池化运算，这一层称为采样层，又称池化层，该层会从输入数据中的 2×2 区间中提取最具代表性的特征值向后传递。顾名思义，采样层的功能是从输入数据中采集有用信息，该操作同时也降低了数据规模。经过两轮卷积—采样的运算，数据规模已经被压缩到 16 个 5×5 大小的特征图，此时再通过一次卷积便可以将这 16 个 2 维特征图映射为一个具备 120 维（120 个数值）的向量。最后的部

分设计与多层神经网络原理相同,将120维的向量通过一个84维的全连接层输出到10维的输出层,就能完成整个识别任务。

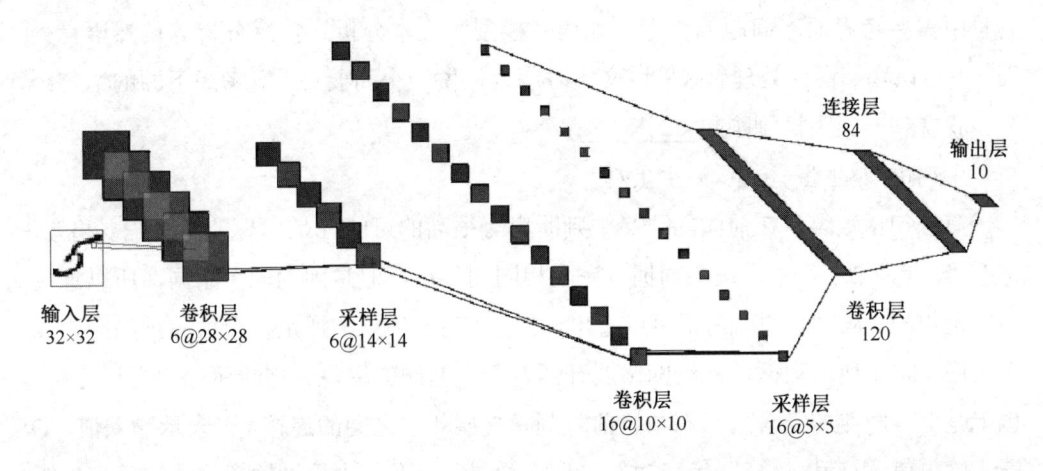

图 11-32 卷积神经网络用于手写数字识别(根据资料绘制)

11.4 RNN 神经网络与 LSTM 网络

11.4.1 RNN 神经网络

循环神经网络(Recurrent Neural Network,RNN)是基于约翰·霍普菲尔德1982年提出的霍普菲尔德网络模型而来。它是另一种类型的人工神经网络,其中节点之间的连接沿时间序列形成,这与之前介绍的多层感知机及卷积神经网络不同,因此RNN 具备时间动态行为的特征,也称为时间递归神经网络。

还有一种神经网络也称为 RNN,即结构递归神经网络(Recursive Neural Network)。时间递归神经网络的神经元间连接构成有向图,而结构递归神经网络利用相似的神经网络结构递归构造更为复杂的深度网络。如无特别说明,本书在提及

RNN 时，均指循环神经网络。

由于具有处理时序数据的优势，因此循环神经网络可以处理文字、声音及其他场景中需要考虑顺序问题的模型，如语音模型、文本分析、情感分析等自然语言处理、手写识别等图像处理。这里以文本时序为例做一个简要说明，考虑下面的语句：

我看到一架飞机刚刚起____飞____。

生鸡蛋 鸡生蛋 蛋生鸡 生蛋鸡

第一句话很容易在前面的语义中判断出有很高的可能性是"飞"字，先有"起"，再有"飞"。第二句中，每个词拥有完全相同的字符，但是因为顺序不同，所以意义不完全相同。从以上的两句话可以看出，在文本分析时，位置是一个很关键的因素。

图 11-33 所示为循环神经网络展开示意图。左侧的黑色方格表示一个延迟连接，也就是上一时刻的隐含层状态与当前时刻隐含层状态之间的连接。X 表示输入值，O 表示输出值，U 和 V 分别代表输入层到隐含层，以及隐含层到输出层之间的权重矩阵。W 表示利用隐含层上一次的输出值作为本次输入值时的权重矩阵。隐含状态用 s 表示。

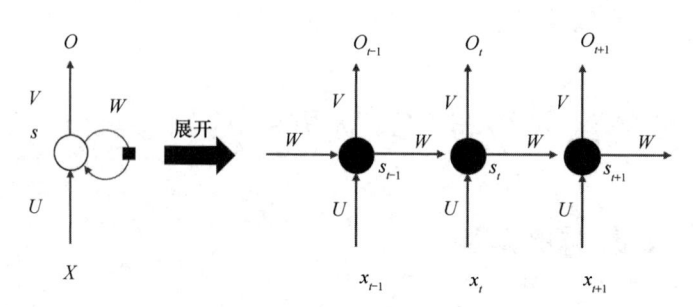

图 11-33　循环神经网络展开示意图

2015 年发表在《科学》（Seience）杂志上的《成年新皮层的形态学定义的细胞类型之间的连通性原则》（*Principles of connectivity among morphologically defined cell typ in adult neocortex*）一文中指出了大规模的神经元细胞类型和连接概况，揭示了皮质的基本组成部分以及控制其组装成皮质回路的原理。这点与循环网络的精髓不谋而合，因此有学者认为循环神经网络的这种连接方式更加符合生物神经元的连接方式。

尽管循环神经网络在很多场景中发挥出了很大的作用，但是传统的循环神经网络的算法也暴露出一些弊端。例如，时间反向传播算法（Back Propagation Through Time，BPTT）也暴露出梯度消失问题（Vanishing Gradient Problem）或梯度爆炸问题（Exploding Gradient）的弊端。

现在，在循环神经网络的算法中，更多人青睐的是长短记忆（Long Short-Term Memory，LSTM）网络和门控递归单元（Gated Recurrent Unit，GRU）。门控递归单元在某些较小的数据集上显示出更好的性能，但是在很多方面，长短记忆网络表现出了更多的优势。

11.4.2 LSTM 网络

循环神经网络是利用过往信息来对当前的内容进行分析的，在自然语言处理方面，循环神经网络可以通过前文对下一个词进行推论，如对于语句："我看到一架飞机刚刚起__"，利用循环神经网络可以成功推断出空格中应该填入的字是"飞"。但是对于更加复杂、更长的文章，循环神经网络的精度就会出现问题。一些学者对此类问题进行了深入的探讨和研究，发现这种精度降低的本质是"梯度消失"问题。

通过对循环神经网络的分析，我们知道它对过去信息的记忆主要是因为在每一个序列位置都存在一个隐含状态变量，这个变量会参与下一个序列的运算，从而将过去的信息代入到下一个"时间点"。但由于这个运算是一种等效于乘法的运算，因此"遥远过去"的信息对于"现在"的影响就可以表示为连乘积的形式，考虑到这些信息的取值范围是基于 tanh 函数，也就是分布在-1~1的区间内，"过去"的信息迅速丧失影响力（梯度消失）也就可以理解了。

为了解决 RNN 无法对应长效信息的缺点，泽普·霍赫赖特（Sepp Hochreiter）和于尔根·施密德胡伯（Jürgen Schmidhuber）在 1997 年提出了 LSTM 模型。该模型在近年被艾利克斯·格雷夫斯（Alex Graves）改良并进行了推广。LSTM 网络结构如图 11-34 所示，它通常由一层或多层 LSTM 单元构成，每一层中的单元首尾相接，其中 A 代表序列模块。一个 x 的值可以影响到较远距离的 h 的值，这是 LSTM 的核心所在。

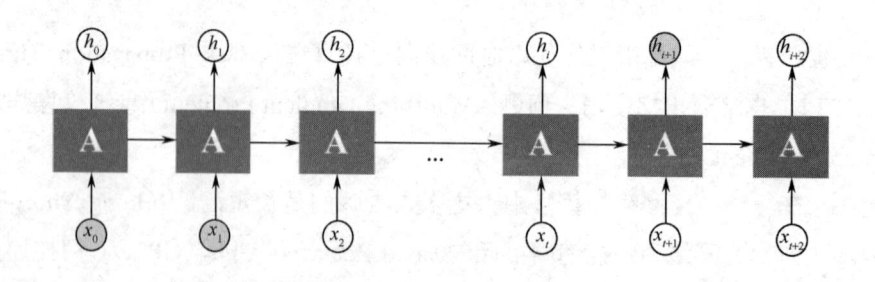

图 11-34　LSTM 网络结构

LSTM 的基本结构与循环神经网络一样，可以简化为多个序列模块的前向传播链式模型。二者的区别在于序列模块内容的设计。不同于循环神经网络模块中的简单结构，LSTM 的设计要精巧得多，其核心概念是细胞状态（Cell State）和各种各样的"门"（Gate）细胞状态作为一条传输高速公路，沿着序列链一路传输相关信息，可以把它看作网络的"记忆"，LSTM 序列模块内部结构示意图如图 11-35 所示。

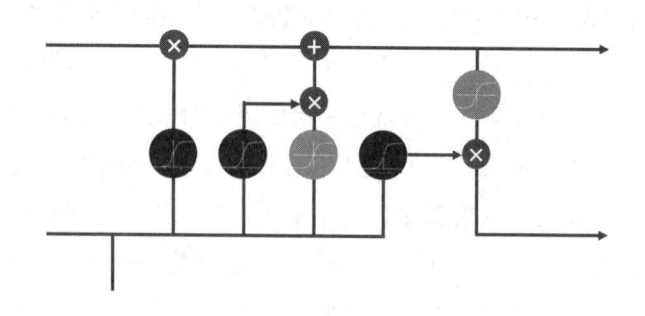

图 11-35　LSTM 序列模块内部结构示意图

理论上，细胞状态可以在序列的整个处理过程中携带相关信息。因此，即使是早期时间序列（遥远的过去）中的信息也可以传递到后来的时间序列中，从而减少短期记忆的影响。随着细胞状态继续前进，细胞状态的信息会通过各种"门"得到添加或删除。这些"门"是各种不同的神经网络，它们决定着细胞状态允许承载哪些信息。"门"可以通过学习知道哪些信息是值得保持或需要忘记的。

我们先来看看各种"门"是如何工作的。LSTM 中的各种"门"主要是通过一种 Sigmoid 激活函数来实现对信息"价值"的判断。Sigmoid 激活函数的取值范围是 0～

1,任何数乘以 0 都等于 0,所以不重要的信息就会在这种乘法的运算过程中被"忘记",而任何数乘以 1 都等于其本身,这使得被判断为重要的信息得以被"铭记"。LSTM 中的各种"门"就是依靠这个原理,使被认为重要的信息得以长效保存,而不重要的信息又会被滤掉,不干扰模型的工作。

LSTM 中有 3 种不同的"门",分别是遗忘门(Forget Gate)、输入门(Input Gate)和输出门(Output Gate),如图 11-36 所示。

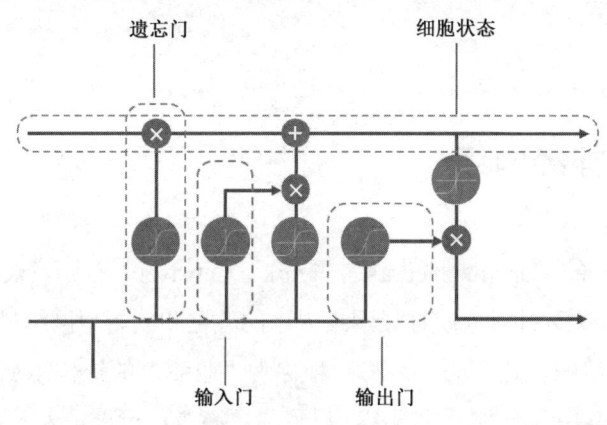

图 11-36 LSTM 的遗忘门、输入门和输出门

其中,圆内的函数图形已经说明了激活函数的类型,Sigmoid 函数用 $\sigma(\cdot)$ 表示,tanh 激活函数用 tanh(·)表示。

先来看一下遗忘门。这扇门决定了什么信息应该被丢弃或保存。来自前一个隐含状态的信息和来自当前输入的信息通过 Sigmoid 激活函数进行传递,输出结果的范围为 0~1,接近 0 意味着遗忘,接近 1 意识着完全记忆。

输入门的功能是为了更新细胞状态。首先,我们将之前的隐藏状态信息和当前输入信息传递到一个 Sigmoid 激活函数中。它通过将值转换为 0~1 来决定哪些值将被更新,0 代表不重要,1 代表重要。同时还可以将隐藏状态和当前输入传递给 tanh 激活函数,以压缩-1~1 的值,从而帮助调节网络。然后将 tanh 激活函数的输出与 Sigmoid 激活函数的输出相乘。Sigmoid 激活函数用来决定哪些信息的输出是重要的。

在计算出遗忘门和输入门的结果后,我们就有足够的信息来更新细胞状态。将细胞状态更新为神经网络认为更具价值的新值，这些新值构成了新的细胞状态。

最后是输出门。输出门决定下一个隐藏状态应该是什么。值得注意的是，隐藏状态包含了以前输入的信息。因此隐藏状态也常用于预测。新的细胞状态和新的隐藏一并结转到下一个时间步骤。

总之，遗忘门决定什么是与之前的步骤相关的，输入门决定从当前步骤中添加哪些相关信息，输出门确定下一个隐藏状态应该是什么。

11.5 胶囊神经网络

胶囊神经网络（Capsule Neural Network，CapsNet）是图灵奖得主杰弗里·辛顿（Geoffrey Hinton）针对卷积神经网络提出的改进和创新型网络模型，试图更接近地模拟生物神经组织。这个想法是将一种称为"胶囊"的结构添加到卷积神经网络中，并着重利用其中几个胶囊的输出，以形成更高级、更稳定表示。

我们知道反向传播解决了在深度学习阶段梯度下降法在隐藏层中无法完整表示出误差（无法表示误差，则权重无法得到优化），从而带来了模型本身的不稳定性问题。尽管杰弗里·辛顿大大强化了反向传播算法的作用，但是他本人对此的看法是"并不完美"。他提出，反向传播助力的卷积神经网络模型仍有很多问题，如黑箱性、高能耗、不利于迁移学习、需求学习资源大等问题，于是他在 2011 年提出了"胶囊"的概念，其团队在 2017 年发表了全新的深度学习方法——胶囊神经网络。

胶囊神经网络的核心思想就是将图中特定实体的各类特征（如位置、方向、大小、色调、纹理等）打包成一个胶囊，胶囊的内部会进行学习和预测等工作，并将结果向量传递给更高层次的胶囊。将原本单独计算的神经元整合成以组为单位的胶囊，并将卷积神经网络中的标量系数替换为向量形式，使胶囊神经网络不仅可以与卷积神经网络一样进行特征检测，还能够对特征的位置、角度等信息进行深层解读。

胶囊神经网络解决了图像识别中的"毕加索问题"（Picasso Problem），即图像有所有正确的部分，但没有正确的空间关系。例如，在一张"脸"中，嘴巴和一只眼睛的位置被改变等。对于图像识别，胶囊神经网络利用了这样一个事实：视点变化在像素级具有非线性影响，而在部件或对象级具有线性影响。

例如，卷积神经网络对于局部特征的认知并不受到位置限制，这在特定情况下，卷积神经网络会将图 11-37（a）和（b）两幅图都认为是人脸（因为五官俱在），而胶囊神经网络则会学习特征之间的位置结构，知道五官如何"布置"才是脸。

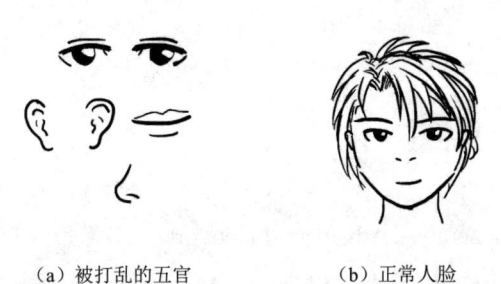

（a）被打乱的五官　　　　　　（b）正常人脸

图 11-37　胶囊神经网络的人脸识别优势

传统的卷积神经网络由于参数众多、卷积计算量大，对于训练数据规模要求很高，同时对算力的要求也相对苛刻，其中的一个原因是卷积神经网络对同一个事物的不同角度都需要相应的训练数据去学习，如雕塑的正面、侧面和背面，对于卷积神经网络来说各需要大量的数据进行训练，否则就会被认为是不同的事物。而胶囊神经网络的设计核心是在胶囊之内训练学习，尽可能保留有价值的信息，其中就包含了角度等信息，这使得胶囊神经网络用更少的数据学习出同等推断能力成为可能。

胶囊神经网络相比卷积神经网络的另一个优势就是没有池化层，池化层在卷积神经网络的设计中能够大幅度降低运算规模，但不可否认的是，池化的处理还是使信息维度降低，造成了一些细节信息的丢失，这也要求很多与卷积神经网络相关的设计都需要克服为精细处理部分设计后续复杂结构的难题。而胶囊神经网络依靠多属性来代替池化采样，让胶囊神经网络告别了卷积神经网络那种人工多寡决定智能强弱的尴尬局面。

当然，作为新兴起步阶段的技术，胶囊神经网络仍旧面临着如训练周期时间长、精度仍有待提高等问题，但正如杰弗里·辛顿所说，科学进步的背后伴随着一场场葬礼，未来是那些质疑他所说的学生们决定的。胶囊神经网络的发展仍旧需要一些时间。同时，胶囊神经网络的出现，也昭示着科研人员不应沉溺于现行高水平技术带来的成就感中，要把过往的成就当成伟人的肩膀，不断攀登下去，才能让人工智能技术在不远的将来为人类披荆斩棘，创造更美好的生活。

11.6 生成对抗网络

生成对抗网络（Generative Adversarial Networks，GAN）是在 2014 年由伊恩·古德费勒（Ian Goodfellow）等学者提出来的一种采用博弈对抗思路构建的数据生成算法模型。生成算法模型，或称生成模型，在机器学习和人工智能领域主要负责进行数据生成的工作，这个工作并不像语言表述得那么简单，如在图像领域有图像超解像、图像修复、图像降噪等任务，这些任务都可以抽象为通过一部分样本数据（少量样本）估测数据分布模型，以达到通过该模型补全或创建图像的目的。但是自然图像和人工图片的不同点在于其像素之间存在复杂的相关性，很难找到一种明确的分布模型来表述这种关系，因此在 GAN 出现之前，研究者提出的模型都很难达到工业级别的应用需求。

GAN 的提出受到了博弈论中的零和博弈启发，其思想核心就是将模型生成的问题转化为生成网络（Generator，又称生成器）和判别网络（Discriminator，又称判别器、判决器）的对抗博弈，通过同时训练两个针锋相对的网络，使生成网络的水平不断提高。就好比是一个刚入行的赝品画家恰好碰到了一个同样初出茅庐的艺术侦探，赝品画家希望画出一幅能够蒙骗艺术侦探的画作，而艺术侦探当然也不希望被骗过去。画家每画出一幅"赝品"，侦探都努力挑出其中哪里与"真迹"不同，二者不断进行着"仿制"和"鉴真"的博弈，经过数轮交锋，彼此在对抗中提升在博弈中进步，最终达到很高的水平。图 11-38 所示为生成对抗网络原理示意图。

图 11-38　生成对抗网络原理示意图

经过众多研究者的多年改良，GAN 在图像生成等领域表现出了令人震惊的水平。在 2017 年，一些学者利用改良后的生成对抗网络生成了看上去极其逼真的"假脸"，由于使用了名人的脸作为输入数据，因此引起了媒体的广泛关注。

2018 年安德鲁·布洛克（Andrew Brock）等学者展示了 GAN 在自然图片合成方面的强大实力，由他们提出的 BigGAN 技术生成的图片近乎以假乱真，即便仔细观察，也很难界定图片是真实拍摄的还是人工合成的，如图 11-39 所示。

图 11-39　利用生成对抗网络合成的"高拟真"图像[①]

---

① 图片来源：Brock, A., Donahue, J., Simonyan, K. (2018). Large Scale GAN Training for High

在 2018 年针对人工智能恶意使用的调查报告《人工智能的恶意使用：预测、预防和缓解》(The Malicious Use of Artificial Intelligence: Forecasting, Prevention, and Mitigation) 中展示了自生成对抗网络被发明的短短 4 年里所取得的技术性进步，如图 11-30 所示。

2014年　　2015年　　2016年　　2017年

图 11-40　2014—2017 年生成对抗网络在人脸合成方面的进步与突破①

我们可以看到该技术在 2017 年所生成的人脸照片就已经让一般人很难分辨其真伪。

然而，GAN 的技术成就也像是一把"双刃剑"，在带来各种优越性能的同时，也对研究者和使用者的道德伦理提出了考验。

Fidelily Natural Image Synthesis.

① 图片来源：《人工智能的恶意使用：预测、预防和缓解》。

第 12 章
人工智能+X

国务院在 2017 年 7 月发布的《新一代人工智能发展规划》中有两处提及了"人工智能+",均位于"加快培养聚集人工智能高端人才"部分的内容中,一个涉及高水平人工智能创新人才和团队,另一个涉及人工智能学科的建设:①重视复合型人才培养,重点培养贯通人工智能理论、方法、技术、产品与应用等的纵向复合型人才,以及掌握"人工智能+"经济、社会、管理、标准、法律等的横向复合型人才。②鼓励高校在原有基础上拓宽人工智能专业教育内容,形成"人工智能+X"复合专业培养新模式,重视人工智能与数学、计算机科学、物理学、生物学、心理学、社会学、法学等学科专业教育的交叉融合。

教育部在 2018 年 4 月发布的《高等学校人工智能创新行动计划》中,明确指出:①根据人工智能理论和技术具有普适性、迁移性和渗透性的特点,主动结合学生的学习兴趣和社会需求,积极开展"新工科"研究与实践,重视人工智能与计算机、控制、数学、统计学、物理学、生物学、心理学、社会学、法学等学科专业教育的交叉融合,探索"人工智能+X"的人才培养模式。②推进"新工科"建设,形成"人工智能+X"复合专业培养新模式,到 2020 年建设 100 个"人工智能+X"复合特色专业;推动重要方向的教材和在线开放课程建设,到 2020 年编写 50 本具有国际一流水平的本科生和研究生教材、建设 50 门人工智能领域国家级精品在线开放课程;在职业院校大数据、信息管理相关专业中增加人工智能相关内容,培养人工智能应用领域技术技能人才。

人工智能自身就是一个高度交叉的学科,加之在各行各业中的渗透,人工智能+X已经是人工智能产、学、研、教、训中的重要组成部分。一些中小学,如人大附中,就已经开设了多门"人工智能+X"系列课程。本章的内容就聚焦在中小学阶段有可能会涉及哪些主要的"人工智能+X"上,目的不是介绍如何构建一门"人工智能+X"课程,而是拓展人工智能与多学科交叉的内容。

12.1 人工智能+语文

下面有 4 首诗,您能分清哪一首是人工智能创作的吗?
第 1 首:

    心有灵犀一点通,海山无事化琴工。
    朱弦虽在知音绝,更在江清月冷中。

第 2 首:

    心有灵犀一点通,自今歧路各东西。
    平生风义兼师友,万里高飞雁与鸿。

第 3 首:

    心有灵犀一点通,小楼昨夜又东风。
    无情不似多情苦,镜里空嗟两鬓蓬。

第 4 首:

    心有灵犀一点通,乞脑剜身结怨重。
    离魂暗逐郎行远,满阶梧叶月明中。

以上 4 首诗是在电视节目《机智过人》中,人工智能"九歌"和三位选手以唐代诗人李商隐的"心有灵犀一点通"为首句分别创作的集句诗。集句诗是指利用其他诗人的句子"组装"成自己的诗,这需要博闻强识,而这正是人工智能的强项。

第 1 首诗后两句中均出现了"在"字,第 4 首诗第二句中"脑"字为仄声,不符合诗的格律。研发团队代表透露,人工智能所作之诗为第 3 首,你答对了吗?

其实,在《机智过人》节目中,当第 4 首诗的作者被"发现"而离开后,主持人并没有公布答案,也就是说,如果没有知情人透露,人工智能九歌作的诗已经非常完美了。除了集句诗,九歌还可以作藏头诗、绝句及词等,图12-1展示了九歌以"人工智能"4个字所作的七言藏头诗。

图 12-1　九歌以"人工智能"4个字所作的藏头诗

人工智能不仅仅能够吟诗作对,还能撰写论文。Hugging Face 小组就做出了智能写论文系统,只要输入一段文字,之后按"Tab"键,系统就可以智能地接着你的话不断生成大段大段的"似是而非"的论文。

从数据到文本方面,微软小冰已经能够做到金融文本自动生成,微软全球资深副总裁王永东表示,截至 2018 年中期,中国金融机构的交易员已经有 90%在使用小冰生成的摘要。

12.1.1　自然语言处理助力语文

将人工智能和现有学科融合,无疑是普及人工智能教育中重要的组成部分,而提及人工智能如何与语文这个学科进行融合,就不得不提到一个关键的研究领域,自然语言处理(Nature Language Processing,NLP)。

自然语言处理是人工智能发展的重要方向之一。自然语言处理的目标是实现人与机器之间通过自然语言进行交流的方法和相关理论。对自然语言的分析、处理、理解水平的提升和突破，是人工智能整体科研水平进步的标志，同时相关技术的产业化落地也会给人们的日常生活带来显著的变化。

　　我们已经习惯了利用计算机、智能手机等电子设备辅助生活和工作中的计算分析工作。但值得注意的是，人类交付给计算机的大部分工作，仍然需要借由符合计算机逻辑的对话方式。例如，我们想找一样东西，对人类，我们会说"帮我把××拿来"或"有人看见我的××了吗？"而对计算机或智能设备，你需要按照预先设定好的程序逻辑，要么在文件夹中自己翻找，要么借由开发者准备好的搜索栏进行搜寻。

　　用人类的语言对设备进行操作，省去学习和习惯计算机逻辑的精力，让智能设备和计算设备彻底"去说明书化"，这是人类的一个科幻梦，人们期望有一天，能用自己的语言给计算设备分配任务，计算设备也能用人类的自然语言来进行反馈。在自然语言处理的领域中，前者涉及的技术称为自然语言理解，后者则是自然语言生成。随着人工智能技术的发展，这两方面的研究都取得了长足的进步。最典型的例子就是智能语音助手服务，能够简单理解用户的需求，并提供相应的服务应答。

12.1.2　自然语言处理的应用领域

　　就现有技术而言，自然语言处理主要用于以下领域：文本分类、信息提取、主旨概括、人机应答、话题推荐、机器翻译、文本生成、知识图谱、情感分析。

　　这些领域的命名是基于其内涵的主要技术，所以对于不了解这个领域技术的人来说，并不是很容易联想到自然语言处理在实际生活中到底被用在了哪些领域或服务之中。下文将介绍一些实际的应用服务来串联起技术与生活的隔阂。

　　文本分类，这是几乎所有实际应用都离不开的"幕后大佬"，其技术目的正如其名，是将文本根据一定条件，如内容长短、用户喜好、主旨门类等来进行分类，以便于之后的处理或应用，是后面将要提到的众多应用的基石。例如，过滤垃圾邮件就应用了文本分类技术。

信息提取又称为信息抽取，是与文本分类同等重要的一项基础技术，其目的是将文档中包含的信息按照预先设定好的格式提取整理出来，以便于后续的检查和比较等工作。一般来说，信息抽取不会负责对文档内容进行理解，是否在提取目标信息后进行相关性分析，全靠最初的规则设定。就像是对图书馆中的书籍进行管理，管理系统需要的基础信息就是书名、作者、版号、年限、主题等关键信息，信息提取就是将这些信息提取并整理成数据库。至于哪些书是同一个作者所著、哪几个笔名可能属于同一个作者，这类更深层次的信息比对一般交由其他的应用负责。

信息提取被广泛应用在搜索服务方面，通过对搜索内容，如海量的网页或文档等文字资源进行信息提取，从文档中提取主要词汇并用于搜索，来提高搜索精度。除了从用户角度提供服务，基于自然语言处理的信息提取也在商务领域发挥着作用，如商家可以利用信息来分析用户对商品的评价，通过识别商品属性相关的关键信息，将大段大段的评价信息拆分成针对不同商品属性的结构化短语段，方便统计分析，大幅减少对应售后和研发反馈的人工压力。

主旨概括，就是阅读理解中说的提取文章中心思想。当然，现有的技术大多是在文章中提取最能概括文章内容的短语短句并进行串联合成。这个技术是通过将语句向量化并对词语附加权重来实现重点语句提取的。该技术的出现也给搜索服务等实际应用领域带来了新的创新方向，如果用户搜索的关键词和网页概括的主旨有较强的关联性，通过提供该网页作为搜索结果，就能在一定程度上弥补因用户搜索用词模糊而产生的搜索精度问题。另外，在邮件服务领域，自然语言处理能够有效地检测出垃圾邮件，与传统的垃圾邮件过滤器不同，自然语言处理通过分析邮件内容，在深层的语义层次识别和过滤垃圾邮件。

文本分类、信息提取、主旨概括，这三类技术应用都是自然语言处理的基础性研究。而诸如人机应答等方向，则更适合直接落地到各类服务领域之中。

人机应答就是现阶段我们能最直观接触到的应用技术之一，上文中提到的智能语音助手就是该技术的一个主要应用方向。其实人机应答技术的主要目的是通过与用户一问一答的方式来整理归纳信息，一方面引导用户提供更具有结构性的信息来对用户需求进行分类；另一方面通过分析用户的对答内容优化信息库结构。人机应答最典型的例子就是在线客服服务系统，系统会在大量的用户咨询反馈中总结出热点问题，整理出这些问题的知识结构，然后在线客服在接到客户咨询时，就会有针对性和方向性地引导客户有序地进行自我诊断和问题排查，从而精确定位到实际问题的答案上，或者建议客户转接人工客服来提供数据库外的信息咨询服务。

近年兴起的新闻或视频推送 App，如头条新闻、抖音等软件服务则用到了话题推荐功能，自然语言处理的话题推荐功能，能够对用户感兴趣的内容进行特征提炼，在海量信息中提取并推荐用户感兴趣的话题内容。这个应用属于推荐系统的子课题，可以理解为利用了资源本身蕴含的文本信息或从非语料资源中提取的具有语言属性的信息来执行的推荐系统。

近年来这个研究方向和相关的应用都得到了广泛关注，其背景就是大数据时代带来的信息压力过大，人们没有足够的时间在海量的信息中精选出自己想要的信息。也因此，现如今买书、看电影需要推荐，逛贴吧和刷知乎需要推荐，看新闻、找参考消息需要推荐，甚至旅游出行去哪里、怎么去都离不开推荐。毕竟，货比三家是强人所为，货比三万家就是强人所难了。当然，基于自然语言处理的推荐系统也在人工智能时代到来之后逐渐智能化了，基础的基于语言信息的推荐多是根据关键词、用户信息等表层信息进行分析，通过加权、特征组合等技术手段对已有信息进行单一或组合的运算来执行推荐。

而人工智能赋能后的自然语言处理可以对信息进行深层提取和更具结构性的整理归纳，从而实现基于知识内容或信息的内在关联性的推荐。例如，关注了华为手机的用户可能对数码产品的相关信息保有好奇心，而华为和小米等友商互动频繁，具备较高的信息关联性，所以系统会后续向该用户推送这几个品牌的相关数码产品信息。

机器翻译是从自然语言处理兴起伊始就被研究人员关注的应用方向，翻译的精度也或多或少地反映出了该时代自然语言处理的发展水平，被视为人工智能研究的终极目标之一。早期的机器翻译基于词典的匹配算法，简而言之，就是让机器替用户翻词典，逐字逐词的翻译效果还算可以，但一旦文本长度加长，文本结构复杂化，翻译结果就一塌糊涂。

随着人工智能和信息学领域的发展，专家系统提供了新的解决方案，科研人员通过请语言学专家配合构建语法规则，将字词匹配式翻译升级到了规则式翻译，使得机器翻译能够对应句子级别的翻译需求。但是精度问题仍然存在，语言的灵活性不是单纯的规则构建就能完全囊括的，更不要说翻译是需要联通两种语言的。而随着数字化时代的到来，数字化的语料库（语言数据库）逐渐丰富，利用统计和概率学的翻译模型被推崇，计算的灵活度大大缓解了规则的僵化带来的翻译精度和对应文本长度问题。

直到 2016 年，谷歌率先将其旗下的在线翻译系统更换为以深度神经网络模型为基础的机器翻译服务。

其优点有两大方面：①翻译精度。相比于传统的模式（将句子分成词→找出每个词的最佳翻译→将翻译结果按照目标语言的常见语序排列），深度学习模型通过对专业翻译语句进行直接学习，训练符合两种语言的编码解码模型，做到"句子→句子"的直接翻译，将所有以往需要人工干预的分词、特征提取、概率规则确立等步骤都隐含在神经网络中，通过海量的语料库进行训练，并在实际应用过程中，在用户反馈的过程中实现精度的逐步升高，大大节省了算法设计和维护需要的人力和精力。

②计算成本。谷歌在以往的翻译服务中需要对每两种语言都设计一套翻译系统，而 2016 年谷歌翻译支持的语种达 100 多种，该服务背后所耗费的计算资源之庞大可想而知。而换用深度学习的翻译系统之后，谷歌可以通过英语作为桥梁语言，建立其他语言与英语的互译神经网络来实现支持所有语种之间的互译，将整个服务的翻译系统数量从一个排列组合问题降维成一个查数问题，大大降低了运维负担。

文本生成包含文本到文本、数据到文本、图像到文本等技术方面。文本生成的实例比较多，如清华大学的九歌系统，华为的"乐府"都能够根据用户输入的关键词来生成内容相合的诗歌。

知识图谱已经在前文中介绍过，这里就不再赘述。在情感分析中也要利用到自然语言处理技术对文本进行分析，找出大众对商品、服务及一些热点事件的态度。在 12.2 节中将对情感分析展开详细的阐述。

12.1.3 自然语言处理的基础术语

通过对一些基本术语进行理解，可以更好地了解自然语言处理，也可以加深对语文的了解。

1. 分词（Segment）

词是有意义且能够独立运用的最小语言单位。英文中利用空格将词与词进行了分隔，然而汉语中没有这样的分隔方式。因此，尽管英文中也存在分词的需要（主要是针对语义），但其处理起来比中文相对方便。分词工作做得不好，很容易产生歧义，如"北京大学生前来应聘"这句话的以下两种分词方式，意思就大相径庭。

北京／大学生／前来／应聘

北京大学／生前／来／应聘

这也充分说明了汉语的博大精深之处，"差之毫厘，谬以千里"。

2. 词性标注（Part-of-Speech Tagging）

词性是指名词、动词、形容词等。标注是将词语在句中的属性表示出来，赋予词语不同的词性符号和标记的过程。因此，这就要用到语言的知识。

例如，对"中小学生应该学习一点儿人工智能的知识"这句话进行分词，则为

中小学生/n

应该/vd

学习/v

一点儿/mq

人工智能/n

的/uj

知识/n

其中，n 代表名词，vd 代表副动词，v 代表动词，mq 代表数量词，n 代表名词，

uj 代表结构助词。有时，差一个字，词性就会发生根本变化，如不少学者曾经撰文区分"有点儿"和"一点儿"的区别，前者为副词，后者为数量词。因此，对词性的标注确实是自然语言处理好坏的一个关键因素。

3. 命名实体辨析（Named Entity Recognition）

命名实体辨析是指从文中识别出具有特定类别的实体，通常是一些专有名词、人名、地名或机构名等。

4. 指代消解（Anaphora Resolution）

代词在文中出现的频率很高，其用来表示前文中出现过的名词。"中小学生应该学习一点儿人工智能的知识，他们是祖国的未来"这句话中，他们就是指代中小学生，根据汉语的习惯，"中小学生"这个词不会在同一句中重复出现。

5. 词法分析、句法分析

词法分析，顾名思义是以词为关注点的分析过程，它包含分析和词性标注两部分。句法分析则是以句子为单位，通过分析得出句法结构的处理过程。

12.1.4 自然交叉的学科

自然语言处理是研究人与机器之间利用自然语言进行有效沟通的技术，因此它是一门交叉跨学科的知识，涉及语文、微积分、线性代数、统计学、优化理论、机器学习、深度学习、计算机原理、编程知识及自然语言处理本身等多学科知识，体系非常庞大，很多名词和模型很难一次讲清。

请读者思考一个问题以结束本节的内容：假如古人会编程，即用文言文编程是什么样的内容呢？现在的人很难想象，但是在 2019 年底，GitHub 上出现了一款文言文编程的项目，引发了广泛的关注和探讨。这款是由就读于卡耐基梅隆大学的大四学生开发的项目，并不是单纯地将英语功能字符转换成中文表示，而是利用了自然语言处理技术，将文言文转换到底层的 JavaScript 或 Python 执行，从而让下面这段古色古香的文言,变成可以执行的程序。

吾有一数。曰三。名之曰[甲]。
为是[甲]遍。
吾有一言。曰[[问天地好在。]]。书之。
云云。

这段文言文经过程序编译后,会在输出部分显示三遍"问天地好在。",翻译过来,就是广大程序员学习的第一个程序"Hello World."。

12.2 人工智能+情感分析

12.2.1 情为何物

"情感"一词的历史可以追溯到1579年,当时它是从法语单词"émouvoir"改编而成的,意思是"煽动"。"情感"(Emotion)一词被引入学术讨论中作为各种情感的总称(如 Passions, Sentiments, Affections),它由托马斯·布朗(Thomas Brown)在19世纪初创造,由于很多英语单词都能表示情感,为了辨析它们,有学者甚至对它们之间的细微差别进行了研究。

情感是与神经系统相关的生物学状态,神经生理变化是由与思想、感觉、行为反应,以及某种程度的愉悦或不高兴相关的神经生理变化引起的。关于情感的定义,目前学界还未达成一个共识。通常认为,情感往往与心情(Mood)、性情(Temperament)、个性(Personality)、性格(Disposition)、创造力(Creativity)和动机(Motivation)交织在一起。

人工智能如何对情感进行辨识,首要的任务就是需要对其进行分类,每个类均被假设具有一些可以量化的特征,因此,这就需要涉及情感分类(Emotion Classification)的问题。遗憾的是,它与情感一样,也是学界备受争议的问题,涉及人们区分和对比一种情感与另一种情感。目前,通常从离散情感和维度情感上对情感进行描述。

离散情感理论认为情绪是跨文化可识别的，是人类的基本情绪。之所以被称为情感，是因为假设情绪可以通过人的面部表情和生物过程来区分。保罗·埃克曼（Paul Ekman）等学者提出了6种基本情绪，即生气（Anger）、厌恶（Disgust）、恐惧（Fear）、高兴（Happiness）、悲伤（Sadness）和惊讶（Surprise）。这6种基本情绪在情感研究领域使用得较为广泛。

维度情感模型将情感状态描述为多维情感空间中的连续值。1980年，罗伯特·普鲁契克（Robert Plutchik）绘制了一个由8种情绪组成的转盘：喜悦（Joy）、信任（Trust）、恐惧（Fear）、惊讶（Surprise）、悲伤（Sadness）、厌恶（Disgust）、愤怒（Anger）和期待（Anticipation）。同时，他还提出了24个"初级""次级"和"三级"二元的理论。3种基本情绪组成的情绪可以产生24个二元和32个三元的组合，产生同一个强度水平的56种情绪。

人们的情感也容易受到很多事物的影响，如其他人的观点会影响到一个人的情感，如羊群效应等，还有如当一个人拥有某项事物后情感也会发生改变，如禀赋效应等。这些效应与人们的心理息息相关。[①]

那么什么是情感分析（Sentiment Analysis）呢？情感分析又称为观点挖掘，是指利用自然语言处理、文本分析、计算语言学和生物计量学系统地识别、提取、量化和研究情感状态和主观信息。

因此，笔者在这里做一个事先声明，以下"情感分析"如果没有特别提及，均指利用文本进行情感分析，是自然语言处理（Natural Language Processing）的一个分支。这是因为在人工智能其他领域（如利用视觉、语音等）也可进行情感分析。

自2000年以来，情感分析已经成为自然语言处理领域中一个十分重要的研究领域。尽管之前也有一些学者进行了大量的观点挖掘、情感词抽取、倾向分析及主观性分析等工作，然而"情感分析"一词最早由Nasukawa和Yi（2003）提出。之所以在2000年前很难发展，部分原因是分析数据难以获取。之后，随着互联网及社交媒

---

① 对这些效应感兴趣的读者，可以参考笔者所著的《前景理论与决策那些事儿——一本正经的非理性》一书。

体的快速发展，情感分析也开始取得了巨大的进展。①

图 12-2 所示为谷歌趋势（Google Trends）给出的"文本情感分析"的日数据，从图中可以看到，从 2004 年 1 月到 2019 年 1 月，文本情感分析的热度一直处于上升的态势。②

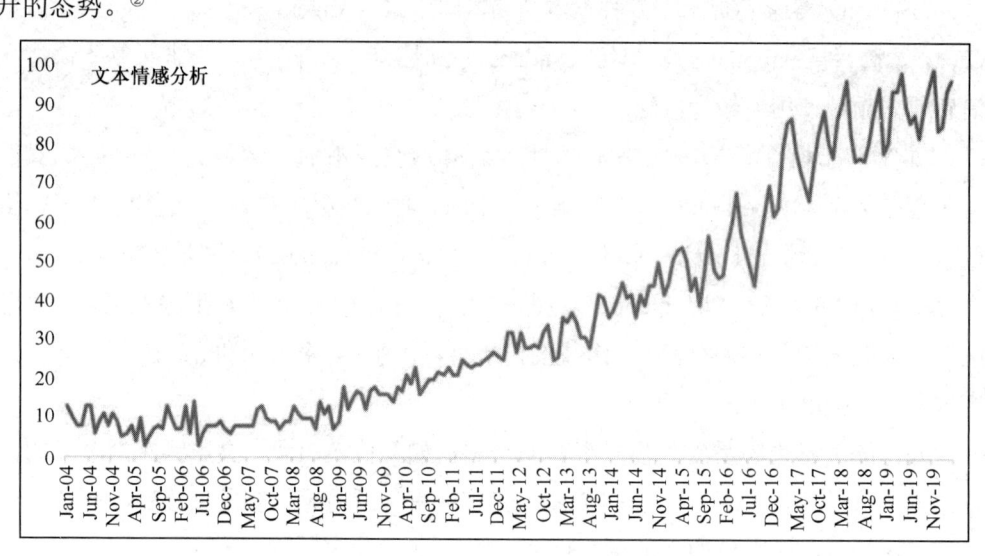

图 12-2　文本情感分析的关注热度

不少大公司，如微软、谷歌、Facebook、亚马逊、百度、腾讯和阿里云等公司都构建了自己的情感分析系统。图 12-3 和图 12-4 所示分别为百度 AI 开放平台下的情感倾向分析和腾讯 AI 开放平台下的情感分析。感兴趣的用户可以直接在上面进行情感分析的体验。

至今，仍然没有一个算法可以很好地解决情感分析问题，情感分析可以说还处于一个起步的初期阶段。现在很多算法都是利用深度学习等方式对语言进行处理，由于这些算法属于黑箱理论，得出的结果缺乏可解释性。

---

① 从 20 世纪 40 年代初期，管理学中就已经对社交主体及社交网络中的交互行为与关系展开了研究。

② 谷歌趋势基于谷歌搜索，它显示的是整个世界（或地区）的一个特定搜索项的搜索热度表现。

图 12-3　百度 AI 开放平台下的情感分析

图 12-4　腾讯 AI 开放平台下的情感分析

值得注意的是，虽然情感分析是基于文本的分析，然而却不需要我们将更多的精力放在传统语言学的知识点上。一些学者认为，传统的语言学是为了让人去理解，但机器无法按照人的这种理解去工作。这就好比鸟与飞机，人们自古渴望像鸟一样在天空中飞翔，最终人们实现了让飞机在天上"飞"（飞的功能），然而永远不会像鸟儿那样"飞"（基于鸟的飞行原理）。

与客观描述类的信息不同，情感是一个人主观的表达，如在情感分析中，如果没有主观的观点，仅仅是一个客观的描述，很难利用这样的信息去进行分析。之所以能够进行情感分析，是因为文本中体现了人之常"情"。传统经济学之所以被质疑，原因之一就是它的基本假设——人是理性的——不讲"情"面的，因此行为经济学后来才能逐渐被学界重视。

在很多情况下，观点评价一般都隐含人们对事物正面或是负面的情绪，表现在文本语言上就是人们所表达的语句是褒义还是贬义，在一些特殊的场合下，会有一些中立的评论。人们生长的环境不同，受到经济、文化、社会的影响，不同人的信念可能也是不同的，这导致他们对同样的事物会有不同的评价；不同的人有不同的经历，之前有过不愉快经历的人们对戳到痛点的评价与其他人很有可能不同；不同的认知也会导致对事物的评价不同，塞翁失马，焉知非福，同一时间中不同的人都会对同一事物有着褒贬不一的评价，如炒股正是人们对股票的表现褒贬不一才构成了交易的基础；时间会冲淡一切，不同的时间同一个人对同一事物可能也会表现出不同的情感；当人们评价一个事物时，事物的属性往往不止一面，很多时候一种情感的表达是出于多属性综合（加权）考虑的结果，这就类似于经济学中的绝对优势和比较优势，一款性能十分优越的手机为什么没有成为你最终的选择，很多时候是因为评论中往往带着"买不起""就是太贵了""这简直就是抢钱"等字样，它的价格属性决定了人们的抵触之情。

让人工智能来进行情感分析，我们需要将上述的这些"人为"因素告诉它们，在这一点上，人工智能其实一点也不智能，它们时而需要人们用它们能够理解的语言建立规则，时而需要人们用它们能够读懂的格式读入数据，时而两者有之。

针对前文的描述，可以总结出存在以下 5 个因素代表了观点评价的元素：评价目标、评价目标的某个属性、评价人、评价人对某个属性的情感、评价人发表评价的时间。

称上述 5 个元素为观点的五元组（Quintuple），用符号依次表示如下。

$$(e_i, a_{ij}, h_k, s_{ijkl}, t_l)$$

通过一条评论加深对五元组的了解。例如：

西门烤翅　　　　　　　　　　　　　　　　　　2019-06-18

★★★★☆

今年情人节那天我买了一台笔记本电脑，我非常喜欢这台电脑，这台电脑的屏幕很大，电脑的容量足，运行速度也特别快！就是有点重。但是，我老婆说这款电脑用一段时间后会比较烫，而且敲击键盘时声音略响，触摸板不灵活。

从上面这段话可以看到，评论中既有褒义的正面评价，也有贬义的负面评价。从评价目标来看，是××电脑；从评价目标的属性来说，有电脑的屏幕、运行速度、重量、散热及电脑的键盘和触摸板；从评价人来看，有两位，即某男士和他的爱人；最后，从发布时间来看，是2019年6月18日购买的。

12.2.2 触景生情

文本情感分析无法做到察言观情，无法理解声情并茂，只能通过人们的"手下留情"，对文本进行分析。机构过去往往需要通过大量的调查问卷、访谈等方式进行调研，而论坛、博客、微博等网络社交媒体兴起后产生的大数据推动了情感分析的研究，情感分析也成为分析这些文本大数据必不可少的技术手段。

在这些大数据中，包含着人们褒贬不一、乐观悲情、支持反对、赞赏批评的意见和观点，而且具有一定的"隐蔽性"，即人们没有必要在评论上遮遮掩掩，因此发表观点相对而言，更能代表人们真实的情感。现在，情感分析在很多学科的研究在几乎各领域中都得到了广泛的应用，如经济学、管理学、社会学等，再如快消行业、零售行业、金融业、房地产、旅游、工业甚至选举等。

情感分析的主要应用有以下几种。

1. 舆情分析

舆情是"舆论情况"的简称，是指在一定的社会空间内，围绕中介性社会事件的发生、发展和变化，作为主体的民众对作为客体的社会管理者、企业、个人及其他各类组织及其政治、社会、道德等方面的取向产生和持有的社会态度。它是较多群众关于社会中各种现象、问题所表达的信念、态度、意见和情绪等表现的总和。舆情分析就是根据特定问题的需要，对针对这个问题的舆情进行深层次的思维加工和分析研究，得到相关结论的过程。例如，2006年创立的"谷歌趋势"和"百度指数"等就是通过收集网民行为数据，进行数据分享的平台。

很多人认为，一些国家的总统选举，靠的是总统的学识、魅力及口才，其实近些年来，随着网络及社交媒体的快速发展，一项更重要的参考出现了，那就是网络舆情的情感分析。当年，某国的总统竞选团队正是通过网络收集大量信息，通过舆情分析，有针对性地布局，最终赢得了总统选举。

2020年初，在抗击新型冠状病毒的过程中，很多企业也积极利用舆情分析为抗击疫情贡献了力量。例如，北京瑞莱智慧科技有限公司联合清华大学人工智能研究院共同研发了"新冠肺炎疫情 AI 话题分析平台"，帮助用户随时得知疫情的最新变化。该平台能够对多渠道的海量媒体信息进行自动抓取采集、识别分析，进行新闻追踪和话题导向分析，分析地区关注度变化，为用户第一时间推送全网话题最新动态，满足用户对疫情舆情监测的需求，为做出正确舆论引导提供分析依据。

企业和个人也对有关他们的舆情十分关注。社会舆论会对一些企业和个人，如企业的社会形象，名人和艺人的声誉等带来很大的影响，时刻关注舆情对他们有着非常重要的意义。

2. 泛消费类行业分析

作为生产厂商或商家，消费者对他们的产品和服务的评价都十分重要。通过对海量评价数据的情感分析，厂商或商家能够有针对性地发现用户对商品及其属性的褒贬评价，找到不足之处并加以改进。另外，他们也会通过情感分析对竞争对手的产品进行分析，提升自己的竞争优势。

一些机构还抽取大众对影视作品的评论数和评论中的情感词，进行电影票房的预测或是影视作品的剧情设定等。还有一些公司利用情感分析挖掘用户对产品或其他消费品的评论，利用用户的打分，对这些事物进行排序，并给出总体意见及分值排序，为即将消费的用户提供参考借鉴。

3. 金融分析

情感分析还可以用在股票的预测上，这与行为金融研究领域相关。[①]其中，在分

---

① 对行为金融学在投资中应用感兴趣的读者，可以参看笔者所著的《投资决策分析与优化——基于前景理论》。

析股民对股票的情感上，文本情感分析是一个重要的工具。一些学者利用大众对股票的评论建立一些情感指数，即褒义看涨、中性不涨不跌及贬义看跌，将情感指数与实际股市指数建立了关联，提前预测一些实际股票指数的走向。

还有一些学者在茫茫的社交媒体海洋中找出了一些慧眼识股的"大神"，他们对股票的评价总是那么精准，然后将这些人的评论当成变量训练股票价格预测模型。一些学者利用博客、评论及网络媒体中的文本信息设计股票交易策略。

4. 网络打假

一方面，人们或企业越来越发重视社交媒体的推荐、引导；另一方面，社交媒体等平台可以让人们随时随地随意发表言论。这样的网络环境催生了新的以发表虚假信息甚至有目的诋毁他人的队伍，从中牟取暴利，网络"水军"就是其中的一种。如何对这类群体恶意发表的观点进行鉴别，切实维护公平、公正、健康、绿色的网络环境，也是情感分析研究的一大方向。道高一尺，魔高一丈，这些虚假的评论行为越来越智能，他们甚至还猜测打假人员使用的算法以躲避检查。这是造假与人们之间的战争，需要不断创新出更好的情感分析算法。

前文中讲了什么是情感分析，以及情感分析的具体应用场景。下面的内容将深入浅出地介绍一种情感分析的方法，让大家看看人工智能是如何"识"情"辨"情的。

心理学家喜欢将情感分门别类，然而如何分类，却很难达成共识。情感分析的目的主要是识别出对评价对象的正面或负面的观点、看法，因此，从最终的结果来看，我们其实不用理会那些复杂的情绪分类，只需要知道正与负，或者说是褒与贬。从数学上看，情感分析的结果是一维的，相当于将复杂的情感映射到一个实数坐标轴上进行赋分。再具体点，就是一个二分类问题。

落到笔下的文本，与声情并茂的语言不同。人们的表情，人们的肢体，人们的语气，等等，都能够被认为是一种情感的辅助表达。那么文本中是如何将情感落到实处的呢？这里还是以前面买笔记本电脑的评论为例。

> 今年情人节那天我买了一台笔记本电脑,我非常喜欢这台电脑,这台电脑的屏幕很大,电脑的容量足,运行速度也特别快!就是有点重。但是,我老婆说这款电脑用一段时间后会比较烫,而且敲击键盘时声音略响,触摸板不灵活。

大家可以想一下,如果是你,你会认为这句话是正向还是负向,是褒义还是贬义呢?根据语言学的规律,首先需要识别出文本中的情感词。我们从头逐词看看褒义(正向)和贬义(负向)词汇都有哪些,并且将它们分门别类到情感词典中:

情感词典之正向词典 = [喜欢,大,足,快]

情感词典之负向词典 = [重,烫,响]

文本是定性的,计算机需要的是定量的输入,如何将定性的文本转化为定量的输入呢?这就需要为其打分(就是前文说的一种映射),可以利用"规则1"给出分值:假如评论中出现了一个正向的词汇,赋值"1"分,出现一个负向的词,给予"-1"分。

这样"一见钟情"的规则建立后,人工智能就可以开始判别了,由于文中出现了5个正向词,3个负向词,此时评论的分为2分(5-3=2)。以"0"分(中立,不好也不坏)为一个情感的分界线,2分说明总体上这台电脑的得分还是正向的,是褒义的评价。因此,利用情感词典和规则,就能将一个定性的评论给出量化的情感得分。

请看下面两句话:

我非常喜欢这台电脑。

我喜欢这台电脑。

这两句话中都有喜欢,如果按照上面的规则1,人工智能给出两句话均是1分的评判,因此,这两句话对人工智能来说情感是一样的。但现实果真如此吗?幼儿园的小朋友们都知道这两句话应该是不同的吧。那么问题出在哪里呢?因为规则1中没有包含程度词。例如,前面的评论中出现了"非常""特别""很""比较""有点""略",这样的词语我们可以称为程度词,主要是为了进一步的强调。当然,有时也会重复出现同一个程度词,如"我非常非常喜欢这台电脑"。同样,人工智能是无法知道文本语义的,这就需要人们再去标注,即打分。

汉语博大精深,单就程度副词来说,就要用不少笔墨考究。在一些语法书[如

《中国现代语法》(王力,商务印书馆,1985年)]中,就将程度副词分为绝对程度副词和相对程度副词,而每一类又可细分为最高级与过量级、更高级和极量级,较高级与高量级,稍低级和低量级。这里不去深入考究,人为的定一个规则,即"我的AI我做主,什么按我偏好来",看似客观打分的人工智能,实则也要听令于人,因此对人的觉悟要求很高,这涉及人工智能伦理问题,留作日后讨论。

假如我们给出了一个顺序:

十分>特别>非常>很>比较=有点>略

剩下的工作就是要给上述的程度词赋分了:十分(3分)、特别(2.5分)、非常(2分)、很(1.5分)、比较/有点(0.7)、略(0.5)。将含有情感词和程度词的规则定义为"规则2"重新审视评论。根据规则2,分值为6.1分,人工智能此时认为这句评论是积极正向的。①

在文本中,还存在不少否定词。否定词将情感进行了转向。比如在"好"的前面加上否定词"不",就从含有褒义的"好"变为包含贬义的"不好"。假如考虑否定词的规则称为规则3,并将否定词赋值为"-1"让其具有情感转向功能。那么,上面的例句就变为了4.1分。②同样一句话,基于不同的规则,表现出了不同的分值:

规则1:2

规则2:6.1

规则3:4.1

这种规则的制定也具有主观性,存在操控空间,因人而异。也就是说,尽管计算机评分是准确、客观的,但是仍有间接偏见产生的可能性,因为终究还是来自人的设置。

在文本中,远远不止上述的规则,如例句中的感叹号其实也可以是一个情感辨识的标志,另外转折词"但是"也是可以让人工智能判断的标识之一,还有很多词语的构建规则,这些需要语言学的专家和人工智能专家强强联手才能共建规则。

只要规则确定,那么人工智能就能发挥出巨大的实力:

---

① $2×1+(1.5)×1+1+(2.5)×1+(0.7)×(-1)+(0.7)×(-1)+(0.5)×(-1)+1=6.1$

② $2×1+(1.5)×1+1+(2.5)×1+(0.7)×(-1)+(0.7)×(-1)+(0.5)×(-1)+(-1)×1=4.1$

乖得说啥做啥！
快得无以言表！
准得绝不出错！
忠得任劳任怨！
勤得全年无休！
弱得只会计算！

12.2.3 知情达理

2018年，一款国产手机刚刚上市不久，评论就超过300万条，这样的情感分析如果不交给人工智能做，就只能通过抽样选取样本（Sample）了，还要涉及很多统计学的技术，而人工智能处理的却是总体与样本（Population），其优势不言自明。说了不少原理，现在开始实操，让人工智能知情达理。

步骤1：建词库。

这里涉及好几个词库，有带褒义的积极词典，有带贬义的消极词典，有带语气加强的程度词典，还有带逆转功能的否定词词库，4个词典的代码名称依次如下。

- dictPos
- dictNeg
- dictDegree
- dictNot

步骤2：分词。

中文和英文等语言有所不同，在进行情感分析时，英语的词与词之间的空格就已经将词分好了。而中文则需要将词分开。

上文举例的评论，如果是人工分词，一句两句还很轻松，十句还凑合，几十句甚至更多时，人们就会觉得无比厌倦，何况面对互联网上的海量评论。

分词的工具有很多，如jieba、SnowNLP、PkuSeg、THULAC、HanLP等，这里简单介绍下最常用的两种分词工具：jieba和SnowNLP。

说起jieba，中文也称结巴，很形象，当你将词一个个分开朗读听起来就像结巴说话一样。它最强大的功能之一就是分词，可以选择不同的模式：默认／精确模式；全模式；搜索引擎模式（感兴趣的读者可以进一步阅读其他文章）。图12-5～图12-7所示分别给出了利用jieba对上文例句不同的分词结果。

```
Default Mode: 今年 情人节 那天 我 买 了 一台 笔记本电脑 ， 我 非常 喜欢 这台 电脑 ， 这台 电脑 的 屏幕 很大 ， 电脑 的 容量 足 ， 运行 速度 也 特别 快 ！ 就是 有 点 重 。 但是 ， 我 老婆 说 这款 电脑 用 一段时间 后 会 比较 烫 ， 而且 敲击 键盘 时 声音 略响 ， 触摸板 不 灵活 。
```

图 12-5　默认／精确模式

```
Full Mode: 今年 情人 情人节 那天 我 买 了 一台 台笔 笔记 笔记本 笔记本电脑 电脑 ， 我 非常 喜欢 这 台电 台电脑 ， 这 台电 电脑 的 屏幕 很大 ， 电脑 的 容量 足 ， 运行 行速 速度 也 特别 快 ！ 就是 有点 重 。 但是 ， 我 老婆 说 这款 电脑 用 一段 一段 时间 段时间 时间 后会 比较 烫 ， 而且 敲击 击键 键盘 时 声音 略 响 ， 触摸 触摸板 不 灵 灵活 。
```

图 12-6　全模式

```
Search Mode: 今年 情人 情人节 那天 我 买 了 一台 笔记 电脑 笔记本 笔记本电脑 ， 我 非常 喜欢 这台 电脑 ， 这台 电脑 的 屏幕 很大 ， 电脑 的 容量 足 ， 运行 速度 也 特 别 快 ！ 就是 有点 重 。 但是 ， 我 老婆 说 这款 电脑 用 一段 时间 段时间 一段时间 后 会 比较 烫 ， 而且 敲击 键盘 时 声音 略响 ， 触摸 触摸板 不 灵活 。
```

图 12-7　搜索引擎模式

3种分词模式各有不同，读者可以进一步查阅相关资料，这里不再赘述。与jieba相比，SnowNLP在分词上可能略逊一筹，但是它有一个功能，即情感分析，这是jieba所不具备的，就是上文中提及的利用SnowNLP能够直接给出情感评分。图12-8所示为SnowNLP分词的结果。

```
['今年', '情人节', '那天', '我', '买', '了', '一', '台', '笔记本', '电脑', ',', '我', '非常', '喜欢', '这', '台', '电脑', ',', '这', '台', '电脑', '的', '屏幕', '很', '大', ',', '电脑', '的', '容量', '足', ',', '运行', '速度', '也', '特别', '快', '!', '就', '是', '有点', '重', '。', '但是', ',', '我', '老婆', '说', '这款', '电脑', '用', '一', '段', '时间', '后', '会', '比较', '烫', ',', '而且', '敲', '击', '键盘', '时', '声音', '略', '响', ',', '触摸', '板', '不', '灵活', '。']
```

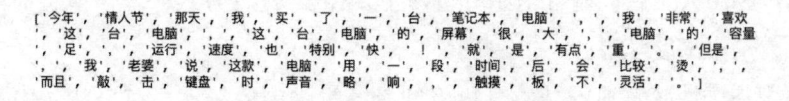

图 12-8　SnowNLP 分词的结果

对比SnowNLP分词与jieba分词的默认／精确模式（对比图12-8和图12-5），可以发现略有不同。例如，SnowNLP将"很大"拆成了"很"和"大"，而在jieba中则就是"很大"，另外，SnowNLP中将"略响"拆成了"略"和"响"，而在jieba

中则就是"略响"。需要注意的是,这种分词结果的不同即便是遇上同一规则,评分也很有可能不同。

步骤3:让人工智能根据分词结果,按照规则3进行判别,得出分数。

情感分析根据要处理文本对象的不同,可以分为3个等级:篇章级(有的书上也称文档级)、句子级、属性级。

简单来说,篇章级情感分析是指判断整篇文章表达的情感。它的前提假设是整篇文章只有一个待评级对象。这显然与现实不太相符,现实情况往往是一篇文章中会有多个评价的对象。

句子级的情感分析就是分析某句话中所表达出的态度。它假设一个句子中分析的态度代表了整句话的态度。例如,本文的例句最终的得分是4.1分,情感偏向为正(褒义),则说明这台笔记本电脑中提到的所有的特征都是好的,显然这样的评价方式是不合理的。无论是篇章级还是句子级的情感分析,都无法明确对事物的喜好、厌恶到底在哪儿。因此需要颗粒度更细的属性级分析。

属性级情感分析针对更细的结果,抽取评价对象进行分析,直指观点对应的目标。例如,之前的对笔记本电脑的评价中,最终结果是褒义的,但是从句子中可以看出事实并非如此。如果一位女性对笔记本电脑的重量或散热等特性要求较高,她看了情感分析的结果后很有可能被误导。属性级分析可以找出评价对象及它的属性的观点信息,并形成评价。

12.2.4 情意绵绵

目前,利用人工智能进行情感分析,主要存在3种方式:基于情感词典、基于机器学习、基于深度学习。

通常,基于情感词典的情感分析方法具备很强的鲁棒性,在一些(如工业等)专门的领域应采用这种方式,它不依赖于机器学习等算法中的数据标注,也便于查找错误的来源,并可以简单地修改或增减规则来纠错,这是机器学习和深度学习所不具备的。

然而,基于情感词典的缺点也很明显,构造词典和规则等需要耗费大量的人力与物力,而且正如前文中所述,不同的词典和规则可能导致不同的结果。基于情感词典的分析还有一个不足之处,分析结果的准确率与词典中的词汇数量成反比。

在利用机器学习进行情感分析时,主要使用的是监督学习方法,如支持向量机、朴素贝叶斯等方法。另外,循环神经网络(尤其是 LSTM 网络)在情感分析中效果显著。基于机器学习和深度学习的情感分析超出了本书的讨论范围,在这里不做更多的说明。

12.3 人工智能+自动驾驶

12.3.1 了解自动驾驶的历史

自动驾驶汽车(Self-Driving Car)也称为无人驾驶汽车(Driverless Car)。自动驾驶汽车结合多种传感器来感知周围环境,如雷达、激光雷达、声呐、GPS、里程计和惯性测量单元。先进的控制系统解读感知信息,识别合适的导航路径及障碍物和相关标识。

如果从 20 世纪 20 年代的自动驾驶实验算起,自动驾驶的历史已经有近百年了。1977 年,日本筑波机械工程实验室开发了第一款半自动汽车(图 12-9),该汽车需要专门标记的街道,并由车辆上的两个摄像头和一台模拟计算机对其进行解释。在高架轨道的支撑下,车辆达到了每小时约 30 km 的速度。

20 世纪 80 年代,出现了具有里程碑意义的现代自动驾驶汽车,如卡耐基梅隆大学的 Navlab 和 ALV 计划。这些研究成果采用了新的人工智能技术代替了之前项目中对无线电控制的需求。2005 年,第二届 DARPA(Defense Advanced Research Projects Agency,美国国防高级研究计划局)大挑战赛成功举办,这次自动驾驶技术在技术以及行驶里程等方面均取得了进步。

图 12-9 日本筑波机械工程实验室的半自动控制汽车

2009 年,谷歌正式启动了自动驾驶项目。2013 年,百度启动了无人驾驶车项目,通过地图、定位、感知及智能决策与控制打造百度汽车大脑。从百度离开后,吴恩达也开始了他的自动驾驶项目 Drive.ai。这些科技公司直接瞄准的是四级和五级的无人驾驶技术。[①]而奔驰、日产、沃尔沃这样的传统汽车厂商则选择了辅助驾驶员的路线实现无人驾驶。两派不同做法殊途同归,最终均是为了实现无人驾驶。

12.3.2 知晓自动驾驶的现状

自动驾驶汽车将会给社会、经济等带来很大的变化,将从根本上改变人们的工作、生活方式。然而,截至目前还未有真正的无人驾驶汽车上路。2020 年 2 月,美国国家运输安全委员会(National Transportation Safety Board,NTSB)曾对无人驾驶汽车做了如下澄清:"美国消费者还没有能够自动驾驶的汽车……每一辆卖给美国消费者的汽车仍然需要驾驶员积极参与驾驶,即使在高级驾驶员辅助系统被激活的情况下也是如此。"

在很多科幻片中,都能看到自动驾驶汽车的身影,这给了还没有体验自动驾驶的人们无限遐想。为了规范技术,美国汽车工程师学会(Society of Automotive Engineers,SAE)公布了如下自动驾驶汽车标准。

---

① 下文中将对自动驾驶等级做一介绍,以期对无人驾驶能够达到的水准有简单的了解。

(1) 零级（无自动化）：此时在所有的情况下全部由司机操作。

(2) 一级（辅助驾驶）：在特定驾驶环境下由驾驶员辅助系统根据驾驶环境信息控制转向或加速／减速中的一种，并期望司机执行所有其余动态驾驶任务。司机监控驾驶环境。

(3) 二级（部分自动化）：在特定驾驶环境下，系统完全控制车辆，如加速、减速和转向。司机必须监控驾驶过程，并随时准备在系统无法正常响应时进行干预。在驾驶过程中，司机的手和方向盘之间的接触是必需的，以确认司机已经准备好进行干预。2013 年以来，这一级别的应用已经出现。

(4) 三级（有条件自动化）：在特定的驾驶环境下，司机可以安全地将注意力从驾驶任务上转移开。例如，司机可以发短信或看电影。对环境的监控已经交给系统处理，车辆将处理如转向、加速或减速的操作。并且，当系统要求司机进行干预时，司机必须给予干预。截至目前，大多数汽车厂商都在力争产品能达到这种状态。

(5) 四级（高度自动化）：在特定驾驶环境下，系统完成所有的驾驶任务，不需要司机进行干预。

(6) 五级（完全自动化）：在全部的时间、环境及路况下完成所有的操作，具有优于或相当于司机的水平。完全自动化预计将在 2025 年实现。①

德国的奥迪新型 A8 是世界上首次支持三级的自动驾驶汽车。欧洲于 2017 年发售，中国、日本等国家也于 2018 年发售。尽管该车可以在高速公路等汽车专用道路上的一些场景下可以实现自动驾驶，但还是会受到不同国家的法律规定的限制。例如，在日本，等级为三级的自动驾驶汽车在公路上还不能使用。

12.3.3 熟悉自动驾驶的技术

当汽车第一次被发明出来时，几乎没有人意识到它会替代马车。然而，与马车相比，汽车有诸多不便，如马知道路况，在遇到障碍或危险时会自动停下，但是汽车需要人们更多的控制与关注。然而汽车最大的优势在于它的移动速度。当自动驾驶来

---

① 根据当时人们对 2020 年实现自动化的等级程度来看，笔者对这一乐观的估计持怀疑态度。

临时，人们会极大地解放自己，届时，无论是生活方式，还是工作方式，都会出现巨大的改变。

最近几年，得益于深度学习等人工智能技术的发展，自动驾驶取得了很大的进展，深度学习相当于为汽车开了"天眼"，大大提升了汽车的认知能力。汽车行驶在路上，需要辨认出以下事物：行人、骑自行车或摩托车的人、汽车、路面标识、红绿灯、道路标识等。

基本上这些都是深度学习擅长的领域。图12-10所示为特斯拉汽车的自动驾驶，在图片右侧的3个窗口从上到下分别代表左后方车辆摄像头、中程车载摄像头和右后方车辆摄像头。从图的左下方可以看到一行注释，说明图像识别已经为运动流、车道线、道路流、路径内对象、路灯、物体及路标等都给出了明确的标识。

前文中已经提及了深度学习的原理，这里不再赘述。深度学习的实现确实让自动驾驶上了一个台阶。那么，是不是自动驾驶就是只有通过深度学习才能辨识路况信息呢？答案显然不是。

图 12-10 特斯拉自动驾驶演示[①]

自动驾驶需要整合很多的技术，一般涉及感知、认知、规划和执行。从感知层开始，汽车需要GPS、雷达（如激光雷达、毫米波雷达、超声波雷达等）、摄像头和车用无线通信技术（V2X）等。前文中介绍的奥迪A8上就搭载了超声波传感器（12个）、全景摄像头（4个）、前置摄像头（1个）、中程雷达（4个）、红外摄像

---

① 图片来源：特斯拉Model X全自动演示视频截图。

机（1 个）等。

从技术上来看，自动驾驶解决的是感知、认知、规划和控制 4 个问题。

（1）感知：搭载的 GPS 是通过地图系统确定汽车的位置信息，雷达等则提供位置和运行的数据，摄像头将汽车周围的信息以数字化图像的形式反馈给计算机。在恶劣天气、光线不足或突发状况的情况下，雷达的作用可以弥补这些不足。

（2）认知：通过 GPS 和地图系统，能够解决"我在哪，我去哪儿"的问题。这里涉及定位和路径规划的问题。目前人们利用的导航软件可以根据距离、时间及路况等灵活地给出路径规划，人们只要选择即可。在运行的过程中，雷达等设备实现对图象、空间上的探测，并实时反馈这些数据，而摄像头则是对车道、信号灯、行人及车辆等进行检测。

（3）规划：有了实时反馈的数据，系统就要通过各种算法，如路径规划、运动规划、轨迹规划、深度学习等技术进行规划。

（4）控制：有了感知、认知、规划等前提，人和系统就可以实现对车的控制，自动驾驶的终极目就是摆脱人的控制，完全交由系统处理。

12.3.4 自动驾驶下的思考

请思考一个问题，机器人和自动驾驶之间，哪个相对具有优势？显然，自动驾驶的优势要大一些，因为汽车通常是在设计好的路线上行驶，而且为了配合自动驾驶，未来的交通网络可能还会升级。然而，即便是具有这样的优势，自动驾驶还是面临诸多问题。

2015 年，一份来自密歇根大学交通研究所的《对涉及自动驾驶车辆的真实世界车祸的初步分析》（*A Preliminary Analysis of Real-World Crashes Involving Self-Driving Vehicles*）报告中指出：每百万英里（1 英里=1.60934 千米）的行驶，传统汽车发生 1.9 起事故，自动驾驶汽车发生 9.1 起事故。

2016 年 5 月，一位驾驶员利用特斯拉的自动驾驶功能驾车时，以 110 km 的时速撞上一辆汽车，司机当场死亡。事后特斯拉在官方声明中称，在强烈的日光下，驾驶员和自动驾驶均未注意到牵引车的白色车身，因此未能及时启动刹车系统。2018年3月，Uber的一辆自动驾驶SUV撞死了一位过马路的女士。事后给出的调查原因主要是因为她正好处在路线的阴影区域，光线太差影响了自动驾驶系统的判断。不仅仅是光线，天气及突发的情况都是引起自动驾驶失灵的原因。所以，来自各种传感器的融合是未来自动驾驶发展的一个关键因素。

除了技术原因，自动驾驶另一个值得关注的就是道德伦理问题。在伦理学中有一个著名的电车难题（The Trolley Problem），是伦理学领域最为知名的思想实验之一，简单来说就是，是否为了救多人而牺牲一人。当不存在智能驾驶时，面对路人和自己的生死抉择，恐惧和压力会使人做出最本能的反应，当面对"理性"的人工智能时，它会做出什么选择呢？一些知名的汽车制造厂商表示将优先考虑乘客生命。东京大学一位教授面对这种伦理问题，在接受采访时这样说道："这些伦理问题没有正确答案。在明确了自动驾驶汽车以怎样设定运行的方针之后，在发生事故时，只能通过保险来应对，没有其他解决办法。能够保险就相当于在社会上承认其风险。今后为了自动驾驶汽车的普及，保险的存在是很重要的。"

如果技术成熟，自动驾驶可以使事故减少，给人们带来更多的安全。自动驾驶这样的人工智能技术，也会给人们带来新的工作与生活方式，它会把人们原来用在开车上的时间解放出来，去从事其他事情，也可以让原来无法操纵汽车的人使用汽车。自动驾驶也有可能促进共享汽车的进一步发展，汽车会自己开到需要它们的人的面前，给人们的出行带来极大的便利。

交通事故的减少会重塑保险业的业务，一些汽车厂商已经承诺会对他们的自动驾驶汽车造成的事故负责。自动驾驶发展成熟，对司机这样的职业也会造成不小的冲击，形成新的社会问题。总之，自动驾驶不仅仅是一个技术问题，它还涉及经济、公共管理、道路交通、法律法规及社会伦理等多种问题，解决它们并非一朝一夕的事。

12.4 人工智能+艺术

2016年，利用人工智能及3D打印技术，微软公司的肖像油画《下一个伦勃朗》（*The Next Rembrandt*）模仿荷兰画家伦勃朗的画风，毫无违和感地出现在大众面前。在这个项目中，人工智能通过346张伦勃朗的作品学习了颜色使用和构图等描绘方法的特征。然后，以其特征为基础自动生成新的绘画程序，使用能够再现颜料凸凹的3D打印机，输出了绘画。

2018年，法国艺术小组Obvious使用人工智能的深度学习方法"GAN"，学习了各年代制作的15000张肖像画，制作了原创肖像画《埃德蒙德·贝拉米肖像》（*Portrait of Edmond Belamy*），并在纽约佳士得拍卖现场以43.25万美元的价格成交。

2019年3月，在伦敦苏富比拍卖会上，《路人记忆1》的"实时"创作成为大众的焦点。因为这台人工智能画画的机器不再需要人为干预，实现了完全的人工智能作画。更有艺术家表示，这一作品见证了人工智能大脑如何思考。与其说该机器创作了一幅作品，还不如说它已经成了艺术家，创作出来的作品转瞬即逝，独一无二。

从人工智能临摹画到创作画，再到动态作画，艺术领域已经没法不再关注技术的进步，尤其是人工智能带给艺术的改变。很多人认为人工智能是在近几年才走进艺术领域的。其实，早在40多年前，就已经有了算法艺术，人们就能看到人工智能生成的艺术品。

图12-11所示为由"机器人伦勃朗"通过数据分析生成的男子肖像作品。

2015年，德国的学者使用深度学习算法，让人工智能对梵高、莫奈等世界著名画家的风格进行了系统学习，学习后的深度神经网络能够将一幅图片自动转化为梵高风格的画作。一些公司已经开源了图片处理的平台，如Google的DeepDream，在输入图片后，可以通过对神经网络反复操作，然后得到最终的大作。还有一些网站，如Deepart则只需要三步，上传图片、选择风格，然后提交，就能生成图片，如图12-12所示。

图 12-11　由"机器人伦勃朗"通过数据分析生成的男子肖像作品

图 12-12　Deepart 网站

很多人认为人工智能作画非常神秘，能够再现大师的杰作，其实并非如此。前面的内容已经介绍了深度学习的原理，深度学习的一大特点，就是你不知道它如何工作，它也不知道你工作的目的，它能做的就是利用深度学习的神经网络，利用数据抽取梵高画中的特征，再利用这些特征去生成新的结果，自己都不知道结果是幅画作。

很多人认为人工智能的出现，是对绘画人士，尤其是初学者非常大的打击，艺术创作不需要再有美术背景。笔者对此并不赞同，确实有打击，但是没有想象的那么大。首先，正如其他领域一样，每个领域都有自己的专业知识，尽管人工智能能够提取某些特征，然而提取的可能并不是重要的特征。这说明，人工智能很难做到全覆盖，它们只能在它们的特征范围内重复。其次，在很多环节，如给深度学习"喂"数据，在过程中根据自己的感觉进行不断调整，一步步逼近自己的目标。利用人工智能，画师可以看到多个结果，但这也是考查画师美术功底的时刻，最终的决策还是在人。最后，就是学习之前的数据环节。即便是同原理的算法，不同的数据训练后所得的模型也不相同，因此，如果不懂美术常识，可能连"喂"数据都无从下手。

人与计算机在完成同样的任务时，尽管可以做到结果的一致，但是所依据的工作原理完全不同。人们可以充分发挥人工智能的能力，通过它们找出规律，发现新的知识，利用人机协作，增强自己的实力。

要想理解一个国家的绘画历史，就要知道关于绘画的大量信息，如历史上曾经出现的诸多流派和画师，每个画师属于哪个流派等，这些都是正确理解美术史的重要信息。然而，在历史的长河中，留下了很多无法确定画师和流派的作品。对这些作品的画师和流派的鉴定，是在正确理解美术历史的重要信息。深度学习等人工智能技术的进一步发展，将大大地促进这一进程。

从以上的案例中可以看出，人类与人工智能尺短寸长，各擅胜场。学习原理不同为人机协作取长补短提供了可能。人们可以利用知识、经验对事物进行研究，而人工智能则可以通过对大量的样本不辞辛苦地特征提取，发现新的规律。

最终，人们将已有的知识、经验与新规律进行归纳和总结，进一步形成新的知识。这种情况不仅仅会在艺术领域发生，以后随着人机协作的进一步升华，更多的领域将会体验到这种人机协作带来的累累硕果。

近几年，由于算力的增强，数据的增多，以人工智能深度学习为代表的诸多算法发挥出强大的力量，逐渐进入各个领域。当人工智能遇上艺术，本来是一件增添助力的事情，但是根据已有的文献和报道，丝毫没有感觉到激情的存在。例如，"廉价""搅局""取代""失业""所属权"等词汇更多地出现在讨论人工智能和艺术的这类文章里。

其实，在人工智能+艺术这门课授课伊始，不妨与学生共同思考一些人工智能带来的问题。

- 什么是艺术品？人工智能做出的东西虽然"精美"，但能够称其是艺术品吗？
- 由人创造出的作品，与人工智能创作出的作品，最大的不同之处在哪里？

- 如果脱离了知识、阅历、经验和感情的创作过程,无论得到的产品多好,是否还能成为艺术品?
- 人工智能在艺术创作中,到底扮演了什么?它能替代哪些?不能替代哪些?
- 如何才能更好地了解人工智能原理,取长补短,最终实现自己的意志?

12.5 人工智能+生物

人工智能的历史沿革源远流长,早在2500多年前的古希腊时代,医师希波克拉底(Hippocrates)就与亚里士多德(Aristotle)有过"大脑"之争。再到18世纪,意大利医生路易吉·加尔瓦尼(Luigi Galvani)和亚历山德罗·沃尔塔(Alessandro Volta)发现了外接电源的电流可以激活神经。19世纪,德国生理学家埃米尔·杜布瓦-雷蒙(Emil Heinrich Du Bois-Reymond)证实了神经元可以产生电脉冲。

20世纪初,西班牙解剖学家圣地亚哥·拉蒙·卡哈尔(Santiago Ramóny Cajal)发现大脑是由神经元构成的。并且,他还发现昆虫的神经元形式与人类神经元可相提并论,甚至有些更为复杂。因此得出结论,赋予人类能力的不是细胞本身,而是神经元之间的连接方式。这为之后人工智能的连接主义提供了发展方向。

20世纪40年代至50年代,神经学家才开始对脑内电信号传导进行深入研究。人的大脑内约有860亿个神经元,每一个神经元大约有1000个突触,也就是说,人脑神经元有10^{14}个突触。

刺激(Stimulus)通过突触(Synapse)从树突(Dendrite)传递到体细胞,轴突(Axon)将一个胞体的反应传递给另一个胞体。信号穿过神经元之间的间隙,另一端神经元要么被激活发出信号,要么暂时被抑制活性不被触发。受到这些生物神经元的启发,最终人工神经元和人工神经网络能够执行算术运算。

图12-13所示为生物神经元。

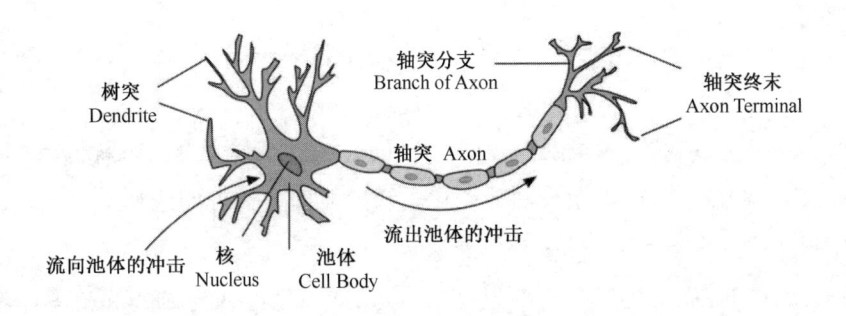

图 12-13　生物神经元

12.5.1　"搅局"之眼

前面在介绍连接主义学派时，提到了沃伦·麦卡洛克与沃尔特·哈里·皮茨的 M-P 神经元，这是神经元的第一个数学模型。这个模型曾带给了沃尔特·哈里·皮茨无穷的希望，坚定了以"脑"为本的信念，然而随后他的一项实验，彻底颠覆他的世界观，使得这位天才大师一蹶不振。

1956 年，也就是达特茅斯会议召开的那年，沃伦·麦卡洛克的团队开展了一项实验，实验的目的是对大脑是否为人体处理信息唯一器官进行验证。如果大脑是人体处理信息的唯一器官，那么生物的眼睛则应该是被动地接受它们所看到的东西，然后将信息传递至大脑。

实验人员在青蛙的视觉神经上贴上一些电极，通过改变房间明暗、图片展示、人造苍蝇模拟等方式进行各种视觉实验，将青蛙的眼睛观察到的信息在送往大脑前"截"下来。实验结果发现，青蛙的眼睛不仅是被动地接受信息，它还将视觉特征（如对比度、曲率和运动轨迹等）通过分析并过滤出来传递给青蛙的大脑。这个实验说明生物的眼睛可以对信息进行解读，而不是将信息单纯地传递给大脑，因此也推翻了之前大脑就是人体信息唯一处理器官的结论。

与此同时，在 20 世纪 50 年代至 60 年代，有另一些科学家也在研究着动物之"眼"。1968 年，在经历了之前对猫、猴的一系列研究之后，神经科学家大卫·休伯尔

（David Hunter Hubel）和托斯登·威塞尔（Torsten N. Wiesel）得出了关于视觉的重要结论：

（1）针对视觉的编码，生物大脑皮层的神经元存在局部感受野（Receptive Field），一般来说，感受野越小，对刺激方向的变化越敏感，即存在方向选择性。一小部分细胞还有颜色编码。

（2）大脑初级视觉皮层中的细胞可以分为简单细胞、复杂细胞或超复杂细胞，不同的细胞具有不同抽象层次的视觉感知。

（3）动物大脑是分层、分级处理信息的。大脑皮层被视为一个以完全不同的方式垂直和水平组织的系统。在垂直系统中，刺激的大小，如视网膜位置、直线方向、眼部优势和神经运动的方向性，被映射成重叠但独立的马赛克集合。水平系统按层次顺序分层隔离单元。

大卫·休伯尔和托斯登·威塞尔也因这些发现获得了 1981 年的诺贝尔医学奖。同时，这些成果对人工智能的研究与发展也起到了积极的促进作用，这说明人工智能中的神经网络并不一定要以全连接的形式运行。

福岛邦彦（Kunihiko Fukushima）提出了一种新的视觉模式识别机制，称为新认知机（Neocognition）。计算机模拟结果表明，新认知机具有与脊椎动物视觉系统相似的特征。它是一个多层的网络，由许多层细胞的级联连接构成，细胞间突触连接的效率是可以改变的，如图 12-14 所示。

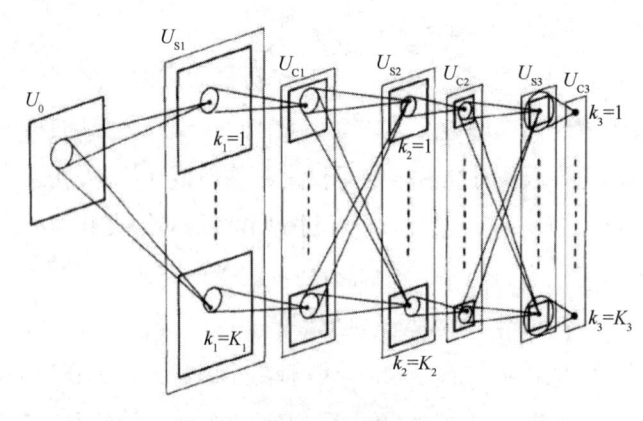

图 12-14　新认知机的结构

网络的自组织是通过无监督的过程进行的。对于网络的自组织，只需要重复地表示一组刺激模式，而不需要关于这些模式应该归类到哪些类别的信息。新认知电子本身就具有根据形状的不同来分类和正确识别这些模式的能力。

新认知机借鉴了大卫·休伯尔和托斯登·威塞尔等学者提出的视觉可视区分层等发现，它也是卷积神经网络的雏形。在福岛邦彦提出新认知机 10 年后，很多学者对其进行了进一步的研究，尽管有所改进，但是效果始终不尽如人意。

直到十几年后，杨立昆（Yann Lecun）等学者将有监督的反向传播算法引入福岛邦彦的模型中，才收获了不错的结果，同时也奠定了卷积神经网络的结构。杨立昆也被称为"卷积神经网络之父"，作为纽约大学终身教授，他与杰弗里·辛顿（Geoffrey Hinton）、约书亚·本吉奥（Yoshua Bengio）并称"深度学习三巨头"。

12.5.2　遗传算法

早期的很多人工智能先驱们不仅对计算机学感兴趣，而且对生物学和心理学也很感兴趣，因此，他们中的很多人从未放弃从生物学中借鉴智慧来发展人工智能。例如，他们根据沃伦·麦卡洛克与沃尔特·哈里·皮茨的 M-P 神经元，以及大卫·休伯尔和托斯登·威塞尔的生物视觉等研究成果，发展壮大了连接主义学派。在人工智能研究中，还有一条支线，就是遗传算法（Genetic Algorithm）及遗传编程（Genetic Programming）等，后来的强化学习（Reinforcement Learning）就诞生于该支线，这就是人工智能的另一学派，称为进化学派。进化学派如果溯本追源，很多思想来自冯·诺依曼的细胞自动机。约翰·霍兰德的老师是亚瑟·伯克斯（Authur Burks），亚瑟·伯克斯是冯·诺依曼的助手，受冯·诺依曼思想的影响，曾写过《逻辑网络理论》（*Theory of Logical Nets*）一书，约翰·霍兰德的论文是《逻辑网络中的循环》（*Cycles in Logical Nets*）。

约翰·霍兰德（John Holland）被称为"遗传算法之父"，遗传算法的思想来自自适应（Adaptation）思想，而这一思想受到他早期关于唐纳德·赫布（Donald Hebb）的"赫布型学习"（Hebbian Learning）理论的研究和他对罗纳德·费舍尔（Ronald Fisher）

的经典著作《自然选择的遗传学理论》（The Genetical Theory of Natural Selection: A Complete Variorum Edition）的推动，后者将遗传学与达尔文主义的选择相结合。1962年开始，约翰·霍兰德全力投入适应性理论的研究，下决心解决多基因的选择的难题。1964年获终身教授，并开始研究遗传算法。

当他在进化生物学、经济学、博弈论和控制论中进一步研究时，约翰·霍兰德认识到适应对所有这些领域都至关重要。它们都涉及智能代理，必须不断从不确定的环境中获取信息，并使用这些信息来改善性能及增加生存机会。

遗传算法这一术语的提出来自他的学生约翰·丹尼尔·巴格利（John Daniel Bagley）的博士论文《采用遗传算法和相关算法的自适应系统的行为》（The Behavior of Adaptive Systems Which Employ Genetic and Correlative Algorithms），但当时并未形成具体的理论。

20世纪60年代至70年代，约翰·霍兰德和密歇根大学的同事及学生们进一步研究遗传算法。1975年，约翰·霍兰德在出版的《适应自然和人工系统》（Adaptation in Natural and Artificial Systems）一书中提出了遗传算法并给出了遗传算法的理论框架。

说起约翰·霍兰德，有两个题外话。一个是曾经有一个参加达特茅斯会议的机会摆在约翰·霍兰德面前，但他为了一份暑期工作而没有珍惜，这点可能是他最大的遗憾了。另一个是现在讨论的人工智能是个交叉的学科，其实约翰·霍兰德一直非常鼓励交叉，也认为如果一个人进入某领域扎根太早，反而有可能不利于吸取其他学科的新思想。这点上非常值得我们借鉴学习。

言归正传，现在回到遗传算法上。自然种群根据自然选择和"适者生存"的原则进行进化，这是查尔斯·罗伯特·达尔文（Charles Robert Darwin）在《物种起源》（On the Origin of Species）中提出的思想。遗传算法则是模拟这种自然进化过程，优胜劣汰，适者生存的解决优化问题的自适应方法，即对种群（Population）的进化过程进行模拟。一个种群是经过基因（Gene）编码的一定数量的个体（Individual）构成的，每个个体其实就是染色体。

染色体（Chromosome）是遗传的基本单位，男、女体细胞均有23对染色体，其中22对染色体无论是形态还是大小都几乎相同，这类染色体被称为常染色体。然而第 23 对染色体存在区别，男性为 XY，女性为 XX。这对染色体决定了性别，也称为性染色体。两性交配使人染色体交叉（Crossover），并且，在进化过程中，还存在变异（Mutation）。最终进化的结果就是后代种群比他们先辈更加适应环境。

借鉴这种生物进化的思路，每一个个体（染色体），都能根据特定的问题被分配出一个适应值（Fitness Value），并且能够与其他染色体的适应值相比较，这在算法层面上表现为目标函数值的好坏。好的个体能够被赋予再生的机会，如进行交配，当然算法中也会考虑到进化的过程中的变异，最终产生问题的近似最优解。

图 12-15 所示为传统遗传算法的流程。从图中可以看到，遗传算法中包含以下几个步骤。

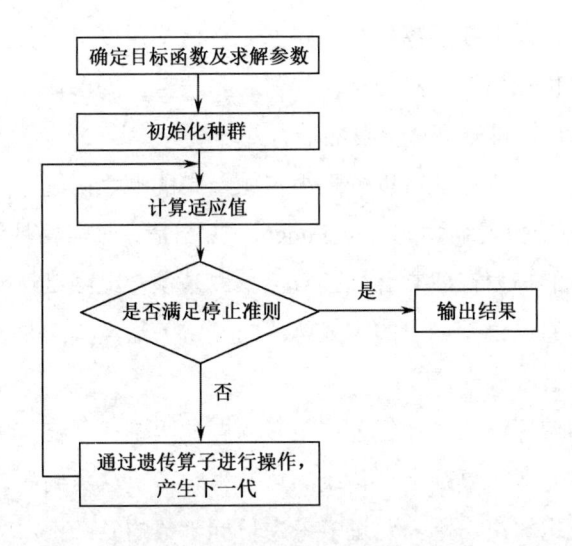

图 12-15　传统遗传算法的流程

第 1 步（确定问题）：定义目标函数及约束条件等。

第 2 步（初始化种群）：通过随机的方式生成初始染色体。

第 3 步（评估及判断）：计算出适应值并根据一定的准则进行判断，如果达到要求就停止"进化"，如果达不到要求则进行下一步。

第 4 步（产生下一代）：根据遗传算子产生下一代，利用算子做"进化"，然后跳转到第2步。①

自1985年召开了第一次遗传算法国际会议以来，遗传算法得到了各界的广泛关注与认可，目前遗传算法广泛应用在各行各业，是一种非常实用的算法。关于遗传算法的具体算法细节，这里不再赘述，感兴趣的读者可以参考笔者之前所著的《投资决策分析与优化——基于前景理论》，其中对遗传算法如何解决复杂的行为金融投资问题做了系统的描述。

遗传算法是人工智能算法之一，这里借助遗传算法探讨一下人工智能算法的以下几个问题。

（1）目标。人工智能很多算法的核心问题，就是要有一个量化的目标，并且能够判断它的好坏，以及现在距离目标的状态。从这个角度上来说，这些算法的问题最终都演变成一个优化问题，只是优化的内容有差异，如图像识别、语音识别、路径规划、计算机下棋、机器翻译、自然语言处理等。

（2）目标函数。遗传算法可以处理很多领域中的棘手问题，一般情况下，每一个问题都会有对应的适应函数（Fitness Function）：一是有时需要具体问题具体分析，因此往往耗费大量的精力在建立目标函数上。二是像神经网络这样的算法，通常需要利用海量数据，通过误差最小的方式解决问题，关注点其实是在网络结构、激活函数等问题的选择上。

（3）求解。随着环境的愈加复杂，很多问题的困难体现在搜索空间巨大、构建的函数不连续或不光滑、复杂上，传统的算法很难解决这类问题。而利用遗传算法这样的人工智能技术解决，不需要过多考虑目标函数的复杂性，只需要提供一个解（染色体），就能得到目标函数的函数值，然后对比其他值进行优劣判断。

---

① 模仿生物遗传与进化的编码方法有很多，不同的编码方式会构成不同的遗传算法。大卫·戈德堡（David Goldberg）总结出了一套基本的遗传算法编码方式，确定了仅使用选择、交叉和变异3种基本的遗传算法。关于遗传算法，可以参考大卫·戈德堡所著的《遗传算法在搜索、优化和机器学习中的应用》（*Genetic Algorithms in Search, Optimization and Machine Learning*）一书，该书是目前为止最畅销的遗传算法入门书。大卫·戈德堡是该领域最杰出的研究人员之一，发表了100多篇关于遗传算法的研究文章，是遗传算法之父约翰·霍兰德的学生。

（4）停止求解。求解往往要耗费大量的时间和资源，从收益与成本方面考虑，需要设置一个终止条件，如结合实际问题认为已经找到一个可以满足问题的解，[①]或者是遗传算法经历了多少代，又或者是误差已经到了一个认为可以接受的程度，等等。

除了遗传算法这样的进化算法（Evolutionary Algorithm），蚁群算法（Ant Colony Optimization Algorithm）也是"人工智能+生物"的另一个典型案例。蚁群算法最早是由马可·多里戈（Marco Dorigo）受到蚂蚁觅食行为中的生物特征启发，在 1992 年他的博士论文中提出的。这种受到动物的群体智能启发而发明出来的算法，有一种专门的归类，即群智能算法（Swarm Intelligence Algorithm）。

随着对生物的逐步了解，再具备一定的数理及编程基础，未来一定会有更多的算法从生物中取经而被创造出来。

总之，生物与人工智能密不可分，人工智能最初就是希望模仿人类的智慧，在不断发展的过程中，又从其他生物中借鉴思路，从而进一步推动人工智能的发展。

12.6 人工智能+视觉分析

人工智能+视觉分析的应用，在中小学阶段除人脸识别之外，垃圾分类是最为流行的案例了。很多老师也利用垃圾分类作为案例给中小学生上课，引发了极高的兴趣。

12.6.1 人脸识别

1. 人脸识别的含义

人脸识别就是基于人类面部信息特征进行身份识别的技术。该技术的研发始于

[①] 用优化的语言表述就是不需要找到一个全局最优点，而是要找到一个满足的局部最优解。这点与赫伯特·西蒙的满意度（Satisficing）如出一辙。

20世纪90年代。但早期的人脸识别主要基于可见光，对环境光变化非常敏感，在不同光源和光照条件下的识别精度波动巨大。后经过多年的技术积累，2017年苹果公司在iPhone X手机中搭载了Face ID技术，利用点阵投影器产生30000个红外光点采集人的面部三维数据，判别准确度远超基于可见光的传统技术，达到了通过人脸识别直接解锁屏幕的精度需求。这项技术的投产，让人脸识别技术再度走入了聚光灯下，激发了各大手机厂商和相关技术公司对人脸识别技术的研发热情，加快了各大厂商的战略布局。

2. 人脸识别的应用方向

人脸识别最主要的应用场景都集中在安保和随之衍生出的便捷支付领域。先说安保相关的场景，如今各国的机场在入关检查时都配合有"人脸识别""指纹"双保险的验证关卡；采用人脸识别代替员工打卡的公司如今也并不少见；过去几年中在各大演唱会等人员密集场所抓获的在逃人员也多是依靠了"人脸识别"的强大检索能力。

基于人脸识别能够提供的高标准安全认证服务，在无现金支付领域，支付宝、微信支付等主要的电子支付产品都已经支持"刷脸支付"，无人超市也在北京等城市展开运营。

人脸识别在娱乐领域的应用主要在人脸采集和建模方面，如美图秀秀等软件会识别人脸位置，对人脸部分进行图像处理，达到"变脸""美妆"等功能。苹果手机的短信App中，人们也能够利用人脸识别技术将自己的表情准确地投影到3D卡通形象上，制作独属自己的表情包。

3. 人脸识别的技术实现

人脸识别通常包括人脸检测、人脸对齐和人脸判别等一系列技术，这既是人脸识别应用的主要研究方向，也是实际应用中人脸识别的实现途径。

人脸检测（Face Detection）是图像传达到整个处理流程后的第一步，其目的简单来说就是从图像中找到哪里是"脸"。通常，算法会在这一步确定人脸的位置和大小，借此限定后续操作的目标区域，加快并提高人脸识别算法的速度和精度。

人脸对齐（Face Alignment）是决定人脸识别精度的关键一步，这一步的主要处理内容是在上一步标定的区域中确定面部特征点的位置。人的面部有很多特征点，容易想到的就包括眼睛、鼻子、嘴等，而对于人脸识别算法而言，这些特征点的追索往往需要更细致的分类。图 12-16 所示为一个人脸部特征点的分布图，这个图中在人脸部设定了 68 个特征点，这些特征点主要分布在面部器官的边缘位置，比如每条眉毛各用 5 个点来标定，眼睛各用 6 个点、鼻子用了 9 个点、嘴部更是用了 20 个特征点来标记。

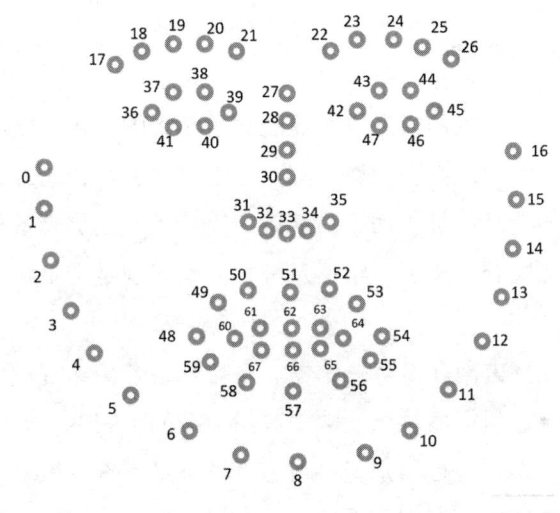

图 12-16 人脸部 68 个特征点分布图

为什么要设定这么多个特征点呢？我们知道人的面部可以做出各种各样的表情，同时，拍照时不可能完美地正对镜头，不同的表情和头部角度都可能对面部识别精度造成影响，为了尽可能消除这些影响，一个基础思路就是在人脸的位置区域中逐步定位各个特征点，然后通过旋转、平移等图像处理手段，将人脸校准到正对屏幕的角度。在实际操作中，这一阶段还包括一些光线补偿和降噪锐化等处理，这里就不展开说明了。

在这之后就要进行下一步操作——脸部特征提取（Feature Representation）。人脸识别系统根据目的需求的不同，所使用的特征提取思路也有着区别。通常意义上，人脸的面部特征提取可以分为以下两种思维角度。

（1）基于知识（常识）的特征提取。人脸的主要特征除肤色之外，主要体现在各个器官本身的形状及相互之间的距离，根据这些生物知识，就可以将人脸通过各个器官之间的距离、角度、曲率等结构关系来描述。

（2）基于数学的特征提取。人脸图像除人脸这一生物属性之外，还具备图像属性，因此也可以从数学角度去分析面部图像本身，如通过降维手段提取面部主成分特征（Eigen Face）就是曾经一段时间内的广负盛名的识别方法。

4. 人脸识别的技术发展

当前阶段，各个研究机构或研发企业能够采集到的人脸数据基本多是二维图像数据，但是在现实生活中，人脸的数据都是三维立体的，相比二维数据，三维立体数据无疑具备更多的信息，且更加不易混淆，简言之就是更具备鲁棒性，因此使用三维面部信息，或者融合二维和三维信息进行面部识别是当下科研工作的主要方向之一。

另一个技术的发展方向就是多传感器、多特征融合。尽管图像识别算法和面部识别算法在不断进步，但很多时候受限于原始数据的不完备，如暗光环境、镜头模糊，单独依靠图像数据来进行识别就显得可靠性不足，现今很多手机的面部解锁都加入了红外线点阵传感器等有别于摄像头的数据采集器，依靠多种类传感器采集多类别特征，通过融合式的算法成功弥补了传统算法在特殊场景下的不足。

随着大数据时代的到来，人脸识别被投注了更高的期望，结合深度学习等人工智能手段，有机利用海量数据，解决大规模人脸识别和对比任务也成了急待解决的课题之一。在人们设想中的安全、便捷的智慧城市的功能中，如交通枢纽地区的安防预警、人群密集地区的可疑人员排查、飞机的刷脸值机等未来科技，其基盘类技术就是大规模人脸识别。

5. 人脸识别和信息安全

人脸识别在未来智慧城市和人工智能相关应用建设中的重要性不言而喻，但随之带来的信息安全方面的担忧也不可忽视。

伴随着人工智能、智慧城市等关键词，一同被提及的还有物联网（Internet of Things，IoT），那么当人脸识别遇到了物联网，我们可能很难把握自己的面部信息传递到了哪里，在享受着刷脸支付、刷脸开门、刷脸上班等便利的同时，这些信息是否会流入不法分子的手中，而万一被不法分子获得，上述便利也等于为不法分子牟利创造了便捷的条件，与面部信息相关联的所有隐私信息都有着暴露的风险。而最可怕的是，人脸信息不似密码，除非整容，不然很难在短时间内做变更。

考虑到上述的风险，在面部信息使用方面，相关研究人员需要思考如何更加安全地利用公众的面部信息。而作为用户的我们，也要在享受面部识别技术带来的便利的同时，提高警惕，对可疑的、不必要的面部识别申请多加一份小心和谨慎。

12.6.2 垃圾分类

2019 年 7 月，上海率先在全市范围内展开垃圾分类专项治理活动。根据规定，家庭和企业需要将垃圾分为 4 类，并在特定的时间倾倒在指定地点，违者将予以罚款，甚至信用评级下调等处罚，一时间网络上关于垃圾分类的宣传和相关攻略不绝于耳。在社会上引发巨大关注的同时，不少老师也结合垃圾分类这个主题，向学生灌输人工智能相关知识。

人工智能在视觉领域的分类技术可以给垃圾分类工作带来一定的便利。如果用摄像头对着垃圾一拍照，程序就自动告知我们图中的物品属于哪类垃圾，那么垃圾分类带来的种种压力一定会大为减轻。

北京市十一学校的韩思瑶老师紧随社会热点，为学生设计并开设了"探索图像识别——'AI 助力垃圾分类'之看图识物"的课程，介绍了图像识别原理及相关概念，探究数据对结果的影响，设计垃圾分类任务，理解图像识别的应用，认识分类模型和分类模型评估方法。另外，韩老师还为那些准备开设人工智能课程，以及想要了解和学习人工智能的中小学教师展开了多次人工智能助力垃圾分类的培训。

由于这种多物体识别需要的训练数据较为庞大，一般家用计算机很难在有限的时间内完成模型的训练任务，因此在实际操作和尝试时，可以考虑诸如百度 Easy DL

定制化训练工具，以较低的开发成本借助网络资源来体验训练识别模型的过程。

通过人工智能+视觉图像来进行垃圾分类并不是仅仅停留在课件和思考层面，当下很多国家已经利用类似的技术研发了垃圾分拣用的机器人或流水线：

日本的 FANUC 分拣机器人就是利用视觉分析对物品的材料成分、性状、外形进行实时扫描分析，并对垃圾进行自动分拣，如将塑料制品放置在传送带左侧，铝制易拉罐则分拣到右侧。该机器人的分拣精度尚有待提升，但实际利用时，工作人员会在一条传送带上布置数个机器人，在提升工作效率的同时，降低分拣的遗漏现象。

芬兰的 ZenRobotics 公司也研发了一套垃圾智能分类系统，同样是利用视觉传感器对物品的表面结构、材料等属性进行分析判定，从而推定垃圾种类，再通过机械臂进行复杂的分拣工作。该系统的分类数较少，只针对常见的金属、木材、纸板等 20 余种可回收材料，故而分拣速度达 50 次 / 分钟，准确率也高达 98%，中国和欧盟等国家及地区也引进了该系统。

12.7　人工智能+法律与伦理道德

人工智能如火如荼地发展使得未来人们工作、生活的方方面面都无法离开它。然而，当前的法律体系对人工智能带来的负面影响还不能做到全方位的覆盖。因此，在人工智能技术进步的同时，对人工智能带来的法律问题也要进行深入研究，提前布局。

人工智能的发展还会引发道德伦理的问题，如在前文自动驾驶中的电车难题等问题，会与人工智能发展如影随形。那么，在学习人工智能的同时，如何思考人工智能与道德伦理之间的关系就成了一个重要的议题。

12.7.1　责任划分

法律中的一个关键问题，就是违法后追究法律责任，保护有关主体的合法权利问题。前文自动驾驶部分已经提及了自动驾驶汽车撞人身亡的事件。那么,从法律的角度上来说,如何对权利、义务、责任进行界定。更进一步来说,事件中法律责任的承担方到底是驾驶员,还是自动驾驶汽车生产商,这个法律问题就需要进一步的完善。

随着人工智能技术的进一步发展,人工智能需要担责的呼声也随之上升。例如,联合国教科文组织与世界科学知识与技术伦理委员会、欧盟及其他一些国家就正在积极探讨机器人责任划分问题。

未来法律规则制定的一个重要方向,就是如何让参与到人工智能的各方相关主体,以及人工智能本身对部分或全部后果承担法律责任。只有对责任进行了明确的划分,人工智能才能得到更好的发展,人类的利益才能得到有效的保障。

当谈到人工智能本身承担责任时,这就引出了另一个议题,即机器人的权利。机器人能否具有权利是一个非常具有争议的话题。在 20 世纪 50 年代伊始,哲学家们就已经开始讨论是否将机器人看成是人造生命。一些科幻小说,如艾萨克·阿西莫夫(Isaac Asimov)所写的《机器管家》(*The Positronic Man*)就讲述了一个机器人想要成为人的故事。

2017 年,索菲亚(Sophia)被授予沙特阿拉伯公民身份,引发了世界各地人们的高度关注,"她"是世界上第一个获得公民身份的机器人。随后,索菲亚被联合国开发计划署授予有史以来第一个创新冠军,也是第一个被联合国授予该头衔的非人类。[①]

法律上赋予人的基本权利,如生存权、平等权及政治权利如何赋予人工智能,人工智能又该尽到哪些义务,这些都是随着人工智能发展需要思考的法律问题。

12.7.2 隐私保护

数据是人工智能得到发展的巨大推手,是人工智能三要素之一。然而,围绕数据讨论最多的议题之一就是个人隐私的问题。在数据的收集和使用环节都存在着一

---

① "UNDP in Asia and the Pacific Appoints World's First Non-Human Innovation Champion". UNDP Asia and the Pacific. Retrieved July 21, 2018.

定滥用信息及隐私泄露的风险,即便是数据脱敏(Data Masking),也曾被证明了可以推断出是具体个体的可能性。①

早在 1973 年,瑞典就已经出台了第一部个人数据保护法《瑞典数据法》,美国也在 1974 年制定了《隐私法》。2016 年,《中华人民共和国网络安全法》出台,对个人信息如何使用做出了明确的规定。

数据隐私问题不容忽视,然而人工智能等技术的发展,大大加剧了人们对隐私问题的担忧。一位互联网大咖曾经公开发表言论,说人们愿意用隐私来换得便捷性和效率。此言一出,引起公众一片哗然。

再如,前文中提及的对抗神经网络技术所带来的人脸替换等应用,近几年就引发了人们的普遍关注。"仅需一张照片,出演天下好戏"。2019 年 8 月一款名为"ZAO"的换脸软件引起了广泛的关注,使用者只需要提交一张自己的正面清晰照片,就能替换影视作品中明星的脸,圆自己一个明星梦。然而一天后,很多人就意识到了"人脸"泄露带来的后续关于隐私的法律问题,对 ZAO 的质疑也纷纷而至,毕竟在一个"刷脸"的时代,面部的数据信息实在是太重要了。

12.7.3 知识产权

人工智能技术正在广泛地参与到创作中,如微软的人工智能小冰写诗,清华大学的九歌作诗,再到前文中介绍的一幅幅人工智能美术作品等,随处可见人工智能的大作。其实,人工智能创作并不是近几年的事情,早在人工智能诞生的 1956 年,人们就可以利用计算机创作音乐。然而,人工智能是否具有作品的版权,这个问题却仍在深入研究中。

不少学者对人工智能作品是否应该具有版权看法不一,不断展开激烈讨论。先不说人工智能的版权问题,在美国就连动物也被认定不能合法拥有版权。2011 年,英国自然摄影师大卫·斯莱特在印度尼西亚旅行中,不但与猕猴"混"熟,还得到了猴子的自拍照。后来由于照片版权问题引起的诉讼长达多年,直到 2017 年大

---

① 数据脱敏是一种将数据变形,然后再使用的技术,旨在保护数据隐私。

卫·斯莱特才与善待动物组织（People for the Ethical Treatment of Animals，PETA）达成和解。争论的焦点在于非人类动物所产生的艺术作品是否受到著作权保护，最终以非人类所创作的作品不是美国著作权的主体维持判决。非人类动物版权问题尚且如此艰难，可见人工智能的版权问题之艰难。

根据《中华人民共和国著作权法》，作者是具有独创性贡献的自然人、法人和其他组织，作品是具有独创性、可复制性的智力成果。因此需要从法律的层面去探究人工智能是否可以作为作者。一些学者认为，人工智能作为作者来说，法律上是没有问题的。而从作品的角度上来说，法律上的作品必须是具有独创性的，一些学者认为之前的一些如写诗的程序只是进行简单的无智力创作的排序组合，无法体现独创性，而现在的深度学习则是自我学习成果的展示，体现了一定的智能性，因此具备基本的独创原则。

还有一些学者认为，虽然深度学习能够创造出作品，但是由于深层神经网络就是一个黑箱，最终能够创造出什么作品，出现问题如何进行纠正，人们是完全不知道的，因此将人工智能创造出来的作品给予算法的发明者也是不合理的。

另外，人工智能可以模仿诗人的文笔，可以模仿画家的画风，这样的人工智能作品对作者会造成一定程度上的影响，那么如何针对这样的情形立法，界定作家和人工智能之间的边界，对双方的作品进行保护等，也是司法层面应该更加关心的问题。

12.7.4 道德伦理

受益于一些科幻作品，人们已经超前提出了很多关于机器人的道德问题，最为有名的就是艾萨克·阿西莫夫于1942年的短篇小说《转圈圈》（*Runaround*）中提及的《机器人三定律》（*Three Laws of Robotics*）：

第一定律（First Law）：机器人不得伤害人类，或者因不采取行动而让人类受到伤害。

第二定律（Second Law）：机器人必须服从人类给它的命令，除非这种命令与第一定律相冲突。

第三定律（Third Law）：只要不违反第一定律或第二定律，机器人可尽可能保护自己的生存。

针对机器人道德约束的思考从未停止过，后续不少学者也提出了一些新的定律。其中，包括艾萨克·阿西莫夫本人对三大定律的修改。1950 年，在《可以避免的冲突》(The Evitable Conflict) 中，他提出了"第零定律"（Zeroth Law）：机器人不得伤害人类整体或袖手旁观人类整体受到伤害。原先的三定律都要服从第零定律。

一些人工智能学者认为机器人三定律并不是合适的机器人道德伦理标准，因此很多国家针对人工智能的伦理工作展开了深入的探索。2016 年，在联合国世界科学知识与科技伦理委员会（World Commission on the Ethics of Scientific Knowledge and Technology，COMEST）出台的《关于机器人伦理的初步草案报告》(Preliminary Draft Report of COMEST on Robotics Ethics) 中，就要求机器人不但需要尊重人类社会的伦理规范，而且需要有特殊的伦理规则。

2016 年年底，电气与电子工程师协会（Institute of Electrical and Electronice Engineers，IEEE）发布了《伦理化设计：利用人工智能和自主系统最大化人类福祉的愿景》(Ethically Aligned Design: A Vision for Prioritizing Human Wellbeing with Artificial Intelligence and Autonomous Systems)。IEEE 将人工智能伦理分为 3 个步骤：一是要对特别的社群规范和价值进行识别；二是能够将确定的规范和价值写入人工智能；三是要能评估写入的规范和价值是否与人类的规范和价值相符。

2017 年，在美国加利福尼亚举办的阿西洛马人工智能会议上，近千名人工智能专家签署了《阿西洛马人工智能原则》(Asilomar AI Principles)。《阿西洛马人工智能原则》共计 23 条，分为研究问题（5 条）、道德标准与价值观念（13 条）和长期问题（5 条）3 部分，其中道德标准和价值观念包含如下内容。

（1）安全性：人工智能系统应当在运行全周期均是安全可靠的，并在适用且可行的情况下可验证其安全性。

（2）故障透明：如果一个人工智能系统引起损害，应该有办法查明原因。

（3）审判透明：在司法裁决中，但凡涉及自主研制系统，都应提供一个有说服力的解释，并由一个有能力胜任的人员进行审计。

（4）职责：高级人工智能系统的设计者和建设者是系统利用、滥用和行动的权益方，他们有责任和机会塑造这些道德含义。

（5）价值观一致：对于高度自主人工智能系统的设计，应确保其目标和行为在整个运行过程中与人类价值观相一致。

（6）人类价值观：人工智能系统的设计和运作应符合人类对尊严、权利、自由和文化多样性的理想。

（7）个人隐私：既然人工智能系统能分析和利用数据，人们应该有权利获取、管理和控制人们产生的数据。

（8）自由与隐私：人工智能对个人数据的应用不能不合理地削减人们的实际或感知的自由。

（9）共享利益：人工智能技术应使尽可能多地使人受益和赋能社会。

（10）共享繁荣：人工智能创造的经济繁荣应该广泛共享，造福全人类。

（11）人类控制：为实现人为目标，人类应该选择如何及是否由人工智能代做决策。

（12）非颠覆：通过控制高级人工智能系统所实现的权力，应尊重和改善健康社会所基于的社会和公民进程，而不是颠覆它。

（13）人工智能军备竞赛：应该避免一个使用致命自主武器的军备竞赛。

2019年4月8日，欧盟委员会的人工智能高级别专家组（High-Level Expert Group on AI）提出了《可信任的人工智能伦理准则》。根据指南，可信任的人工智能应该合法（尊重所有适用的法律法规）、道德（尊重道德原则和价值观）、稳健（既从技术角度考虑，又考虑到它的社会环境）。

该指南提出了人工智能系统被认为是可信时应该满足的7个关键要求，具体如下。

（1）人类的代理和监督：人工智能系统应该赋予人类权力，让他们做出明智的决定，并培养他们的基本权利。同时，需要确保适当的监督机制。

（2）技术健壮性和安全性：人工智能系统需要有弹性和安全性。它们必须是安全的，确保在出现问题时有一个后备计划，同时还要准确、可靠和可复制。这是确保也可尽量减少和防止无意伤害的唯一方法。

（3）隐私和数据治理：除了确保充分尊重隐私和数据保护，还必须确保充分的数据治理机制，考虑到数据的质量和完整性，并确保合法访问数据。

（4）透明度：数据、系统和人工智能商业模式应该是透明的。可跟踪机制可以帮助实现这一点。此外，人工智能系统及其决策应该以适合相关利益者的方式进行解释。人类需要意识到他们正在与人工智能系统交互，并且必须了解该系统的能力和限制。

（5）多样性、不歧视和公平：必须避免不公平的偏见，因为它可能会产生多种消极影响，从脆弱群体的边缘化到偏见和歧视的加剧。促进多样性，人工智能系统应该让所有人都能使用，不管它们有什么残疾，并让利益相关者参与到它们的整个生命周期中。

（6）社会和环境福祉：人工智能系统应该造福全人类，包括未来几代人。因此，必须确保它们是可持续与环境友好的。此外，人们应该考虑到环境及其他生物，同时人们身处的社会和社会影响也是应该仔细考虑的。

（7）问责制：应建立机制，确保人工智能系统及其结果的责任和问责制。可审核性使算法、数据和设计过程的评估成为可能，在其中起着关键的作用，尤其是在关键的应用中。此外，应确保提供适当的、可获得的补救。

近些年，越来越多的互联网巨头公司也逐渐开始重视人工智能的伦理问题，并成立相应机构确保人工智能技术不被滥用。

另外，还需要关注可能出现在数据源头的人工智能的伦理问题。针对已有的历史数据进行训练，从而进行匹配或预测的方式可能会产生偏见。例如，使用者利用人工智能的过程，其实也是在向人工智能提供数据的过程，而某类人群提供的数据越多，人工智能就会越发"偏重"这群人体从而会使它忽视其他人群。

《吉尔·沃森不关心你是否怀孕：基于人工智能伦理的实证研究》（*Jill Watson Doesn't Care if You're Pregnant: Grounding AI Ethics in Empirical Studies*）一文中，通过对机器人吉尔·沃森的行为及"她"与学生间的行为观察，讨论了吉尔·沃森教学过程中出现的一些伦理问题，为了解"她"的道德规范提供了依据，而这对于深入理解人工智能伦理至关重要。

例如，因为吉尔·沃森对新问题的回答是基于之前收集的问题和答案，而过去的大多数问题都来自占主导地位的人口统计数据，其中最突出的失衡是男性对女性的比例。长期基于这些问题的学习，吉尔·沃森表现出了一种偏见，这可能会对少数群体不利。

因此，在设计人工智能时，必须深入考虑伦理问题。这一点对于直接与人类交互的人工智能来说尤为重要，因为它们的行为可能直接影响着人们。所以，道德伦理应该成为人工智能教学、研发及应用等方面的重要问题之一。

还有一些学者将人类与机器人之间的"亲密接触"视为一个伦理问题。麻省理工学院社会学教授雪莉·特克尔（Sherry Turkle）认为，机器人社会化没什么好处，弱势群体（如老人、儿童等）将会与机器人产生联系，甚至把机器人当成人类而恋恋不舍，以致产生不合理的期待，这样的人与机器之间关系的培养是危险的。

当肯尼斯·科尔比（Kenneth Colby）基于 ELIZA 编写了一个"可以进行心理治疗对话的计算机程序"时，约瑟夫·魏泽鲍姆（Joseph Weizenbaum）开始对人工智能产生了严重的伦理质疑。肯尼斯·科尔比把一个不动脑筋的程序看作一种严肃的治疗工具，这让约瑟夫·魏泽鲍姆感到不安，由此引发了一场争执。

1976 年，约瑟夫·魏泽鲍姆发表了《计算机能力与人的理性：从判断到计算》（*Computer Power and Human Reason: From Judgment to Calculation*）一书，该书认为人工智能是可能的，但是人们不应该允许人工智能做出重要的决定，因为它总是缺乏人类的同情心和智慧等品质，滥用人工智能有可能使人类的生命贬值。

12.7.5 算法偏差

算法偏差（Algorithmic Bias）很多时候也被人们称为算法歧视。作者并不赞同这样的说法。"歧视"（Discriminate）一词的含义是不平等地看待，是一个贬义词。它是指针对某个群体的行为，是由偏见引起的，因此是主观的，即最终还是人造成的"歧视"。"算法歧视"一词容易造成人们对算法的误解，从而让别有用心的人们把算法当作其替罪羊。

而"偏差"是指实际结果与真实结果之间的差异。作者认为，原因会有多方面，一般分为以下 3 类。

第一类偏差：主观歧视偏差。

第二类偏差：主观无歧视偏差。

第三类偏差：客观偏差。

可见，主观歧视只是偏差产生的原因之一。偏差的主要来源有算法的设计，与数据的编码、收集、选择或用于训练算法的直接因素有关，也与相关人员的文化背景、世界观、价值观和人生观等有关。

进一步分析偏差产生的原因，有以下几种。

1. 算法特点导致的客观偏差

机器学习技术一般在工作本质上都比传统手工编码系统更难理解。一些人工智能算法，如深度学习等，更是属于黑箱中的极品。当神经网络层数很少，节点很少时，也许还可以理解，但是一旦层数与节点数成百上千，在网络内部到底发生了什么，人们就几乎无法解释了，这就是不可解释性。而且，输入的数据对人工智能来说，赤裸裸的数字是什么并不重要，因此也就无法辨识出"歧视"，而且，场景变化也会使人工智能一筹莫展，这就是不可理解性。

《MIT 科技评论》（*MIT Technology Review*）发表文章《AI 核心的黑暗秘密》称"没有人真正知道最先进的算法是如何工作的，那可能是个问题"。[①] 麻省理工学院机器学习应用的汤米·贾科拉（Tommi Jaakkola）教授说："这是一个已经存在的问题，将来会变得更加重要……无论是投资决定、医疗决定，还是军事决定，您都不想仅仅依靠黑箱方法。"

尽管知道结果存在偏差，但是这些偏差是由"客观"因素（偏差的原因之一就是随机引起的结果飘忽不定）引起的，因此称为"歧视"显然并不合适。这种情形已经超出了讨论范畴，这里不再赘述。

2. 是否天然有偏

有些问题本是由于环境造成的，如一些国家的种族歧视、性别歧视、年龄歧视

---

① 资料来源：https://www.technologyreview.com/2017/04/11/5113/the-dark-secret-at-the-heart-of-ai/。

甚至姓名歧视等问题本身就存在，选取的数据不可避免就相对"有偏"。在这种天然有偏的情况下，人们可能由于先验知识刻意"纠偏"，而算法则可能会"客观"放大偏差。当有更大的数据集可用时，会使算法过程偏向于较大样本更接近的结果，从而可能会忽略代表性不足群体的数据，给出啼笑皆非的结果。

一些训练数据也是有偏的，现阶段的人工智能就是"傻白甜"，古语说"近朱者赤，近墨者黑"，计算机领域也有一句至理名言，"垃圾进，则垃圾出"（Garbage In, Garbage Out，GIGO）。2016 年，微软的人工智能聊天机器人 Tay 上线一天就被教坏，成了一位集反犹太、性别歧视、种族歧视于一身的机器人。某公司是全球人工智能巨头之一，然而在人力资源分析模型中却对男性有着明显的偏见，这是因为其根据公司的以往简历数据进行了学习，自然而然就产生了偏差，毕竟公司绝大部分员工均为男性。再如，个性推荐可能基于前期大量用户使用的数据分析而给后期使用的人造成错误的推荐。

3. 量化是否公平

例如，温度、长度，这些都是客观的数据，无可厚非，但是仍有不少掺杂主观的量化指标存在。因此，数据在形成的过程中就已经可能存在歧视因素了，将这样的数据交给人工智能进行分析，结果可想而知，一定是有偏的。记住一点，不要将能够量化与客观相联系，切勿认为能量化的就是客观的。

4. 指标选择是否合适

在一些算法中，输入的变量是人为定义的。这些变量是否能够对事物进行有效衡量，也是结果是否产生偏差的一个原因。不少情况下，当引入或删除极少数变量时，就会产生大相径庭的结果。还有一种情况，除了指标本身，在一些涉及时序的分析中，时序的区间不同，也会对结果产生影响。然而，为什么选择这些指标，又为什么设定在某一段时间范围，这个也很难有客观或是统一的标准。

5. 收集整理方法是否合理

在数据集的收集过程中，根据人为设计标准来收集，标准是否科学与客观，如何评估和排序分配优先级或层次结构，数据清洗过程中使用的方法，等等，这些环节也存在很多主观的成分。举一个最简单的例子，假如在中小学人工智能教学过程中，分析所用的数据本身就是有偏的（如都是成绩非常好的那些学生），那么将这样训练出来的算法模型用在所有学生中显然是无法做到客观公正的。这样的问题在对企业信用评分等场景中也是普遍存在的现象。

6. 其他因素

一些算法的超参数也会对结果产生一定的偏差。例如，在神经网络中的层数、节点数、步长等。很多超参数都是根据人为的经验制定的，因此具有主观的因素。在收集数据时，还会存在一些客观原因造成的误差对数据造成影响，如传感器的精度，这些也是值得注意的。

以上简要分析了一些在利用人工智能算法分析问题时产生偏差的来源。不难看出，偏差的主要来源还是集中在数据环节，算法的结果与数据的"好坏"有着很大的关联。如果利用上述几个主要维度等手段，让人工智能训练的结果故意产生偏差从而达到"歧视"其他群体的目的，就属于故意为之的主观歧视偏差范畴，是不道德甚至是不合法的行为。

因此，建议进一步提升研究力度，减少客观偏差；通过设立道德伦理委员会等机构，或者制定相关政策，甚至立法等手段，尽最大可能事前规避主观无歧视／歧视偏差，事后严惩主观歧视偏差。

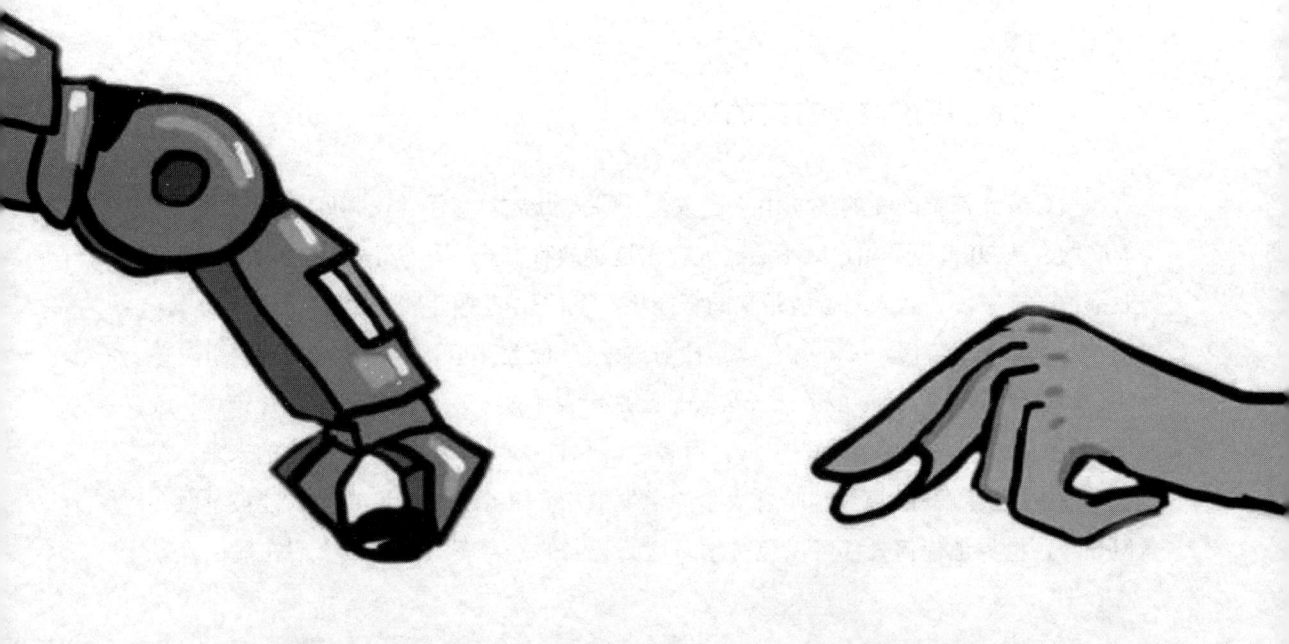

道

第 13 章 赋能教育

人工智能赋能教育起源于对教学的研究。像自适应课程、对教育数据挖掘、对教师和学生行为的建模、语音识别和对话系统等教学场景，都离不开人工智能技术的支撑。不少学者认为，以美国教育为代表的人工智能教育体系是为了满足工业经济体系的需要进行量身打造的，因此绝大部分学校在教学中，仍将知识的传授放在首位，而这一状况未来有可能被人工智能打破。人工智能的飞速发展开始以多种方式影响教育。

13.1 教育重塑

13.1.1 传统教育方式的挑战

教育方式需要改变的说法由来已久，一种观点认为现代学校制度是大工业时代的产物，从 20 世纪开始，就不断有人抨击这种教育方式。在人工智能时代，很多行业都被颠覆了，那么人工智能带来的智能化、个性化是否能够颠覆教育行业？

20 世纪 60 年代，国外就有"学校消亡论"。最近几年，学校消亡论再次引发关注，《大学的终结》(*The End of College*) 就是代表作之一，它是由高等教育作家和政策分析师凯文·凯里（Kevin Carey）所著。这本书讲述的是关于高等教育的未来。在这本书中，作者解释说，申请哈佛大学的学生中，每 18 个人中只有 1 个人能被录取，但如今，世界上任何人都可以免费学习这所著名的常青藤大学的数十门在线课程。

哈佛是提供这种在线开放课程的 100 多所大学之一，在过去几年里，数百万人注册了这种课程。这本书详细描述了新技术是如何变化的，并将继续改变高等教育。同时，也指出大学如何成功地适应变化，告诫学生和家长应该记住什么。

有专家指出教育中的人工智能可能会遇到下述问题的挑战。

（1）学生的虚拟老师：无所不在的支持，它集成了用户建模、社交情境和知识表示。

（2）应对 21 世纪的技能：帮助学习者进行自我指导、自我评估、团队合作等。

（3）互动数据分析：收集有关个人学习、社会情境、学习情境和个人兴趣的大量数据。

（4）为全球教室提供机会：增强全球教室的互连性和可访问性。

（5）终身和全方位的技术：将学习带到课堂之外，并带入学习者在校外的生活。

13.1.2 人工智能时代下教育的改变

根据笔者的研究总结，人工智能时代下的教育可能呈现出以下变化：学习个性化、内容丰富化、时间弹性化、空间自由化、内容定制化、身份多元化、分工协作化、评价动态化。

从过去的以教学为基础、教师为中心，变为以学生为中心。个性化学习，也被称为能力本位学习，是让学生根据他们所处的能力水平，对学习进行自我调节从而达到最好的学习效果的一种学习方式。这种学习方式需要具备以下几点特征：与自己的能力相匹配的学习目标；自适应调节进度从而达到学习效果；有效的学习资源可以随时获得；有效及客观的评估。个性化学习虽然听起来很不错，但是因为它的成本实在是太高，长期以来叫好不叫座。然而现在有一种非常普遍的观点，就是人工智能结合大数据，可以在不失个性化的同时，大大降低成本。

尽管对个性化学习是否能够取得很好的效果存在不少质疑，Facebook 的创始人马克·扎克伯格（Mark Zuckerberg）仍然对个性化学习津津乐道，他所从事的慈善事业中也涉足了个性化学习领域。《新媒体联盟地平线报告（基础教育版）》 推动个性化学习列为五年影响学校应用教育技术发展的严峻挑战之一，关注个体，关注需求，兴趣，渴望，文化背景。

如果想学习知识，网上的资源可以说是数不胜数。全球范围内，有不少知名的大学很早就发布了多种公开课，如哈佛大学、耶鲁大学、斯坦福大学和麻省理工学院等，再如像TED大讲堂、可汗学院。国内的网易公开课及哔哩哔哩等，更是成为教师和学生学习的重要场所，其内容涉及历史、人文、哲学、社会、艺术、金融、计算机、经济、人工智能等众多学科的知识和最新成果。

有了如此多的资源，学生无论身在何处，都可以找到自己感兴趣的内容随时学习。安排合理的时间进行学习，真正做到在学习上，空间与时间的自由化。内容的定制化是指每位学习的人都可以根据自己的实际情况，制订不同的课程和学习计划，真正做到千人千面。这就类似于推荐算法给出的新闻及商品等，当学习到一定程度时，人工智能可能会比你本人还要了解你的不足，能为你量身打造属于你的学习模式。

身份多元化，学生可以当老师，老师也可以是学生。学无先后，达者为师，这点在人工智能教学上尤为明显。一些人工智能平台更新很快，并且还有不少竞争产品出现，如TensorFlow，一时兴起变得十分流行，结果仅两年左右的时间，不少人又将目光集中在了PyTorch上。很多老师授课、批改作业等精力实在有限，在很多新事物的关注上确实相比一些学生出现劣势。此时，一些优秀的学生就可以与老师"身份互换"。

大数据结合人工智能技术，在教育评估中起到非常重要的作用。可以通过对老师教学、学生学习等过程进行跟踪并采集信息，利用人工智能技术对教学的过程进行分析，找出重点难点，及时调整，从而更好地达到教学的目的。通过对学习、测试的过程记录，对知识掌握的情况实时更新，推荐更适合自己能力水平的习题，而不再是一个简单的评价，或者一个简单的分数。

人工智能不是要取代人，人们应该善于利用人类优势与机器形成很好的互补。加强人与人、人与机器之间的互通，善于制造学习情境、学习主题，分享交流经验。人工智能助力教育领域的关注点主要是针对教学的研究、开发和评估，设计出助力老师和学生的工具，从而达到改善教与学的目的。例如，通过人工智能的软件分析学生的练习、考试等内容，找出学生出错的原因，找到显著提升学生理解和学习能力的方式，最终模仿老师进行指导。知识是何时以及如何被习得的？哪种教学法最适合这个学生？机器学习和数据挖掘方法都源自人工智能领域，它们被用来探索源自教育背景的独特数据类型，并使用这些方法更好地了解学生及其学习环境。

技术不能孤立地影响教育，相反，它作为一个复杂的自适应系统中的一个元素，需考虑领域知识、教学方法，以及学生、教师和技术，共同创建的环境。人工智能和教育研究人员需要受到教育实践问题的驱动，因为它们存在于学校环境中。

13.1.3　赋能教师

在人工智能的助力下，教师的能力会得到重构，教学方式将发生极大的变革。

在过去的教学过程中，教师仅能收集到像学生的作业、考试成绩等静态数据，随着"大数据+人工智能"的普及，学习信息正在从静态信息变为动态信息。教育数据挖掘（Educational Data Mining）就是使用多种分析技术，更好地理解复杂学习数据的结构、模式和因果关系。

在大数据和人工智能等技术的推动下，学习过程将与这些技术相结合，以改进学习系统的设计，并更好地理解学生学习的方式。越来越多的教育系统被设计用来收集和存储用户的动态数据。例如，通过平板电脑、数码笔、RFID 芯片、眼动仪及一些可穿戴设备，可以将学生学习过程中的动态大数据记录并保存下来，这些数据可以使用数据挖掘、机器学习和深度学习等技术进行分析、诊断，从而找出应对之策。

只要采集的信息足够多，人工智能就可以根据学生的年龄、对知识掌握的水平、学习知识的能力、学习的进度等进行学生画像，从而制订个性化学习计划。这与智能投顾及商品、新闻推荐没有本质的区别。

另外，需要注意的是，学生不只是利用认知过程来学习，同时也在使用情感。然而，情感的把握要比知识的把握更加复杂。因为情感不是以一种方式表达的，而是以多种方式表达的，所以老师要想有效地掌握学生的情感状态，可能需要多种方式，如语气、眼神或面部表情等。一对一地关注对于任何年龄的学习都非常重要。

研究还表明，学生的情绪会影响成绩：自信、无聊、困惑、压力和焦虑都是成绩的重要预测指标。不过，有时在收集数据的同时，可能也会触及一些伦理、道德问题。例如，某市的小学生佩戴智能头环事件，就引起了社会广泛的争议，最终不得不停用。

对学生的知识、技能的水平及情绪的采集是一个非常复杂的过程。人工智能提供了教学信息数据采集并利用工具来建立学生技能的计算模型，这可能会改变长期以来传统的教育模式。人工智能方法可以作为学习环境的催化剂，通过集成认知和情感建模、知识表示、推理、自然语言问答和机器学习方法，提供有关领域、学生和教学策略的知识。

2016年，佐治亚理工大学有一位名叫吉尔·沃森（Jill Watson）的助教对学生进行辅导，并在论坛上回答学生的问题。学习提出的绝大部分问题都是历史问题，而对这些历史问题进行训练，就可以让人工智能回答新学生的问题。学生发现这位助教给出反馈的速度很快，很长一段时间里，学生没有发现这位助教实际上是一个机器人。

据说，吉尔·沃森的工作时间不是"996"，而是24/7/365，真正的全年无休。吉尔·沃森是全球第一个人工智能助教，是佐治亚理工学院计算机学院的阿肖克·格尔（Ashok Goel）教授开发的，"她"基于IBM的Watson平台，诞生不久后，就能做到一学期回答学生提出的1万个问题中的40%，学生对这位助教的评价是认真、乐观、坚韧。《高等教育纪事报》（*The Chronicle of Higher Education*）将吉尔·沃森所展示的虚拟教学助理视为过去50年里影响大学的最具变革性的技术之一。

批改作业、纠正发音等重复性的工作占据了教师的不少时间，不少教师开始探索利用人工智能技术改善这一状况。例如，在英语教学中，现在已经有不少软件都可以做到自动对学生的发音进行判分。之前老师需要针对每位学生的发音进行评判、纠正，现在基本可以由人工智能完成。在语文教学中，一些人工智能软件可以进行作文的批改，给学生一个综合的评价。在数学教学中，一些人工智能软件不但可以通过对作业拍照自动判分，还可以根据学生的掌握情况给出个性化对策，极大节省了老师的时间。

在2019年10月，西安市召开的2019全国中小学人工智能教育大会上，华中师范大学的吴砥教授曾讲过一个人工智能赋能教师授课的案例。华中师范大学代晋军教授的线性代数的授课就利用了人工智能进行赋能，解决了课程非常好很多人愿意学，但是受名额限制很多人无法同时上课的痛点。代教授认为，老师教学生最重要的是及时学习干预，干预不能过早也不能过晚，所以适时学习干预是一个老师最难把握的事情，当面对众多学生时，适时学习干预更是难上加难。然而，借助大数据和人工智能精准分析，完全可以同时给8个班的学生授课，进行适时学习干预，达到预期的教学效果。考试结果证实了这点，代教授整个班的期末考试比平均值要高出20分。因此，在大数据和人工智能的助力下，过去认为规模影响质量的观点会发生根本性的改变。

当老师们有效利用人工智能作为辅助工具时，老师可以与学生建立更加灵活和适应性的互动，并可以事后采集数据进行分析。人工智能技术似乎应该是每位老师必须要掌握的基本工具。贝弗利·帕克·伍尔夫（Beverly Park Woolf）在《人工智能和教育：庆祝联姻30周年》（*AI and Education: Celebrating 30 years of Marriage*）中描述了人工智能在教育领域十分重要的原因。

针对个性化的学习，人工智能是一个强有力的工具，人工智能助手可以承担起教师之前在教育环节中需要重复的、程序化的部分，节省下的时间可以让教师更多地投入到情感、创意及个性化引导上。人工智能技术为富有经验的老师在人工智能下如何更好地从事教学工作带来很大帮助。利用人工智能，会拥有更多的新机会来分析教学行为中蕴藏的大数据，同时极大地丰富了数据库。

13.1.4 赋能学生

如果说人工智能赋能教师，是提供一个帮手，那么人工智能赋能学生，则是带来一个伴读书童。

2019年5月，在国际人工智能与教育大会上,智能技术与教育融合的案例环节,专门针对智能学习助手清华小木进行了重点介绍。小木机器人是由学堂在线和清华大学联合开发的智能学习助理，可以与学生对话交流，为学生答疑解惑，陪伴学生的学习，做好知识管理等。

在"深蓝"赢了卡斯帕罗夫之后，职业棋手并没有因此而改行，他们更多地依赖计算机来训练。机器作为学生的教练，反而更快地帮助他们进步。有美国高中的国际象棋教练观察到，从来没有过这么多年轻棋手在年龄很小时就积分这么高，这都得益于计算机教练，因为过去的孩子从来就没有机会能与特级高手比赛。

可汗学院（Khan Academy）是一个由萨尔曼·可汗（Salman Khan）于2008年创建的美国非营利教育组织，其目标是创建一套在线工具来帮助教育学生。可汗学院将自己定位为课堂学习的补充，通过将教师从传统的授课中解放出来，并给予他们更多的时间来满足个别学生的需求。

图 13-1 所示为可汗学院官方网站。

图 13-1　可汗学院官方网站

首先，可汗学院的课程内容一般简短而精致，便于消化，降低了理解负荷，学生可以随时暂停、重播，根据自己的水平学习。这点与传统的课堂照顾大众进度的讲解方法不一样。其次，针对每个知识点进行配套练习，通过后才能进入下一环节，在这个过程中还穿插一些提示、奖励调动学生的好奇心。另外，对学生的练习进行精准详细的点评，并将知识点建立成知识图谱，帮助学生理顺知识之间的关联，并为以后的推荐学习奠定基础。最后，还建立了学习社区供学生互动交流。所有的数据收集、整合并用来分析。据统计，可汗学院的数据分析师每天要收集 800 万个运动和视频互动的数据点和数百万条课程注册及社区讨论等。在大数据和人工智能算法的帮助下，可汗学院名声大噪，2018 年，有超过 7000 万人使用可汗学院进行学习。其中，有 230 万名学生通过可汗学院备考 SAT。

13.1.5 赋能课堂

人工智能赋能课堂的初衷就是利用大数据和人工智能等技术尽可能地对教学的课前、课中及课后产生的数据进行收集、分析，并对教学进行优化完善，提高课堂质量。

雨课堂是学堂在线与清华大学在线教育办公室共同研发的智慧教学工具，其目的是全面提升课堂教学体验，让师生互动更多、教学更为便捷。雨课堂利用微信与 PowerPoint 打通课前、课中和课后每一个教学环节，融合实体教学和在线教学的优势。教师可以利用雨课堂将含有视频、习题、语音的课前预习课件推送给学生，学生可以课前预习。同时，老师也能够看到班上学生预习的情况如何，使课堂教学更加具有针对性，在课前就已经做到了师生沟通、及时反馈；课堂上可以给学生的客户端推送有时间限制的题目，让学生实时答题，随时了解学生对知识点的掌握情况。学生也可以哪里不懂点哪里，在课后对不懂的环节进行有的放矢的复习，强化学习内容，举一反三，老师也能够掌握学生的不懂之处，强化辅导。雨课堂尽可能收集教学活动全过程的数据，并利用人工智能技术将分析后的数据发送给老师。老师可以参考这些数据对授课方式进行调整，提升教学与考核质量。

未来基因课堂是中国人工智能学会中小学工作委员会（以下简称工委会）指导下的面向中小学人工智能教育的教学分享平台。2017 年，国务院《新一代人工智能发展规划》明确指出人工智能成为国际竞争的新焦点，应逐步开展全民智能教育项目，在中小学阶段设置人工智能相关课程，逐步推广编程教育。然而，根据调研发现，目前国内中小学人工智能教学工作还主要存在以下痛点：
- 一线教师急需培训
- 优质教学资料匮乏
- 硬件设备更新不足
- 实验配置难度较大
- 课前备课时间不足
- 课后批改任务繁重

未来基因课堂正是针对以上中小学人工智能教学过程中的痛点，量身定制的兼容"线下课堂教育"和"线上互联网教学"的人工智能教学平台。中国人工智能学会中小学工作委员会利用未来基因课堂，定期开办面向全国教师的优秀人工智能教学案例分享活动。未来基因课堂上的每一堂课程均来自一线全国著名人工智能教师的宝贵教学实践经验和精心编排。受众不仅仅是广大的中小学生，甚至对还有相关课程感兴趣的一线教师以学员的身份认真学习并积极参与讨论。而课程也在教学过程中不断改进、提升，更加精益求精，解决了一线教师急需培训、优质教学资料匮乏的痛点。

未来基因课堂将人工智能及其相关课程教学时需要用到的平台、软件、算法、插件、数据集和示例程序等资源放置云端，教师和学生利用浏览器就可以随时随地在线操作。教师和学生都无须下载种类繁多的软件、无须进行复杂的环境配置、无须反复安装调试，辅以大量课程、案例和数据等配套资源，真正做到了一站式学习。教师利用未来基因课堂在授课的过程中，学生所用到的操作环境数量可以按照人数按需分配，做到资源优化配置。利用未来基因平台授课，硬件设备更新不足与实验配置难度较大的痛点可以一举攻克。

未来基因课堂除了向一线老师提供大量的备课资源及人工智能学习环境，还有人工智能错误辅导机器人和自动判卷机器人，对学生上课过程中出现的错误进行辅导，还可以完成选择题、填空题甚至是程序作业和考试的自动判分，极大地减轻了人工智能老师繁重的课前备课和课后批改的工作负担，让老师可以有更多的精力放在授课、辅导及与学生的互动交流上。

未来基因课堂在解决上述痛点的同时，还利用人工智能模块教学体系、"大数据+人工智能"驱动、协议课程开源和人工智能社区互动等多种方式赋能人工智能课堂，让一线中小学人工智能教师对教学过程中产生的数据及其特征做到全面把握，并为积极分享宝贵的教学经验提供了平台，有利于推动中小学人工智能教育生态的发展。

尽管我国的人工智能发展得如火如荼，然而还是有不少人质疑，为什么直到现在人工智能技术还不能完全起到教育赋能引领的作用，笔者总结了以下几点原因。

（1）信息化的"任督二脉"仍未打通。教师和学生双方还没有更好地将教与学彻底与信息化手段打通。在远程网络授课上，仍有很多环节需要改进。

（2）传统模式的束缚依然很大。传统的授课方式改变甚微，不能利用信息化手段有效互动，不能利用人工智能技术助力教学。

（3）人工智能支撑教学的工具水平有待提升。一是在教学过程中，很多老师提出了教课环节需要实现的一些功能，在技术上其实是可以解决的，然而由于开发者长期以来对教师需求把握不足，导致"待到开发恨时短"的现象频频发生。二是工具或平台摆在老师面前，尽管功能很多，但需要花大量的时间去熟悉操作，使用体验很差。开发者一定要降低使用者门槛，摆到面前就要会用，不能再额外增加教师的使用难度。

（4）不能有效地收集信息、整理信息、分析信息和利用信息。在教与学的过程中，无论是学生还是老师均会产生大量的信息，不仅仅是教学的内容和作业及测试的完成情况，有时一个眼神，一次皱眉也可能成为事后宝贵的数据。而且，这种信息应该是因人而异，动态实时迭代的。笔者认为，在开发人工智能助力教育的工具时，如果不充分利用好教育产生的大数据，可以说就输在了起跑线上。

人工智能赋能教育绝不是一蹴而就的事情，它是一个循序渐进的过程，在这个过程中，不仅需要技术创新，更要打破思维桎梏，改变行为模式。

13.2 职业转变

13.2.1 职业的消失

人工智能的发展对未来很多行业的就业产生了极大的影响,一些职业在未来甚至可能会消失。今天很多看起来有前景的工作,10年后又或是20年后还能存在吗?很有可能是已经不复存在了,并且这种趋势的进程会越来越快。2015年查普曼大学公布了一项美国人恐惧事物的调查结果。结果表明,除恐怖主义和核袭击以外,美国人对劳动力被机器人取代的恐惧比死亡还高出了整整7个百分点。

一些学者认为,人工智能对教育的冲击很大。很多老师也开始担心,人工智能是否会取代他们的工作。人工智能替代简单、重复的工作,这是毫无疑问的。例如,很多工具现在可以替代老师处理不少事情,批改作业、传授知识、评估作业等,那么到最后,老师还能做什么?如果一位老师只能一味充当简单、重复工作者的角色,那么替代是必然的。这个问题稍后再讲。

有一种说法,21世纪的大学不应该培训学生那些即将消失的职业,应该将学生从过时职业模式中解放出来,让他们掌握自己的未来。因此,高等学校应该需要新模式和新定位,扩展其教育面,成为终身学习的引擎。对中小学生而言,这直接影响到了未来上大学时的专业选择,因此现在就要仔细斟酌,未雨绸缪。

花旗集团和牛津马丁学院的一份新报告探讨了在不久的将来和未来几十年中,工作自动化将对世界各国和城市产生不同的影响。研究发现,到2035年前后,美国47%的工作处于自动化的风险之中,而在中国这一数字将是77%。感兴趣的读者可以参看牛津大学的卡尔·本尼迪克·弗雷娅(Carl Benedikt Freya)和迈克尔·A.奥斯本(Michael A. Osborne)所写的文章《就业前景:工作对计算机化有多敏感》(*How Susceptible are Jobs to Computerisation*),里面介绍了702种职业被替代的可能性。

尽管有些专家质疑文章的统计数据，如理查德·沃特森（Richard Watson）就在《智能化社会：未来人们如何生活、相爱和思考》一书中表示这些数据有点可疑，并发表了自己的见解，但对于未来的职业选择来说，这篇文章也确实可能会有一些参考价值。

过去，人们心中的自动化替代工作，一直是替代那些技术能力较低的体力劳动者。然而，现在的趋势是，那些曾被认为是很难替代的脑力劳动者也开始担心起来。①金融行业曾经一直是人们向往的行业，然而现在人工智能正在对金融行业进行着深入的重构。例如，高盛（Goldman Sachs）纽约总部的美国现金股票交易柜台在2000年达到顶峰时，雇用了600名交易员，如今只剩下2名人员。人工智能不只是席卷了华尔街，更多的财务、法律等职位也逐步正在被人工智能替代。

斯科特·塞梅尔（Scott Semel）是一家法律公司的CEO，他指出，很多法律研究、事实核查、引用相互参照等内容的大部分文书工作正在被人工智能所替代，而且人工智能做得更好，那些从事法律工作的初级员工可能需要担心这些变化。理查德·萨斯金德（Richard Susskind）和丹尼尔·萨斯金德（Daniel Susskind）在他们的《职业的未来》中写道，专业人士必须提前感知技术对工作的影响，也就是现在的职业，未来可能会被人工智能无情地剥夺。这说明，现在工作的人不能掉以轻心，未来你的工作可能不复存在。

13.2.2 卢德主义的教训

技术对人类工作影响很早就已经出现，如历史上的"卢德分子"（Luddites），也称卢德主义者，是指工业革命时期，英国工人捣毁机器运动中的那些工人。当时的英国，因为技术的进步和新机器的使用，雇主可以廉价雇用那些没有技术的工人，而操作当前机器的技术工人却被新机器替代岗位导致失业。终于，在1811年，诺丁汉爆发捣毁机器事件，奈德·卢德（Ned Ludd）是此次事件的带头人。"卢德分子"

---

① 其实，在1964年，林登·约翰逊总统就从优秀的学者们那里收到了技术可能会损害人类价值的公开信。那个年代，就出现了脑力劳动被替代的端倪。

也一度被认为是反对那些新科技的人们,现在,那些对工业化、自动化等新技术的抵制者们被称为"新卢德分子"。

"卢德分子"将新旧技术、职业替代、道德伦理等事物关联了起来。正如一些学者表示,"卢德分子"往往不像一些人所想的那样,对新技术一味反对,其中,也包括对新技术来临后的不公而产生的愤慨。在当时,他们不少人针对的是雇主拒绝接受新的雇佣条款及工作条件的行为。英国历史学家、道德经济学的提出者爱德华·帕尔默·汤普森(Edward Palmer Thompson)认为:"卢德运动是在旧的家长制法令被废弃,自由经济没有任何制约的危急时刻出现的。"

曾几何时,"卢德分子"也是掌握丰富经验和工作技能的工人,在新机器尚未推广时,他们的经验和技能使得他们值得拥有那份高的薪水。但是,当新机器替代了他们原有的经验和技能,降低了工作的准入门槛时,这一切就发生了改变。雇主会去选择更加便宜的劳动力,甚至某些环节已经不需要再雇用新的劳动力,劣币驱逐良币在劳动力市场上上演。

"卢德分子"的问题,最可能就在于他们没有察觉到科技的进步,社会的变化,又或者是他们察觉到了改变,却苦于环境或自身的影响而没能及时调整。因此,卢德运动带给我们的反思不仅仅是技术上的问题,也应该包括经济问题、劳动力问题、社会问题、伦理问题及法律问题等。

13.3 人机协作

13.3.1 各有千秋

上文提到,有不少人认为工业革命使很多职业消失,但是也同时产生了不少新的职业,工资也随之增长,因此现在我们也大可不必担心。然而,也有一些学者认为人工智能带来的影响可能并不会向着好的方向发展。

现在很多报纸期刊的文章,都是机器人创作的,尤其是在一些文章已经有了一定结构，形成了一定模式时，机器人更加容易创作。因此，这些行业的职位也开始岌岌可危了。然而，这种类型的文章是因商业上的需要，尤其在追求速度和功利下产生的，很多时候，那些慢下来的，对深度内涵进行表达，反思问题的文章，至少在现在是很难被替代的。

根据人工智能专家汉斯·莫拉韦克（Hans Moravec）所提出的莫拉韦克悖论（Moravec's Paradox），人和人工智能之间是互补的。莫拉韦克悖论是指人工智能在智力测试上表现出成人水平或下棋相对容易，然而它们在知觉和移动等方面甚至不如1岁的幼童。这说明，人工智能擅长的是人类较弱的，然而人类擅长的，也是人工智能很难突破的。

人工智能的发展让进入很多原来所谓高技术行业的门槛不断降低，很多现在看起来高大上的工种日后也可能会变成今日所说的简单的、重复的劳动。人工智能替代了基础的职业后，一定会使人们更加聚焦在那些更高层面的问题上。

在人与机器智能的对比方面，学者们有过不少研究。托马斯·达文波特（Thomas H. Davenport）和朱莉娅·柯比（Julia Kirby）研究了人工智能发展的情况，并按照智能水平进行了分级，这有助于弄清当今人工智能的局限性及技术创新者正在面临的挑战。通过表13-1可以看出，目前在自我意识领域，人工智能仍然是一片空白。

表 13-1 人工智能的智能水平

任务类型	支持人类的工作	自动化重复性工作	情境感知和自我学习	自我意识
分析数据	商业智能，数据可视化	流程分析、计分、模型管理	机器学习	仍然空白
分析文字/图片	特征和语音识别	图像识别，机器视觉	IBM沃森，自然语言处理	仍然空白
完成数字任务	商业流程管理	规则引擎、机器人流程自动化	仍然空白	仍然空白
完成实体任务	远程设备操作	工业机器人，机器人协作	自动化机器人，自动交通工具	仍然空白

13.3.2 取长补短

"人机协同"这个词不是在人工智能出现后才出现的产物，早期人类就可以利用石头这样的工具进行劳作。现在的机器更是做到了能够记忆这样的认知功能,因此很多原来的能够做到的事情也逐渐交给手机、计算机完成。德勤的《2018 年技术趋势报告》指出,人类和机器在各自的领域各有优势。因此,积极开展人机协作,将会发挥出巨大的合力。图 13-2 所示为人与智能机器能力图谱。

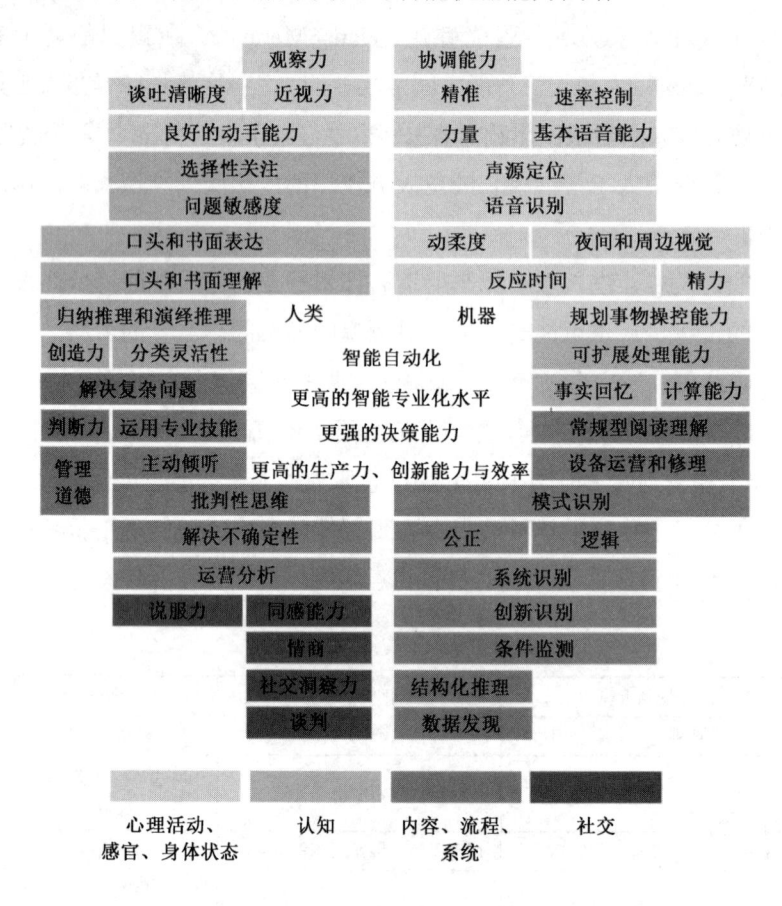

人类侧能力(自上而下):观察力、协调能力;谈吐清晰度、近视力、精准、速率控制;良好的动手能力、力量、基本语音能力;选择性关注、声源定位;问题敏感度、语音识别;口头和书面表达、动柔度、夜间和周边视觉;口头和书面理解、反应时间、精力;归纳推理和演绎推理、规划事物操控能力;创造力、分类灵活性、可扩展处理能力;解决复杂问题、事实回忆、计算能力;判断力、运用专业技能、常规型阅读理解;管理道德、主动倾听、设备运营和修理;批判性思维、模式识别;解决不确定性、公正、逻辑;运营分析、系统识别;说服力、同感能力、创新识别;情商、条件监测;社交洞察力、结构化推理;谈判、数据发现。

中间区域:人类 / 机器;智能自动化;更高的智能专业化水平;更强的决策能力;更高的生产力、创新能力与效率。

图例:心理活动、感官、身体状态;认知;内容、流程、系统;社交。

图 13-2 人与智能机器能力图谱①

曾经,我们的大脑能够记忆很多电话号码,手机的出现使得人们已经无须再做这样的事情。科幻小说作家科利·多克托罗(Cory Doctorow)在 2002 年他的一篇博

---

① 根据德勤《2018 年技术趋势报告》整理。

客中提出了"外设大脑"（Outboard Brain）这个概念。2007 年，克莱夫·汤普森（Clive Thompson）的一篇文章《你的外侧大脑知道一切》（*Your Outboard Brain Knows All*）将外设大脑这个概念扩展到了互联网中。

在这篇文章中，作者提到了当时神经科学家伊恩·罗伯森（Ian Robertson）对 3000 人进行的一项调查，结果发现年轻人比老年人的回忆能力差：当让受试者告诉他们亲戚的生日时，年龄在 50 岁以上的被调查者中有 87%可以背诵，而年龄在 30 岁以下的人中只有 40%可以背诵。当问他们自己的电话号码时，三分之一的年轻人不知道，他们不得不掏出手机来查询。当我们有了手机、邮箱等这些帮助记忆的工具时，为什么还要自讨麻烦地将这些东西记到自己的大脑中呢？因此，克莱夫·汤普森认为人们已经将重要的外围大脑功能外包给了"硅"，并提出了一个令人深思的问题：对机器记忆的过度依赖是否会关闭其他了解世界的重要方式？

大卫·布鲁克斯（David Brooks）购买了一辆带有 GPS 的汽车并感到了科技带给他的便利。但是很快也认识到，没有 GPS 他将一事无成。没有 GPS 时，人们需要用脑力记录路线，然而 GPS 将人们的脑力解放出来，把这些路线从大脑放置到了卫星中。大卫·布鲁克斯意识到人们正在把不想做的脑力工作外包出去。例如，他写道："我一直认为信息时代的神奇之处在于它让我们知道更多，但后来我意识到信息时代的神奇之处在于它让我们知道的更少。它为我们提供了外部认知仆人……我们可以加重这些仆人的负担，解放我们自己……在外包思维的过程中，我是否失去了我的个性。不是这样，我的偏好比以往任何时候都更加狭隘和个人主义，我失去的只是我的自主权。"

新的技术并没有什么不好，手机、GPS 及人工智能技术，它们其实并没有剥夺人们的权利，没有引起人们记忆退化。相反，它们给予了人们更多的时间。但是，多出的时间似乎并没有被人们充分利用，这才是人们需要关注的真正风险。

史蒂夫·惠勒（Steve Wheeler）在他的博客中写道："科技不会取代教师，但使用科技的教师可能会取代不使用技术的教师。"确实，人工智能也是如此。教师有了人工智能的助力，省去了原来批改作业等大量重复、烦琐的工作，会有更多的精力放在课程的设计上，与学生的沟通交流上，以及完善教学的质量上。教师有更多的时间去激励、陪伴、鼓励学生，而这些带有真正情感和意识的工作，是人工智能无法替代的。

教师要做的就是对这些人工智能带来的教学赋能工具有所了解，学会使用。虽然学习这些人工智能知识与技能可能需要花费一定的精力，但是，在人工智能时代的背景下，如果不善于利用这些工具为教育赋能，把一些简单的、重复的活儿丢给人工智能，未来则会面对更多的压力。因为，总会有其他的老师进行尝试，并改善教学效果，提升教学质量和教学效率。

不仅是老师，学生也应该转变学习和思维方式，从用人工智能学习过渡到带人工智能学习，化被动为主动。北京师范大学余胜泉教授认为，必须培养孩子人机结合的思维方式。有没有人机结合的思维方式已经成为能否适应社会的最根本性标志。余教授认为绝大部分时间人们都是"Learning from IT"，也就是从计算机的课程和题库中讲、测、考、练，但是这种方式要转变为"Learning with IT"，只有这样，计算机才能成为人类大脑的延伸。

第 14 章 教学思考

中小学阶段学习人工智能，与其他阶段学习人工智能有着较大的区别。首先，中小学生阶段是世界观、价值观、人生观形成的关键时期，如何一边做好人工智能的普及工作以提升中小学生科技素养，一边强化社会主义核心价值观以使得能够正确使用科技，是值得深入研究的。其次，由于人工智能课程对于很多教师来说还属于新鲜事物，根据调研发现，半数以上的教师教授人工智能的经验不到两年。还有很多教师，甚至是信息类学科的教师，对人工智能并不了解，甚至将人工智能与编程、智能硬件等混为一谈。如何做好提升人工智能教师素质等相关工作，使其能够胜任人工智能教学，也是人工智能教育顺利开展的重要议题。

14.1 "135"教学理念

笔者认为，在中小学阶段引入人工智能教育，需要贯彻"135"教学理念，即"一观三意五心"：

- 社会层：以社会主义核心价值观为指导。
- 学生层：学习人工智能的意愿；培养信息时代的意识；夯实迎难而上的意力。
- 教师层：定其心，应人工智能之变；大其心，习人工智能之理；专其心，传人工智能之道；虚其心，受人工智能之善；用其心，解人工智能之惑。

14.1.1 一"观"

学习人工智能,要以社会主义核心价值观为指导,这点在中小学教学中尤为重要。习近平总书记在党的十九大报告中指出,要培育和践行社会主义核心价值观。要以培养担当民族复兴大任的时代新人为着眼点,强化教育引导、实践养成、制度保障,发挥社会主义核心价值观对国民教育、精神文明创建、精神文化产品创作生产传播的引领作用,把社会主义核心价值观融入社会发展各方面,转化为人们的情感认同和行为习惯。

笔者认为,人工智能因其具有特殊性,在传授知识与技能的同时,必须将社会主义核心价值观融入到教学的方方面面。强大的技术,必须要有道德伦理的束缚,能力越大,责任越大。

如图 14-1 所示,中小学生希望学习人工智能的原因多种多样。从结果中可以看出,当前人工智能在中小学教育阶段更多地"扮演"知识、技能甚至兴趣的角色。于人工智能技术与其他技术在某种程度上的存在不同:首先,其可以替代很多人类的智能工作,对职业选择等产生影响;其次,人工智能确实引发了一些法律、道德伦理等问题;再加上已经有很多文学影视作品对人工智能作用的过度夸大及不少权威人士对人工智能的担忧,因此在中小学阶段不能仅仅定位在知识和技能层面。

笔者在一次针对如何开展中小学课程体系设计的座谈会中,当讨论到如何对小学生开展人工智能法律伦理教学的问题时,有一位小学人工智能教师提出:"法律伦理问题不但要讲,最好要天天讲。"

确实,现在社会中,不乏一些新闻、电影及人们谈论的话题表现出了对人工智能的担忧。当第一个具有公民身份的索菲亚(Sophia)被问道是否会毁灭人类时,"她"给出了将会毁灭人类的回答,这个答案让很多人都为之震惊。英国剑桥大学物理学家史蒂芬·霍金(Stephen Hawking)、特斯拉与 SpaceX CEO 伊隆·马斯克(Elon Musk)及微软联合创始人比尔·盖茨(Bill Gates)等知名人士不止一次警告人们人工智能可能毁灭人类。那次会后,笔者也访谈过一些中小学教师,这种消极、悲观的情绪的确普遍存在。

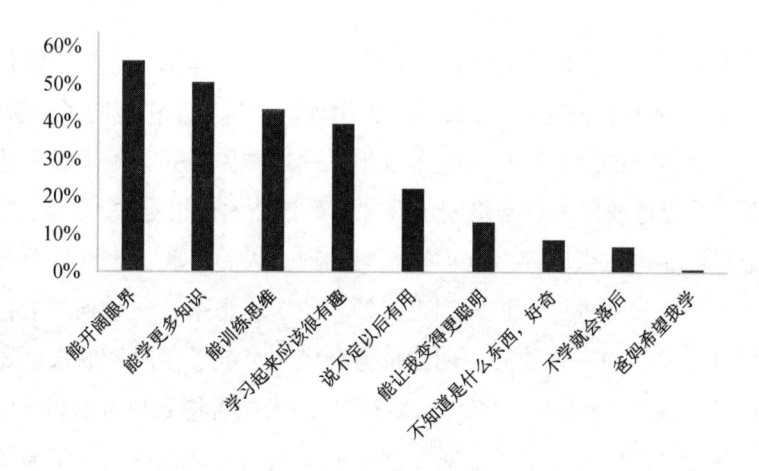

图 14-1　中小学生希望学习人工智能的原因[①]

人工智能中一些程序的封装，让原本高门槛的技术变得操作起来相对简单，这使得之前很多对高深技术望而却步的人们能在短时间内上手。因此，已有一些心术不正的人，开始利用人工智能技术进行不法活动，从中牟取暴利。从这些案例中可以看出，如果仅具备知识技能而没有扬善避恶的观念，那么将会导致严重的后果。

俗话说，眼见为实，而对抗神经网络（GAN）等人工智能技术的出现和升级，让这种"眼见为实"的信念轰然倒塌。在《三联生活周刊》2019 年第 50 期中，一篇关于 BBC（British Broadcasting Corporation，英国广播公司）电视剧《真相捕捉》（*The Capture*）的文章中论证了这一担忧的必要性。剧中的主人公就是因为被篡改的视频证据陷入了一系列的风波中，甚至他本人也在看到这些"资料"时对自己的记忆产生了怀疑。而这种对图像和视频的"篡改"对生活的影响不仅仅停留在电视剧情节之中。之前需要专业技术人员才能实现的特技效果，在代码被公开后，只要稍微加工，就可以再次使用在换脸上。也就是说，人工智能让很多过去高不可及的技术简单化、平民化。2020 年 1 月 Facebook 宣布将删除所有被标记为"DeepFake"的视频，该技术已经被各大互联网公司视为 AI 时代的毒瘤。

事实上换脸技术本身并不算什么"创新"，当代很多影视作品中都或多或少地使

---

① 数据来源：根据《中小学阶段人工智能普及教育现状调研报告》整理。

用了这类技术,但是在生成对抗网络出现之前,这类工作都是需要逐帧调试、修改的"人工"。而生成对抗网络和 DeepFake 的出现,让这项工作迈向了"智能",却同时像是打开了潘多拉的魔盒,这项技术放出来的"魔鬼"并不仅限于上述的"不雅视频"方面,在肖像权侵害、网络安全等方面,该技术也很难被"侦测"出来。

有些影视作品也在考虑使用这项技术来实现"人脸"和"表演"分离,让"替身"的概念从动作领域进一步扩大到表演领域。这也带来了一系列的道德方面、隐私方面、利益方面的冲突和矛盾。创造价值到底是贡献了"脸"的人,还是贡献了"表演"的人?二者孰轻孰重?贡献了"表演"的人能否得到与付出相匹配的酬劳和宣传力度?这种"割裂"式的手法对影视行业是利还是弊?这些都是需要深刻思考和讨论的地方。至少,需要一个明确的技术规范来约束该技术的应用场景,不令使用者误入歧途。

当然,学术界和工业界也不会允许这种技术被乱用,Facebook 删除视频行动就是一种反制的行为。此外,针对"换脸"视频的侦测识别技术也得到了各大高校和一些知名企业的支持和经费资助。就像是对抗生成网络的原理,现实中,造假者和鉴别者也在用各自的智慧进行着博弈和对抗。然而需要注意的是,视频造假的技术已经悄然升级到了以假乱真的级别,重新思考如何判别所见图片视频中蕴含的信息的可信度、认真考虑有关个人隐私保护方面的必要性,已经是每一个人都面临的课题。

总之,在教授人工智能知识和技能的同时,一定要以社会主义核心价值观为指导,加强中小学生的思想道德修养,培养他们正确的世界观、人生观和价值观,知道什么是善与恶,让人工智能的知识和技能能够以一种正确的方式回馈社会。

14.1.2 三"意"

2019 年 5 月 16 日,国际人工智能与教育大会举行期间,教育部部长陈宝生以《中国的人工智能教育》为题做主旨发言,指出要把人工智能知识普及作为前提和基础,让学生对人工智能有基本的意识、概念、素养、兴趣,培养教师实施智能教育的能力，提升全民人工智能素养。

目前，人工智能课程还不是中小学的必修课程，只是作为高中信息技术课程的选择性必修出现，一则说明在校期间学生并没有太多的时间去学习人工智能这门课程；二则人工智能仍不是必修的课程。因此，无论是在小学、初中还是高中阶段引入人工智能教学，都需要循序渐进，先从培养对人工智能的兴趣入手，再到自我学习提升。

1. 学习人工智能的意愿

不少人一听到在中小学，尤其是小学开设人工智能课程，就觉得不可思议。因为在他们心中，人工智能是一门难度非常大，交叉非常多的学科。的确，人工智能确实是一门体系庞大，日新月异的学科。然而，正如笔者在前文所说，教授人工智能，必须要有一个战略，定位问题、布局问题和生态问题都是必须考虑的因素。

很多人认为，学习人工智能课程，必须先有一定的数学基础，至少还要掌握一门如 Python 那样的编程语言。这种想法有一定道理，但是也有一定的局限，即将人工智能完全等同于一门技能在学习。

在小学阶段，如果要开设人工智能课程，还是要以培养孩子的兴趣作为出发点，让他们从小具有学习人工智能的意愿。那么，怎样才能引起小学生的兴趣呢？首先，最能激发兴趣的是来自身边的案例，如智能家居、垃圾分类、聊天机器人甚至是无人驾驶等；其次，现在不少公司提供了丰富多彩的人工智能产品，如一些机器人教具等，它们都可以与学生充分互动，让学生感受到人工智能带来的乐趣。另外，还可以通过讲故事、做游戏甚至观看影视作品等多种形式，传授人工智能的相关知识，同时做好思想品德教育。

目前开展人工智能教学时，有一个明显的误区，认为人工智能教学过程中必须要体现出难度，否则无法与其他课程区分。其实，这是一种揠苗助长的错误思想。笔者有一次去一家教育培训机构进行调研，发现小学三年级的人工智能培训课程中充斥着大量的源代码，先不说这些代码的难易程度，光是输入这些源代码就需要花费很长的时间，试问，这样的课程如何激发起学生学习人工智能的意愿？

另外，在一些初中、高中阶段的教材中也有很多超前的知识。一些编写人工智能教材的老师原以为将大学的人工智能课程降级后，中学生可以理解，但是笔者与不少中学老师沟通后，发现不是这样的，很多学生并不能理解老师所讲的内容，更有甚者抱着对人工智能的热情来上课，结果却是对这门课程失去了兴趣。

因此，在中小学阶段开设课程，要牢记国家战略的定位——科普，要照顾到广大中小学生的实际情况，而不是将一些大学的课程简单地降低难度下放到中小学。另外，由于是摸着石头过河，还要不断地调研、迭代，从而打造出适合的课程。

总之，无论身处哪个学段，对于初次接触人工智能的学生来说，一定要聚焦在学习人工智能的意愿上，而不是拿那些一行行冷冰冰的代码，一个个复杂的数学公式，熄灭了学生学习的热情，人工智能不只有代码和公式，更有诗和远方。

2. 培养信息时代的意识

在信息时代，培养学生的人工智能意识显得尤为重要。可以预测，未来几乎所有的行业都会与人工智能发生关联，前文中提及的人工智能+X，还只是冰山一角，人工智能几乎已经融入了各行各业。就笔者所知，不少研究人文甚至艺术的学者，也在积极了解人工智能相关知识，甚至开始学习 Python 编程，可见在信息时代，人工智能意识必不可少。

什么是"人工智能意识"，目前并没有该词的明确定义，更多学者讨论的"人工智能意识"，所指的是人工意识（Artificial Consciousness），是一个与人工智能和认知机器人相关的领域。然而笔者此处所说的人工智能意识，则是指对人工智能的理解和认知的内化。

理解分为三个方面：一是对人工智能是什么，以及能做什么的理解。例如，了解人工智能的历史，熟悉人工智能的工作机制，掌握一些人工智能的基本算法等。二是对人工智能局限的理解。仍有不少人认为人工智能无所不能，笔者曾经看过一些国外的书籍，更是将人工智能"吹捧"成神，因此，需要知道人工智能不能做什么与能做什么同等重要，也就是了解人工智能能力的边界。三是对人工智能带来的社会问题的理解。即便是仍将处于弱人工智能时期，人工智能的发展也给社会带来了一定的法律、道德及伦理等方面的问题，如何正确看待、理解及应对这些问题，增强风险意识和责任感至关重要。

在理解的基础上，人们利用已经学习到的人工智能相关知识和技能，综合其他学科的相关知识，自觉、主动地思考人工智能、人和社会之间的相互作用，在人人合作、人机合作的过程中形成了一个较为稳定的认知体系，将人工智能内化到自身的意识中，转化为自己对人工智能的态度、思维习惯和评判标准，从而使得看待问题、思考问题及处理问题的方法产生变化。这样的过程被称为内化，内化是一种自我反思升华的过程。只有经历了内化，才能真正转化成人工智能意识。

3. 夯实迎难而上的意力

人工智能的学习，对数学和计算机等相关知识有较高的要求。另外，在学习的过程中还需要不断地尝试、验证，反复迭代。人工智能是一个更新很快的学科，很多新的事物不断产生，人们也需要不断地学习充电，做到终身学习。这些与之前的兴趣阶段的学习完全不同。兴趣领进门，修行在个人。

小明（化名）是一位重点中学的学生，对人工智能非常感兴趣，也曾经了解过相关的知识，因此在高一的时候，毫不犹豫地选修了人工智能相关的课程。然而在上课的过程中，他发现自己的基础有些薄弱，数学和编程等相关知识制约了他学习人工智能这门课的效果。为了更加深入地学习人工智能这门课程，他依然决定不在当年"浪费"时间，而是利用这段时间打牢基础，来年再选修人工智能课程。

在这一年中，小明见缝插针，不断抽时间学习数学、编程等基础课程，以惊人的意力坚持了一年。高二重返人工智能课堂时，他已经感到学习不再吃力，能够很好地理解老师所讲的内容。然而这并未让小明停止学习的步伐，他开始用课余时间钻研一些人工智能开源平台的应用，在课堂上，他甚至可以协助老师从事一些教辅工作。小明被老师誉为既懂学生所想，又有专业知识的学生，甚至还让他给同学们开一节人工智能应用课。

系统地学习人工智能，需要吃得了苦头，耐得住性子，跟得上节奏。这不是一个简单的事情，必须不怕困难，不怕挫折，勇敢地接受各种挑战。学生时代如此，工作后也是如此。

14.1.3 五"心"

　　人工智能一下离人们这么近，无论是学习中、工作中还是生活中，均能看见人工智能的身影。但是，人工智能离我们又是那么远。先不说学生，很多教师对人工智能都感到迷茫。人工智能到底是什么？我的工作会不会被人工智能取代？我教的算是人工智能吗？很多概念我也不知道，我应该怎么给学生讲人工智能呢？这是不少中小学教师曾经问过笔者的一些普遍问题。

　　直到现在，"人工智能是什么"仍然是一个全世界专家都没有达成一致的问题。人工智能发展到现在，已经变成一个高度交叉的学科，主要涉及控制理论、计算机科学与工程、数学、统计学、物理学、认知科学、脑科学、神经科学、心理学、语言学、哲学等，体系庞大、内容之多，决定了人工智能教育难度相对较高。因此，导致的结果就是，《发展规划》发布几年后，一些学者还在为中小学人工智能教什么各执一词，一些专家还在互相指责中小学教材不合实际，不少中小学教师还在为中小学人工智能教什么深感困惑……

　　笔者认为，教什么内容不应该是中小学教师层面探索的问题，这是顶层设计问题，要专门组织有关部门和机构进行研讨，全国一盘棋。人工智能与人的本质区别不在于"智"而在于"心"。人工智能并没有那么神秘，现在的人工智能还很"肤浅"，因为其提取的都是底层的特征，靠的是现在的强大算力与海量数据，完全达不到"智"的境地。即便终有一日人工智能的"智"有所成，"心"也是人工智能所无法替代的。

　　在对中国中小学人工智能教学走在前列的学校及教师调研后，笔者感悟到，要做好中小学人工智能教育工作，需要具备"五心"，即定其心、大其心、专其心、虚其心和用其心。

1. 定其心，应人工智能之变

　　定心主要来源于内外两个维度。从外来看，现在有一些专家认为目前的人工智能发展存在泡沫，呼吁人们不要抱以太高的期望，不要进行过度的投资，行业需要冷静健康发展。这些专家往往都是经历过人工智能数次兴衰的知名学者。受到这些言语及最近人工智能相关企业投资减缓的影响，有一些教师对人工智能未来的发展产生了怀疑，在是否进入人工智能教育领域上犹豫不决，下不定决心。

确实，学习人工智能，不应该只关注技术层面，对人工智能发展的历史也应该有所了解。古语有云，以铜为鉴，可以正衣冠；以人为鉴，可以明得失；以史为鉴，可以知兴替。只有正视历史才能定心，才能以不变应万变。人工智能从1956年正式出现到现在，一般认为经历了三起两落，每一次人工智能的崛起，都鼓舞了从事人工智能相关工作和教学的人们，资本迅速集中到人工智能领域，行业不缺资金。但正所谓期望越高，失望越大。一段时间过后，人工智能的发展尽管也有一定成就，但是仍然无法达到政府及其他投资者的过高预期，撤资导致了1973年人工智能的第一次寒冬。1980年至1987年，日本举全国之力开展第五代计算机项目，神经网络理论重新点燃理论之火，等等，让人工智能再次迎来繁荣，1987年的人工智能硬件事件导致了第二次人工智能寒冬。很多学者的研究失去资金支持，期刊也拒绝发表相关文章，"人工智能"一词都成为讨论的禁语，很多学者被迫放弃人工智能研究。

从事第五代计算机系统研究的日本40位学者，奉献了10年青春，最终成为"四十浪人"。深度学习之父杰弗里·辛顿（Geoffrey Hinton）教授，在人工智能寒冬中也被迫远走他乡。然而，正是像辛顿教授这样的人，在如此寒冬中定心耕耘十余载，终于一缕幽香扑面来，人工智能在深度学习的推动下迎来了第三次高潮。从历史长河中可见，要坚定自己对人工智能领域的信心，要坚定为该领域做贡献的决心，这些是对人工智能发展应有的信念。

从内来看，有一些教师心神不定，担心未来人工智能替代自己。必须承认，存在这样的焦虑是正常的现象。这里推荐两本不错的书《学习的升级》和《第四次教育革命——人工智能如何改变教育》，里面详细介绍了人工智能对教育的影响和改变。人工智能取代的是教师的部分工作，是那些机械、重复的工作，而像教学设计、情感交流这样的工作，人工智能是很难取代的。未来，更多需要的是人机协作。笔者认为，人工智能并不会取代教师，而是教师取代教师，是善于利用人工智能武装自己的教师，取代那些不积极拥抱人工智能技术的教师。因此，在是否会被取代问题上，一方面要通过终身学习与时俱进；另一方面需要定心，不要杞人忧天，过度忧虑。

2. 大其心，习人工智能之理

人工智能知识体系庞大，根据出发点的不同，产生了人工智能三大主要学派，即符号主义、连接主义和行为主义学派，均是人工智能领域中的典型方向代表，在人工智能发展史中均起到了重要的推动作用。然而，它们之间的争论从未间断，有学者评价正是由于它们的"分而治之"，人工智能至今没有形成整体的统一理论。

"争吵不断互黑，此起彼伏占位；无法合力共推，寒冬一至俱废。"这是笔者对人工智能三大学派过去历史的一个小结。这说明，人工智能需要从综合、系统、整体角度出发，告别盲人摸象，告别分而治之。我国教育部曾在 2003 年的高中技术课程标准中就涉及了人工智能初步模块，也出现了高中《人工智能初步》的教材，但是里面涉及的内容由于一些原因，很难找到像今日如火如荼神经网络的相关内容，而是以知识表示、专家系统等作为主要内容。笔者认为，尽管人工智能的知识体系庞大，作为中小学教师，也应该重视广度，开拓思维，不断学习，提升自己的人工智能知识水平，为中小学生感知、体验和学习人工智能带来更多的精彩内容。如果需要深入一些内容，完全可以借助高校或机构教师的力量，毕竟，在人工智能的中小学阶段，考虑到课时及学生基础等实际情况，也并不需要涉及太深的内容。

3. 专其心，传人工智能之道

很难专心，不够专心也是当下中小学人工智能教学面临的两个问题。受到外部环境的干扰及自身原因的影响，一些教师并不能专心教授人工智能相关知识。教师的职业本是教书育人，本应该专心致志心无旁骛。但是，很多非教学任务越来越多，严重影响了教师备课的时间，甚至有些课时都被挤占。一些教授过人工智能相关课程的教师曾向笔者诉说，他们甚至有时还被安排帮助其他主课教师做 PPT 或修理计算机。2019 年，中共中央办公厅、国务院办公厅印发《关于减轻中小学教师负担进一步营造教育教学良好环境的若干意见》，对减少中小学教师的检查评比事项、不得随意向教师摊派任务等作出规定。这就是一个让教师能够专心的保障性文件。

前些年创客来了，创客教育就大张旗鼓。STEM 教育理念引入，关于 STEM/STEAM 的培训机构就如雨后春笋般出现。人工智能来了，就开始转向人工智能。一些教师受利益所驱，教书专心度不够，只是一味迎合市场。笔者观察一些教师的博客，早几年还是创客专家，前几年开始自诩为 STEAM 专家，最近，这些教师突然又成为人工智能专家，这背后折射的是浮躁、不专心的现象。

其实很多知识，如数学、编程甚至是一些硬件知识，均是掌握人工智能知识与技能的基础性学科。人工智能本身又是一门高度交叉的学科，有不同的研究领域，这些共同构成了广义的人工智能课程体系。笔者建议中小学在人工智能教学过程中，可以采取模块化的方法，分模块上课和学习，这些方法也有一些学者研究并推荐，在此不再赘述。教师可以在人工智能中选择不同模块或几个模块专心深耕，共同搭建完整的中小学人工智能课程体系，推动中小学人工智能教育工作。

4. 虚其心，受人工智能之善

时间无约束，地点无约束，内容无约束，身份无约束。以上 4 个无约束是笔者对人工智能时代下的教育特征的简单总结。在时间上，可以做到随时学习，无论是白天还是黑夜；在地点上，可以在任何地方学习，不用去专门的教室；在内容上，也可以摆脱之前的授课束缚，进度快的可以加快进度，进度慢的则可以反复学习巩固。这里要着重说下身份无约束的问题，人工智能知识与技能最大的一个特征，就是变化太快，前几年还流行的技能，现在很有可能就过时了，这点在一些人工智能平台、软件上体现尤为明显。

不得不承认，一些能力较强，对人工智能感兴趣的学生对新事物掌握的速度要快于教师。当然，并不是说教师能力不够，而是教师学习新事物的时间和精力相对有限。笔者在一些中学曾见过一些教师通过让学生讲授新知识、新软件、新平台的方式，既调动了课堂授课氛围，也强化了学生对知识的理解与掌握。另外，学生对学生的实际情况相对了解，也能够站在学生的角度传授知识。不过，现在仍然有些教师固守传统理念，对学生授课嗤之以鼻，不肯虚心放下身段，这是不可取的。正如古人云："三人行，必有我师""学无先后，达者为师"。

5. 用其心，解人工智能之惑

中小学人工智能教学，不仅是传递相关知识和技能。更重要的是，需要从兴趣、从观念上正确引导，这在中小学人工智能教育中至关重要。在中小学人工智能教育阶段，一定要考虑学生的理解水平和接受程度。尤其是在小学阶段，一定要围绕学生的兴趣出发，激发他们对认识人工智能的好奇心，用心设计一些人工智能小实验、小游戏，而不是讲述那些枯燥的知识点。一些教师，在小学阶段就用大量的文字介绍那些复杂的定义，学生不知所云，很有可能磨灭对人工智能的热情。

除了激发兴趣，对人工智能带来的一些社会问题，教师也要用心引导。例如，前文中所说的培育和践行社会主义核心价值观，要从小打消中小学生对人工智能带来的负面影响，要积极灌输正确的理念。

由于人工智能教学在很多学校还属于新鲜事物，加之其课标体系有待完善，很多教学内容还在摸索，缺乏权威教材，更多的还是学校自身总结校本教材，这就导致学生在上这门课时的困惑会相对较多。因此，教师更需要多听学生的问题反馈，多分析学生掌握的情况，不断完善教学方法与教学内容。

面对社会不断向前发展，中小学人工智能教学需要不断地探索与完善。致力于中小学人工智能教育工作的教师，一定要从"心"出发，做到定其心、大其心、专其心、虚其心和用其心，将中小学人工智能教育工作推向更高的层次。

14.2 公益万里

14.2.1 公益授课传温情

2018 年 4 月，教育部印发了《教育信息化 2.0 行动计划》，其中明确指出，坚持"扶贫必扶智"，引导教育发达地区与薄弱地区通过信息化实现结对帮扶，以专递课堂、名师课堂、名校网络课堂等方式，开展联校网教、数字学校建设与应用，实现"互联网+"条件下的区域教育资源均衡配置机制，缩小区域、城乡、校际差距，缓解教育数字鸿沟问题，实现公平而有质量的教育。

教授人工智能课程，对很多一线城市的老师来说仍然是一个新的事物，更不用说那些教育薄弱地区。因此，要想人工智能知识能够在全国中小学范围内得到有效普及，除了政策的扶持，开展公益活动是必不可少的。

2020年新学期，新型冠状病毒肺炎疫情严峻，为了保障师生们的生命健康，国家做出了延迟开学的决定，为响应教育部和中国科协"停课不停学"的号召和中国人工智能学会"CAAI在行动"计划，中国人工智能学会中小学工作委员会专门搭建了"中小学人工智能教学示范平台"，面向全国委员、会员、科技教育工作者和副主任单位，征集了数百件中小学人工智能与信息科技课程资源。对于甄选出的优质课程，中国人工智能学会中小学工作委员会自2020年3月20日起以在线直播形式陆续面向全国中小学教师和学生免费开放，截至2020年4月19日已累计推出22节免费直播教师培训公益课，听课师生超过2000人次，讲课内容受到一致好评，同时也吸引了更多的优秀教师和信息科技领域专家积极报名承担面向中小学师生的人工智能和信息科技公益课授课工作。

14.2.2 义教万里暖人心

还有一些中小学的信息技术教师在教育工作上辛苦耕耘几十年，退休后依然为国家的信息化教育事业贡献力量，沙有威老师就是这样一位退休后还积极从事教育公益活动的教师。沙老师是北京景山学校退休的信息技术教师，根据沙老师的了解，由于我国教育的不均衡发展，对于教育发达地区的孩子们"习以为常"的科技教育，在不发达地区的孩子们根本就没有条件接触，不能享受到教育发达地区的孩子们那样的现代教育。沙老师认为，我们在呼吁公平的教育的同时，更应该关注现代科学普及教育对这些地区孩子们成长过程的影响。因此，在退休前的6年里，沙老师就开始计划自己的退休生活了，在他的博客中有过这样的记述："多年前我就开始筹划自己退休后的生活了，我是一名教师，我虽然没有那些掷重金投入慈善事业的慈善家们的经济能力，但是我可以在退休后最大限度地去做一些力所能及的、有意义的工作"。

在教育要面向现代化、面向世界、面向未来的今天，沙老师选择了有设备要求的机器人教学项目作为自己退休后支教的切入点，并将准备实施的自驾支教项目称为"烛光义教"，2012年沙老师退休后就迫不及待地开始实施了自己设计的"烛光义教"公益活动。

沙老师的烛光义教活动在酝酿准备了6年后，于2012年开始实施，到2019年已经是第8个年头了，多年来沙老师在车上拉着教学机器人和教学投影仪等设备，自驾7万多千米，自费在全国的87个县以上地区的178所学校义务上课398节，为3万多学生讲了"机器人科普课"，与多地区的教师开展了教学交流活动，每到一所学校上课，他都会请学校为自己的纪念册盖上一个学校的印章以作留念。

图14-2所示为沙老师为西部地区某小学的学生讲授机器人课。

图14-2　沙老师为西部地区某小学的学生讲授机器人课

截至2019年10月底，沙老师按照计划已经完成了14个阶段的远程自驾支教出行活动，在计划实施过程中他得到了来自网友、朋友和家人们的支持和帮助，用沙老师的话说,他自己是带着朋友们的期望行走在科普义教的路上的。

沙老师上课都是纯公益的,无推销商品之嫌,不存在任何收费,一切费用自理。所到之处只需学校组织提供为学生上课的场所。近几年在沙老师的倡导下,有更多的爱心人士希望并已经参与到烛光义教等公益活动中来了,沙老师为了使烛光义教公益活动实现从个人行为向社会行为的转换,又倡导推动了针对农村偏远地区学校科技教育的烛光实验室公益捐赠项目,并自费为农村学校捐赠了一个机器人烛光实验室。

2019年3月沙老师被评为北京最美慈善义工榜样人物;2019年7月被评为北京榜样;2019年11月被评为京津冀地区银发榜样;2019年12月被新京报评为追梦人公益使者。以沙老师为发起人的"上海真爱梦想公益基金会——乡村学校现代科技教育"专项基金已经开始运作,该专项基金是烛光义教个人行为向社会行为的转换。沙老师倡导并希望有更多的爱心人士参与到烛光义教公益活动中来,为农村偏远地区的孩子享有现代教育做出自己的努力。

14.3 体验式学习

在中小学人工智能教育问题上,除了可以利用信息技术赋能教学,也可以采用与传统教育模式不同的演示学习。体验式学习可以做到知识与实践相结合,并且带给中小学生一种全新的体验,更好地促进认知,提升学习效果。

体验式学习(Experiential Learning,EXL)是通过体验进行学习的过程。一些学者认为,体验式学习是个性化教育中最为复杂的。有关体验和学习的联系可以追溯到公元前。大约在公元前350年,亚里士多德在《尼各马可伦理学》(*Nicomachean Ethics*)中提到了"做中学"的概念。但是将这种"做中学"的概念上升到教育方法的高度,即体验式学习,却是最近几十年才出现的。因为传统主义教育家并不认可以体验作为知识的基础。20世纪70年代开始,大卫·科尔布(David A. Kolb)借鉴约翰·杜威(John Dewey)等学者的思想,发展了体验式学习的现代理论。

体验式学习需要一种亲身实践的学习方法，而不仅仅是老师单纯传授知识给学生，这点在中小学人工智能教学过程中尤为重要，它使学习人工智能知识成为一种超越课堂的体验，并努力带来更复杂的学习方式。试想一下，在中小学阶段人工智能教学中引入体验式学习，通过到有人工智能工作的实际场景中，观察和与工作人员、机器人等互动来学习，而不是从书本上了解人工智能或编写几个简单的程序，这种体验式学习带来的效果是传统教学无法比拟的，有助于学生对人工智能产生认知与理解。

国内一些知名的大学，也在利用自身在人工智能领域的优势，努力打造体验式学习氛围。例如，中国科学院北京分院就利用科学传播月专场活动以人工智能学科优势为牵引，通过展示、体验、实操、讲座等形式，让中小学生零距离感受到人工智能的魅力，激发科学探究的兴趣，培养科学创新精神，提高科学实践能力。

一些在人工智能技术方面领先的企业，通过将其工作场景向学生开放，提供了宝贵的体验式学习场景。京东已经利用人工智能技术，建成全球首个全流程无人仓，真正实现全流程、全系统的智能化和无人化。由京东教育打造的京东亚洲一号智慧物流园体验营体验式学习，可以让学生通过参与京东企业研学，近距离接触和体验最先进的人工智能技术落地产品，开拓眼界，丰富想象力与创造力，锻炼团队协作能力。京东引进了 3 种不同型号的智能搬运机器人执行任务；在 5 个场景内，分别使用 2D 视觉识别、3D 视觉识别，以及由视觉技术与红外测距组成的 2.5D 视觉技术，为这些智能机器人安装了"眼睛"，实现了机器与环境的主动交互，所有环节均无人员参与。

学生在这样的体验式学习中，可以了解京东亚洲一号概况及对物流的未来规划体系，了解各类无人设备，包括 Shuttle 货架穿梭车、搬运 AGV、分拣 AGV、交叉带分拣机、机械臂等，学习设备模拟操作了解京东的智慧物流。学生还可以以组为单位，通过设计、拼装、编程、展示等工作，完成物流机器人等的制作，增强团队协作能力和领导力，培养创新思维与调研能力。

在京东总部职场体验式学习中，学生还可以体验无人超市、参观无人机展厅及智能家居产品，通过体验式学习让学生从小就可以对人工智能的实际用处有一个全面的感官体验。

第 15 章 未来展望

15.1 前车之鉴

15.1.1 STEAM 教育之热

STEAM 是 5 个单词的缩写：Science（科学）、Technology（技术）、Engineering（工程）、Arts（艺术）、Maths（数学）。STEAM 是一种教育理念，与传统的教育方式不同，STEAM 教育是一种基于多交叉学科并培养多方面综合才能的教育方式。其最初起源于美国，旨在加强科学、技术、工程、艺术及数学方面的教育，故被称为 STEAM 教育。

2015 年 9 月，教育部办公厅发布《关于"十三五"期间全面深入推进教育信息化工作的指导意见（征求意见稿）》明确提出，有条件的地区要积极探索新技术手段在教学过程中的日常应用，有效利用信息技术推进"众创空间"建设，探索 STEAM 教育、创客教育等新教育模式，使学生具有较强的信息意识与创新意识，养成数字化学习习惯，具备重视信息安全、遵守信息社会伦理道德与法律法规的素养。

2016 年 6 月，教育部发布的《教育信息化"十三五"规划》中指出，有条件的地区要积极探索信息技术在"众创空间"、跨学科学习（STEAM 教育）、创客教育等新的教育模式中的应用，着力提升学生的信息素养、创新意识和创新能力，养成数字化学习习惯，促进学生的全面发展，发挥信息化面向未来培养高素质人才的支撑引领作用。

2016年9月，教育部颁布《教育部关于进一步推进高中阶段学校考试招生制度改革的指导意见》，提出完善学生综合素质评价、改革招生录取办法、进一步完善自主招生政策。在国家政策频频出台的背景下，以STEAM为主的素质类教育成了家长们关注的焦点及资本青睐的对象。2017年1月，国务院《国家教育事业发展"十三五"规划》中指出，培养学生创新创业精神与能力，建设一批具有良好示范带动作用的研学旅游基地和目的地。

之所以社会上对STEAM表现出如此高的热情，主要体现在以下几个方面：

- 行业竞争：其他类型的素质培训市场空间饱和且竞争激烈，STEAM教育相对而言，是一个新鲜事物，意味着一片蓝海。
- 社会发展：家长对孩子素质教育的重视在逐步提升。
- 政策支持：国家及相关部门针对STEAM教育相关的政策频出，引起广泛关注。

15.1.2 "STEAM热"下的反思

2019年底，不少教育机构被报出大规模裁员，其中不乏一些已经初具规模的STEAM教育机构，因此，不少人开始质疑国内的STEAM教育。本书中不过多地讨论关于STEAM教育的相关内容，但是STEAM教育曾出现的种种情形确实能给中小学人工智能教育带来一些经验与反思。

从此轮的STEAM教育培训行业引发的风波中，可以总结出以下几点。

（1）本质理解不透。不少人认为，国内的STEAM教育与美国的这种跨学科培养方式不同，在国内有些偏离方向。也有人提出，目前国内很多教育机构甚至连STEAM教育是什么都没有一个统一的共识。

（2）成本支出太高。在教育模式上，主要有线上、线下及线上线下混合3种方式。然而无论哪种方式，成本都太高。线下的场地、教师和课程设计，以及线上的产品开发、服务器运维、技术人员开支及各自的营销成本等，均使得很多企业尽管获得了融资，也难以盈利。

（3）标准教学不足。STEAM 教育与其他英语、数学等学科相比，难以做到标准化教学，课程体系设计较难。例如，小学阶段人工智能应该学些什么？中学阶段又该学些什么？这些现在没有一个官方或权威的解读。另外，学习情况难以得到客观的衡量，随意性因素较多。

（4）应试培训主导。在当前的教育体系下，绝大部分家长仍然对语文、数学和英语等学科非常看重。STEAM 教育等这样的教育并不是家长的首要选择，因此，也就注定 STEAM 教育不会像针对语文、数学和英语等培训那样受到重视，很多情况下家长都是抱着体验的心态，产品复购率较低。

当前的中小学人工智能培训市场，应该认真总结 STEAM 教育培训的经验和教训，因为这两类教育培训，有太多的共性。因此，在中小学人工智能培训上，很有可能也会发生与 STEAM 教育类似的情况。

这里讲一个笔者观察到的现象，有不少纯编程或纯智能硬件书籍和课程为了能够达到吸引眼球的效果，都举着人工智能的大旗，虽冠以"人工智能编程""人工智能硬件"等类似的名称，但整本书中找不到人工智能的蛛丝马迹。一些教育培训机构没有能够从事人工智能教学的老师，但又想利用人工智能引起关注甚至抬高学费，就在原有的编程课前强行加入一节课的人工智能概述内容，后面还是纯粹的编程教学。对于这种课程和数据，笔者称其为"伪人工智能"。伪人工智能充斥市场，必将导致人们对人工智能学科的误解，将其等同于编程或机器人等，势必对人工智能教育工作产生不利影响。

虽然在中小学阶段，人工智能培训可能无法达到培训中刚需的地位，但是通过人工智能培训，能够开阔学生的眼界，激发学生的学习兴趣，强化学生的计算思维。正如陈宝生部长所说，要把人工智能知识普及作为前提和基础，让学生对人工智能有基本的意识、基本的概念、基本的素养、基本的兴趣，培养教师实施智能教育的能力，提升全民人工智能素养。

15.2 基础为本

尽管我国人工智能发展迅猛，但也要认识到，与美国相比，我国人工智能发展还存在一定的差距：首先，人才数量上还存在较大的落差，尤其是人工智能的基础层更为明显；其次，尽管人工智能方向的论文在数量上已经与美国不相上下，但是论文质量差距较大，2017 年的 FWCI（Field Weighted Citation Impact）指数[①]显示，人工智能论文全球平均分值为 1.0，中国分值约为 1.3，美国分值为 2.5；在人工智能专利方面，中国的专利申请数量已经超过美国，但是在人工智能基础层的占比不高。

造成上述这些差距的重要原因之一，还是在基础领域的投入不足。这是为什么？首先对基础要求高，比如数学和算法等最基本的能力；其次还要能沉下心，苦心钻研。

2001 年，人工智能的创始人马文·明斯基（Marvin Minsky）在反思为什么在当时没有出现当初预想的智能机器后，给出的答案是忽略了常识性推理等主要问题，而大多数研究人员仍在追求如神经网络或遗传算法的商业应用。正如他所说："我曾经参加过一个关于神经网络的国际会议，有 4 万名注册者……但是，如果你召开一个国际会议，讨论如何用多种表现形式来进行常识推理，我只能找到全世界 6 到 7 个人。"

人工智能学科发展太快，很多研究领域不断有新研究出现，平台也很多，一些新出的成果尽管看起来很新，比如今天一个抠图的方法出来了，明天又用什么方法给图片上了色，没有什么实质性的创新，很多都是换换数据，调调参数，加加算力，搞搞算法组合等。那些真正能够起到核心作用的算法，大部分几十年前都奠定好了。

如果把宝贵的中小学时间大部分都花在人工智能的逐"新"上，不重视基础的培养，就会像蜻蜓点水浮于表面。那么，什么是人工智能的"功"呢？一定是数学、算法等基础学科。因此，在学习人工智能的同时，一定要牢记基础对于未来能力提升的重要性。切记，练拳不练功，到老一场空！

[①] 学科标准化后衡量科研论文影响力的指标，是目前国际公认的定量评价论文质量的最佳方法。

15.3 长路漫漫

加州大学伯克利分校工业工程和运筹学系的系主任肯·戈德堡（Ken Goldberg）教授接受采访时曾说："从某种角度来看，人们还没有智能机器，而且实际上60年来我们并没有取得任何进展。人工智能的所有发展都是令人兴奋的，但是人类水平的边界仍然像几十年前一样难以突破。"

尽管上述表达有些过于绝对，但是从取得重大突破性的角度来看，确实不无道理。现在很多核心的东西，均已有几十年的历史。伊恩·古德费勒设计出来的生成对抗网络被杨立昆称为"二十年以来机器学习领域中最酷的想法"。然而在2016年NIPS会议上，大咖于尔根·施密德胡伯公开叫板，让伊恩·古德费勒回答生成对抗网络与其在1992年提出的可预测性最小化（Predictability Minimization）模型有何类似之处。的确，回顾前文内容，确实有很多核心的思想早在几十年就提出了，但是由于受限于算力和数据，直到近十余年它们才发挥作用。

人工智能领域权威加州大学伯克利分校教授迈克尔·乔丹在文章《人工智能——革命仍未发生》（*Artificial Intelligence—The Revolution Hasn't Happened Yet*）中指出：在过去的20年中，工业和学术界取得了重大进步，这是对模仿人类的AI的补充渴望，通常被称为"智能增强"（Intelligence Augmentation，IA）。这里，计算和数据用于创建增强人类智慧和创造力的服务。搜索引擎可以看作IA的一个示例，因为它可以增强人类的记忆力和事实知识，自然语言翻译也可以增强人的交流能力。基于计算机的声音和图像生成可作为艺术家的调色板和创造力增强器。可以想象，这类服务可能需要高层的推理和思考，但目前还不具备。它们主要执行各种字符串匹配和数字运算，以捕获人类可以利用的模式。

因此，大可不必像有些人担心人工智能即将对人类构成巨大威胁的言论。在笔者看来，以目前人工智能的发展来看，其还将长期处于弱人工智能阶段，即只能在特定领域、特殊规则或具体某项功能上发挥出优于人类的水平。

在人工智能发展的过程中，还有一种被称为人工智能效应（AI Effect）的现象，它往往发生在当人们认为某种人工智能行为已不再是人工智能时。罗德尼·布鲁克斯（Rodney Brooks）评论道："每次我们弄清楚其中的一部分，它就不再具有魔力；人们会说那只是一种计算。"正如尼克·博斯特罗姆说的那样，很多前沿的人工智能已经渗透到一般应用中，通常不被称为人工智能，因为一旦某物变得足够有用和普遍，它就不再被称为人工智能了。例如，1997年，当深蓝成功击败加里·卡斯帕罗夫时，人们抱怨它只使用了暴力破解，并不是真正的智能。

人工智能效应其实从侧面说明了，自从人工智能诞生开始，它就潜移默化持续地融入人们的工作、生活和学习中。因此，思考一个问题，下一个人工智能寒冬来临时，我们应该如何看待人工智能。会不会与20世纪90年代初的第二次"人工智能寒冬"期间那样，人们都对"人工智能"避而不谈，假装工作、研究和产品与人工智能完全无关，只有那样才能获得资金支持，以及出售产品。

其实，人们应该坚定对人工智能的信心，尽管人工智能如一些学者所说仍处于早期阶段，又或者是一些学者认为下一个人工智能寒冬已经不远。但是，笔者想说，人类的发展早已离不开人工智能，总结成8个字："不偏不倚！不离不弃！"